民事訴訟法

=

Die übersichtliche
Einführung
in das
Zivilprozessrecht

Autor
勅使川原 和彦 = Prof. Dr. TESHIGAHARA, Kazuhiko

有斐閣

はじめに

1　学生から受ける頻出質問から作られた本

　本書は,「民事訴訟法」の講義において学生たちから受けた頻出の質問と,それに対する回答を集めたようなもので,いわば"民事訴訟法のFAQ"です。

　あ,そうか,学生諸君はこうした基本的なところでもつまづくのか,という大学教師としての「気づき」,よく勉強した学生がいろいろな学説を学んだ上でなお生じる疑問をぶつけてきて,改めて考え直したところで,あ,そうか,こういうふうに考えるべきだったのか,という研究者としての「気づき」,いろいろな気づきが盛り込まれています。Introductionでは,なるべく学生諸君の「つまづき」を拾い上げ,「気づき」へとつなげるような意識をもって,各Unitの主題への導入としました。

　民事訴訟法の試験では,民訴法の講義や基本書に登場する「原理・原則・主義・責任」を訊かれることがほとんどであり,実際にはその定義の理解が問われるのみならず,事例でその正しい使い方を示すことが要求されます。

　本書ではそうした「原理・原則・主義・責任」の使い方を意識的に強調し,基本的に,判例の読み方や学説の一般的理解に沿って,学生が勘違いしやすいポイントを解説し,民事訴訟法を「読み解く」ことを心がけました。しかし,中には,従来の学説の議論では納得のいく回答ができないと思う部分もあります。そうした部分ではこれまでの学説から離れ,私見を展開してみました。そうした箇所には,♣マークを付してある（**Advanced**は,応用的な私見・試論の展開なので,わざわざ付していませんが）ので,そこに書かれている考え方は必ずしも一般的な理解とは限らないという前提に立って,著者と一緒に考えてみていただけたら,と思います。

2 講義の時の説明と共に,「板書」もなるべく再現

　私は,日常の講義では,定評のある重厚な基本書を「教科書」に指定していますが,現代の学生がそれを読みこなすことが必ずしも容易でないことも,承知しているつもりです。そこで,講義では,基本書に難しい表現でさくっと書いてあることを,要するにこういう意味なんですよ,とパラフレーズするようにしています。受講した学生が講義を聴いてから,最初に読んだときは意味のよくわからなかった基本書のあの頁を読むと,今度は意味がわかるようになっている,ことを意識しています。なるべく,重厚な基本書を読みこなせるようになってもらいたいのです。そのために,講義では,言葉だけでなく頭の中のイメージを図で表現しながら概念や制度を説明しています。訴訟事件を説明する際も,その事件について,当事者と訴訟物,攻撃防御を板書で図示しながら言葉を添えます。「この板書,本に入れられませんか」と要望したのは私です。

　講義の実際は,説明しながら図を書き加えていくのですが,デジタル書籍でもなければアニメーションのように動画として図が動かせないので,やむなく静止画となっています(当たり前)。それでも,なるべく本物の板書の再現をすべく,編集部はさることながら,印刷会社である精興社さんもかなり頑張って下さいました。図がわかりづらいとしたら,もともと私の板書が悪いのです。

3 わかりやすく,でも嚙み応えも

　原稿チェックの後,編集部からいつも指摘されていたのが,「難しすぎます。平易に。」とか,「『民訴がニガテ』病をこじらせてしまった私には,ここの意味がよくわからないです。」という内容の「お叱り(?)」であったので,なるたけ平易に,論文調ではなく普段の授業のようにわかりやすく,と心がけたつもりです。

　ただ,これは,私の拙い経験ですが,あんまり「立て板に水」みたいなスラスラと「わかりやすい」授業をずっとしてしまうと,教師としては「今日の授業はうまくいった。学生の頷き具合も良い感じだった。」と自己満足に浸れる

のですけれども，実はその回に講義した内容を試験で問うてみると，あまりいい出来ではないことが多いようです。受講学生たちが，なんとなく授業だけでわかったような気になってしまって，講義限りで脳味噌を使うのを終わりにしてしまい，ちっとも考え直すことも，基本書で自分なりに検証してみることもない，ようなのです。少し下手くそに，少し難解に講義をして，学生に「ん？本当か？」と疑問の念を起こしてもらったり，「今言ったのは，どういう意味？」と考えてもらったり，あるいは，教えてる教師自身が，どっちが正しいか，「ああでもないこうでもない」とまだ迷っているという悩みを出したり（そうすると，学生たち自身が，自分の見解を頼りない教師に教えてあげたくなるようです），そういう，所々，ひっかかりのある，噛み応えのある講義のほうが，よほど学生たちの頭に記憶の種を残すには良いようなのです。

　そこで，編集部の吉田さんと真剣に議論（いわゆるガチバトル）して，意識的に，難しい表現ぶりも内容的に難しい部分も残しています。わかりづらければ，是非，ページをめくる手を少し止めて，書かれている意味内容がどういうことなのか，考えてみて下さい。

4　判例を丁寧にトレースすべし

　学生を教えていてもう一つ気付いたことがあります。それは，学生たちは，判例を決して判決文通り読んでいない，という衝撃の事実です。判例を見る際に，まずは，百選の解説や教科書による抜粋から入ろうとします。それはそれで悪いことはないのですが，それだけで留まってしまい，判決文そのものをちゃんと読もうとせず，あるいは読んでも，解説で示された解釈に「これは＊＊ということを示した判例である」という先入観を植え付けられてしまうことが多いようです。必ずしも判決文にはそんなことが書いていないのに，書いてある日本語通りに読まない傾向が，非常に強く見受けられます。信じがたいことですが，本当なのです。「判決にそう書いてあるだろう？」と私に指摘されて，改めて判決文を読み返して「ホントだー」という学生がなんと多いことか。

　Unit 5 で示すように，判例が確認の利益（の一要素たる確認対象適格）の有無の判断をするに際して，必ずしも訴訟物たる権利関係を対象とするのではなく，

その訴えの「趣旨」を基準にしていることがあります。例えば、判例上、「遺言無効」確認の訴えで、確認の利益を判断する際の基準は「遺言の有効・無効」ではないのです。詳しくは本文をお読みいただきたいですが、これはほんの一例で、まずは判決文を文言通り読むことの重要性を本書は説いています。

さらに、我が国では、判例の文言が、そのままでは、そこに含まれている意味がよくわからないことが少なくありません。ドイツの判例では、コンメンタールや論文がバンバン引用されるので、少なくとも書いてある文言の意味内容に誤解を生じる余地は限りなく小さいのですが、我が国の最高裁判決が学説・文献を引用することは極めて稀です（最近では、最決平成 26・7・10〔金判 1448 号 10 頁〕の山浦反対意見が学説を引用していますね）。そこで、判決文の上では一般的に読める表現でさらっと書いてある文言に含まれている、深い意味内容を、推し量る必要があります。

その際に、大きな助けとなるのが、調査官解説です。法曹時報に本格的な解説が掲載される前にも、判例時報や判例タイムズといった判例雑誌で、最高裁の裁判に付される「解説（囲み解説）」やジュリストの「時の判例」で明らかにされるコンパクトな解説は、担当調査官の手によるものです。最高裁の調査官は、事件について担当する最高裁の裁判官の命を受けて、当該事件の「審理及び裁判に関して必要な調査」（裁判所法 57 条）をし、これを報告することを職務とします（兼子一＝竹下守夫『裁判法〔第 4 版〕』〔有斐閣、1999〕282 頁参照）。下級審の調査官は特別職の裁判所職員ですが、最高裁の調査官には経験を積んだ優秀な「判事（まれに判事補）」が任命され、「法服を着ない裁判官」と呼ばれることもあります。担当調査官から調査報告書が提出されると裁判官が審議を行い、結論が出ると調査官が裁判官の指示により判決・決定案の起案をします（泉徳治『私の最高裁判所論——憲法の求める司法の役割』〔日本評論社、2013〕134 頁参照）。この最高裁調査官が、調査・起案を担当した事件の主立ったものについて、解説を公表しているわけです。昔の調査官解説は、平然と法廷意見に反対し、反対意見こそ正しいと主張するものもあって、読んでいて楽しかったのですが、最近は専ら法廷意見を補足説明するような解説しか目にすることがなくなり、個人的には面白さは半減です。しかし、もとより調査官解説に依存することは必要

でも適切でもないのですが，判例の中のごく一般的な日本語表現に，「そんな意味が込められていたのか！」というふうに，判決文だけではすぐにはわからないような情報が含まれていて，当該判例の射程を知る上でも読まないわけにはいきません。

　本書が，しばしば調査官解説に言及しているのは，そうした趣旨から出ています。

5　外国法の参照も厭わない

　昔から，少なからぬ数の司法試験受験生は，外国語が嫌いで，ドイツの文献が引用してあるとそれだけで読む気を喪失するか，気絶します。それを承知の上で，本書では，我が民事訴訟法の母法であるドイツ民訴法の文献も引用しています。

　「日本でだけ正しい学問」が存在しない（普遍性をもって正しいのが「学問」です。もちろん制度上の問題で，その国だけで通用する議論で現在の日本法では使えない話もありえますが）のと同様，民事訴訟法学の理論としては，日独共通に議論されているものも多く，むしろ日本の学説がドイツ法の議論に多くを依っていることも少なくないので，ドイツ法を翻訳・翻案した日本語文献を引用するより，ドイツ法を直接引用した方がより精確かつわかりやすいからです（例えば，裁判上の自白の撤回要件で，「反真実・錯誤の証明」なるものがあります。これはドイツ民事訴訟法典〔ZPO〕には条文〔290条〕がありますが，我が国にはありません。それにもかかわらず，継受された「解釈論」としてドイツ法と同じ自白の撤回理論が確立されています）。そうであれば，むしろ原典にどう書いてあるかを，日本語文献を経由せずにそのまま紹介したほうが精確な場合もあります。

　従来の我が国の学説では納得させられる解答を出すのが難しい場合，その制度の「原点」を改めて探る作業はひとつの助けになります。学生にその作業をする時間的・能力的余裕がないのであれば，それを提供するのも研究者の仕事だと思います。実際，外国法の議論の比較参照は，研究者の論文上だけではなく，現代の我が国の立法の際にも行われますし，彼の国で改正作業が先行し，その成果を見極めた上で，我が国がそれを追いかけるということもあります。

そこで私の典拠とする文献は，日本語たると外国語たるとを区別しません。

したがって，本書では，我が国の文献では足りないと思うときはドイツ法の議論も参照しています。もちろん，それはドイツ法固有の議論をしているのではなく日本法の解釈論のために提供しています（ついでに，私の独創ではなく，先行業績を参照・引用しているということを正直に明らかにしております）ので，読者の皆さんとしては，典拠として日本法文献が挙がっていようが外国法文献が挙がっていようが気にせず，読み進めて構いません。

● 謝　辞 ●

本書の第一稿の段階で，学生としてわかりにくいポイントを，遠慮会釈なく指摘してもらうべく，私のゼミ出身の辻野真央さん（早稲田大学大学院法務研究科3年生）と，現在私のゼミに属している福家百伽さん・吉村春香さん（共に早稲田大学法学部3年生）に下読みしてもらい，たくさんの意見をぶつけてもらいました。最終校正・事項索引作成では，これまた私のゼミ出身の中本香織さん（2014年度司法試験合格）の力も借りました。

本書のお話しを最初にいただいたのは，実は4年も前です。以来，遅々として作業が進まない私にお付き合いいただいて督励下さった，鈴木淳也さん（有斐閣・法学教室編集室）と，文字通り本書の生みの母であり育ての母でもある吉田小百合さん（有斐閣・書籍編集第一部）というお二人の編集者の献身的なご助力に，心より感謝申し上げます。

本書が，「わかっていたようで，やっぱりわからないところが出てきた」とか「民訴がニガテ」な方々の惑いに少しでも希望の光が見える助けになることを祈念しつつ。

2014年 師走

勅使川原　和彦

略 語 一 覧

1 法令名の略語

（　）内における条文の引用にあたっては，民事訴訟法は原則として条数のみを表示することとし，民事訴訟規則は「規」と略記した。その他の法律については，特別なものを除いて，有斐閣『六法全書』巻末の「法令名略語」に基づいている。

2 裁判例に関する略語

大判（決）	大審院判決（決定）
大連判（決）	大審院連合部判決（決定）
最判（決）	最高裁判所判決（決定）
最大判（決）	最高裁判所大法廷判決（決定）
高判（決）	高等裁判所判決（決定）
地判（決）	地方裁判所判決（決定）
簡判（決）	簡易裁判所判決（決定）

3 判例集・雑誌の略語

民　集	大審院民事判例集
	最高裁判所民事判例集
高民集	高等裁判所民事判例集
下民集	下級裁判所民事裁判例集
裁判集民	最高裁判所裁判集民事
家　月	家庭裁判月報

裁　時	裁判所時報
交民集	交通事故民事裁判例集
判　時	判例時報
判　タ	判例タイムズ
金　判	金融・商事判例
金　法	金融法務事情
労　判	労働判例
ジュリ	ジュリスト
法　教	法学教室
法　セ	法学セミナー
リ　マ	私法判例リマークス

4　文献の略語

秋山ほかⅠ～Ⅳ　　菊井維大＝村松俊夫（原著）・秋山幹男ほか『コンメンタール民事訴訟法Ⅰ〔第2版追補版〕』（日本評論社，2014），同『Ⅱ〔第2版〕』（日本評論社，2006），同『Ⅲ』（日本評論社，2008年），同『Ⅳ』（日本評論社，2010）

伊　藤　　　伊藤眞『民事訴訟法〔第5版〕』（有斐閣，2016）

上　田　　　上田徹一郎『民事訴訟法〔第7版〕』（法学書院，2011）

基礎演習　　長谷部由起子ほか編著『基礎演習民事訴訟法〔第2版〕』（弘文堂，2013）

研究会　　　竹下守夫ほか編『研究会　新民事訴訟法』（有斐閣，1999）

新　堂　　　新堂幸司『新民事訴訟法〔第5版〕』（弘文堂，2011）

重点講義（上）　　高橋宏志『重点講義民事訴訟法（上）〔第2版補訂版〕』（有斐閣，2013）

重点講義（下）　　高橋宏志『重点講義民事訴訟法（下）〔第2版補訂版〕』（有斐閣，2014）

条解民訴　　兼子一（原著）・松浦馨ほか『条解民事訴訟法〔第2版〕』（弘文堂，2011）

新コンメンタール　　笠井正俊＝越山和広編『新・コンメンタール民事訴訟法〔第2版〕』（日本評論社，2013）

新民事訴訟法講義　　中野貞一郎ほか編『新民事訴訟法講義〔第2版補訂2版〕』（有斐閣，2008）

争点〔第3版〕　　青山善充＝伊藤眞編『民事訴訟法の争点〔第3版〕』（有斐閣，1998）

争　点　　　伊藤眞＝山本和彦編『民事訴訟法の争点』（有斐閣，2009）

百選〔第3版〕　　伊藤眞ほか編『民事訴訟法判例百選〔第3版〕』（有斐閣，2003）

百選〔第4版〕　　高橋宏志ほか編『民事訴訟法判例百選〔第4版〕』（有斐閣，2010）

百選〔第5版〕　　高橋宏志ほか編『民事訴訟法判例百選〔第5版〕』（有斐閣，2015）
松本＝上野　　松本博之＝上野桊男『民事訴訟法〔第8版〕』（弘文堂，2015）
民訴 VM　　池田辰夫ほか『民事訴訟法 Visual Materials』（有斐閣，2010）
リーガルクエスト民訴　　三木浩一ほか『民事訴訟法（リーガルクエストシリーズ）〔第2版〕』（有斐閣，2015）

Contents

Unit 1 「訴え」と「請求」 ... 1

Introduction 「訴え棄却」だの「請求却下」だのと，答案に書かないで …… 2
1 「訴え」に対する裁判所の対応 …… 4
2 「請求」に対する裁判所の対応 …… 5
3 訴え却下と請求棄却 …… 7
4 訴えの適法性と請求の当否の審理順序 …… 7
Advanced 訴訟要件の審理の開始と判断資料の収集 …… 11

Unit 2 「弁論主義」の使い方　「弁論主義」と他の主義・原則 ... 15

Introduction 「弁論主義」は解釈論とセットで …… 16
1 弁論主義第一テーゼの「お作法」違反 …… 18
2 弁論主義と処分権主義。この場合はどっちの問題？ …… 21
3 処分権主義は「枠」，弁論主義は「中身」 …… 22
4 処分権主義には反しないけれど，弁論主義からは…… 25
5 弁論主義と自由心証主義の衝突 …… 27
6 弁論主義も無敵ではない …… 33
Advanced 裁判所のとるべき対応～釈明との関係 …… 35

Unit 3 「裁判上の自白」と「弁論主義の第二テーゼ」 ... 39

Introduction 「自白」には二つの顔がある …… 40

1	自白についての二つの説明〜両者は同じもの？	42
2	民事訴訟法179条と「弁論主義第二テーゼ」との関係	47
3	民事訴訟法179条と「裁判上の自白」の当事者拘束力との関係	52
4	「裁判上の自白」の当事者拘束力と,裁判所拘束力（弁論主義第二テーゼ）との関係	53
5	「不利益」要件の機能する場面	57
6	まとめ	60
Advanced	「不利益」要件は要件か？	63

Unit 4 釈明義務・法的観点指摘義務　65

Introduction	釈明権と釈明義務	66
1	権能としての「釈明権」と,その不行使に対する評価	68
2	釈明権不行使が「違法」〜「釈明義務違反」	71
3	釈明義務と法的観点指摘義務	77
Advanced	平成22年最判の特殊性	85

Unit 5 「確認の利益」についての判例の読み方　89

Introduction	学生の持っている民訴法判例百選	90
1	遺言者生存中の遺言無効確認の訴えの利益は,「遺言の有効・無効」について判断されたものではない	92
2	判例における,「確認の利益」の判断対象＝確認対象	94

3　確認の利益って？ 99
4　「将来の権利関係」についての確認の利益 104

Unit 6　重複起訴の禁止と「確認の利益」喪失論　　111

Introduction　重複起訴の禁止についての多様な考え方 112
1　「重複起訴(二重起訴)」の禁止か？「重複訴訟」の禁止か？ 114
2　「確認の利益」喪失論～債務不存在確認訴訟の「確認の利益」は，
　　同一の給付義務の履行を求める給付の訴えの提起によって喪失するか　120
Advanced　「確認の利益」喪失論に関わる最近の裁判例 128

Unit 7　「既判力」の使い方　その1　　131
既判力の本質と作用

Introduction　既判力は，どういう理由で
　　　　　　　そういう内容の効力になっているのか 132
1　既判力の本質論 134
2　既判力の作用場面 140
Advanced　矛盾関係をどのように理解すべきか 145

Unit 8　「既判力」の使い方　その2　　149
「生じる」と「及ぶ」，「及ばない」場合の処理

Introduction　答案でよく見る誤答の数々 150

1　既判力が「生じる」ことと「及ぶ」こと	152
2　既判力と信義則〜「信義則により既判力を認めるべき」?	158
Advanced　蒸し返し対策の三つのレベル	165

Unit 9　判例における「一部請求」論　171
いわゆる「明示説」の正体

Introduction　判例のいう「明示説」って?	172
1　明示していても,残部訴求が許されない場合	175
2　明示をしていなくても,残部訴求が許される場合（その1） 〜黙示の一部請求における例外	176
3　明示をしていなくても,残部訴求が許される場合（その2） 〜直接の明示行為はないが, 「明示」と評価できるような間接的行為がある場合	185
4　判例におけるいわゆる「明示説」のまとめ	187
Advanced　平成10年最判と「明示説＝残部訴求許否の評価」論	189

Unit 10　「相殺の抗弁」の訴訟法上の特別な取扱い　193

Introduction　「相殺の抗弁」のそもそも	194
1　相殺の抗弁についての判決理由中の判断で既判力を生じる範囲	196
2　審理順序の強制	199
3　「相殺の担保的機能」への期待と142条類推適用の議論	202
4　相殺の抗弁と上訴	207

xiii

Advanced　一部請求における相殺
　　　　　　　　　〜「外側説」「按分説」「内側説」　　　　　　213

Unit 11　補助参加の利益　　　219

Introduction　補助「参加」はプラス・イメージ？　　　220
1　「法律上の利害関係」とは何か　　　222
2　訴訟の結果に影響を受ける補助参加申出人の「地位」とは？　　　225
3　そもそも他人間の「訴訟の結果」って，何のこと？　　　225
4　一般に補助参加の利益が認められてきた類型　　　228
5　間接的影響しかない類型で，
　　「補助参加の利益」が認められるか　　　231
6　「補助参加の利益」の判断と「公平」ファクター　　　232
　　Advanced　近時の裁判例で考えてみよう　　　235

Unit 12　固有必要的共同訴訟　その1　　　239
「訴訟共同」「合一確定」に関する判例の考え方

Introduction　必要的共同訴訟の「固有」と「類似」　　　240
1　本来，「固有」必要的共同訴訟になると考えられたケース
　　〜「類似」必要的共同訴訟との違い　　　242
2　判例上，固有必要的共同訴訟とされているもの　　　247
　　Advanced　「必要的共同訴訟」〜母法国ドイツとの呼称の違い　　　262

Unit 13 固有必要的共同訴訟　その2　　265
提訴非同調者の処理と「合一確定」の意義

Introduction　共同提訴を拒むと被告に回される？ ……… 266
1　固有必要的共同訴訟における提訴非同調者の取扱い ……… 268
2　提訴非同調者の処理に関する二つの重要判例 ……… 270
Advanced　平成20年最判で遺された問題 ……… 282

Unit 14 控訴・上告に対する判決　その1　控訴　　287

Introduction　「第一審」判決,「第一審裁判所」と控訴・上告 ……… 288
1　控訴審の判決 ……… 290
2　第一審判決を取消し・変更できる範囲〜不利益変更禁止の原則 ……… 297
Advanced　「不利益変更禁止」の原則と「合一確定」の要請 ……… 303

Unit 15 控訴・上告に対する判決　その2　上告　　309

Introduction　破棄か,取消しか ……… 310
1　上告と上告受理申立て ……… 312
2　上告審の判決 ……… 314
3　破棄差戻し・破棄移送,破棄自判か ……… 321
Advanced　再審事由と破棄 ……… 322

Unit

1

「訴え」と「請求」

*Die übersichtliche
Einführung
in das
Zivilprozessrecht*

Unit 1 「訴え」と「請求」

🚪 Introduction
「訴え棄却」だの「請求却下」だのと，答案に書かないで

　「民事訴訟法」の講義で，まず初学者が誤用をする二つの専門用語が，「訴え」と「請求」である。「訴え」とは何か，説明してみて下さい，と訊かれて，すらすら答えられる学生は意外と少ない。この点に関する知識が曖昧なまま定期試験に突入する結果，第一審判決について，「訴え棄却」だの「請求却下」だのという，ありえない「判決」を答案に書く学生が，毎年登場する。

　なぜ，これらの判決がありえないのか。棄却と却下の区別も，もとをただせば，「訴え」と「請求」の区別に起因している。以下で説明をしていこう。

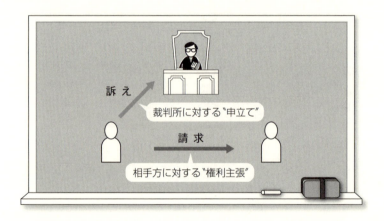

　一言で言えば，「訴え」とは「裁判所に対する申立て」の一つで，原告が，裁判所に対してほぼ最初に行う申立てである。どういう内容の申立てかというと，これに

---

1) 控訴や上告では，「控訴（上告）却下」も「控訴（上告）棄却」もあるので，ここでは第一審判決の話である。
2) 実は，もともと訴え提起前に裁判所に対して「証拠保全」の申立てをすることが可能であり（235条2項），さらに平成15年の改正で，訴え提起前に裁判所に対してできる申立ての種類が増えて（132条の4・132条の5），「訴え」が厳密には「最初の」申立てとはいえない。が，いずれの訴え提起前の申立ても，「訴え」という大量現象に比べれば，ごくわずかな例外にすぎない。

は学説上いろいろ議論があるのだけれども，一般的には，裁判所に勝訴判決をしてほしい，とか，勝訴判決をすることで私の権利を保護してほしい，という申立てであると解されている。この訴えという申立てをどうやってするのかというと，「訴状を裁判所に提出してしなければならない」（133条1項）のである。これを，訴えの提起，という。民事訴訟法典で，「第二編　第一審の訴訟手続」は，この133条で始まり，「第一章　訴え」という章題が付されているぐらい，重要な条文であるが，内容を説明できない学生は意外と多い。訴えが裁判所に対する申立てであること，訴えの提起は裁判所に訴状を提出しておこなうこと[3]，この二つをまず頭に置いてもらいたい。

　余談だが，私の講義では，「民事訴訟法を学んだ皆さんは，誰かと深刻なケンカをしても今後は，相手を指さして『訴えてやる！』とか言わないで，『当事者の欄にお前の名前を書いた訴状を裁判所に提出してやる！』と言ってください」とか余計なことを毎度つい言ってしまって，学生の失笑をかっている。

3）　訴状を裁判所に提出するやり方以外でも，例えば簡裁では，口頭でも訴え提起が可能であるし（271条・273条），さらにその他の行為で訴え提起がなされたものとみなされる場合（275条2項後段・395条）もある。しかし，これらは例外であり，原則は，訴状の提出という書面主義を採っている。
　ややこしいのは，民事訴訟法は，口頭弁論という民事訴訟の中心的手続では，口頭主義という大原則を採っていて，口頭でおこなうことを重視するのだが，しかし訴訟の開始（すなわち訴えの提起）とか訴訟の終了（判決や和解，訴えの取下げ等）といった重要な手続場面では，例外的に書面主義を採って（訴状，判決書・和解調書・取下書や期日調書といった書面を要求する），言った言わないの争いを慎重に避けているところである。
　民事訴訟法全体としては，口頭主義を採用しており，書面主義が「例外」なのだが，訴え提起のように書面主義が例外的に採用されている場面では，口頭での訴え提起は逆に書面主義に対する例外となっている，という，ちょっと倒錯した説明になってしまう。口頭主義と書面主義は相互に補完する関係になっているので，やむを得ない。

1 「訴え」に対する裁判所の対応

　裁判所は訴状などが適式に提出されていれば，提起された訴えについて，まず，この訴えそのものが**適法か否か**を判断する。訴え自体が適法だということになると，訴えの中身の判断に入るのである。訴えが適法か否かを判断するための基準はどこにあるかというと，もちろんそのために存在する法，訴訟法にある。つまり**訴訟法**の観点から，訴えの適法性を判断する。そして適法か否かを峻別する基準を**訴訟要件**という。訴訟要件には，当事者能力（28条・29条）や重複起訴の禁止（142条）のように民事訴訟法に書いてあるものもあれば，関連する別の法律に書いてあるものもあり（例：仲裁14条，裁3条），また「訴えの利益」のように民事訴訟法にはごく部分的（134条・135条）にしか明文はないが解釈上認められている要件もある。訴訟要件については重要なので，後でまた説明するとして，話を進めよう。[4]

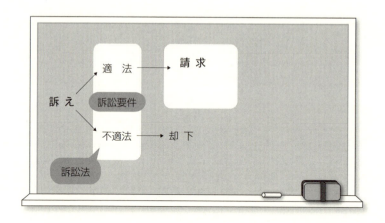

　さて，裁判所は，訴訟法に照らして，訴えが不適法だと判断すると，**訴えを却下する判決**をする。訴訟要件を欠くと，「**訴え**」は，「**不適法という理由で**」，「**却**

---

4) つまり，「訴訟法」の観点から訴えの適法性を判断する，と言っても，民事訴訟法典のことだけではなく，民法で「契約法」とか「不法行為法」などと言ったりするように，判例法や関連法規，解釈も含めた法規範としての「訴訟法」のことである。

下される」のである。この場面では「訴え」「不適法」「却下」はワンセットであって、「請求」も「棄却」も登場することはない。この不適法却下判決（＝訴え却下判決）を、「**訴訟判決**」という。訴え却下判決が出ると、訴えの中身である請求の当否について裁判所の判断が示されないので、マスコミはこれをよく「門前払い」判決と表現している。

逆に、訴えが訴訟要件を具備している、適法である、ということになると、訴えの中に含まれている、原告から被告への**請求**の当否について判断をすることになるのである。

2 「請求」に対する裁判所の対応

原告は、被告に対して、例えば「自分には民法上、これこれの権利がある」と主張して、自分の権利主張はきちんとした理由があることなのだと認めてくれ、と裁判所に訴えを提起する。我が国の民事法は、成文法があることを前提とする大陸法（ヨーロッパ大陸の法。対概念は、不文の先例や判例法を前提とする英米法）系に属することから、例えば「民法典に載っている『権利』が自分にある」と主張し合うわけである。しかしそれだけでは、両当事者の頭の上で「権利」の存否について衝突する主張が、概念上ふわふわとぶつかり合うだけで解決しない。そこで、現実にどちらの主張する「権利」が法的に認められるかを定める手続が必要になり、訴訟という手続(プロセス)（英 procedure：独 Prozess）によって権利を実現・貫徹するわけである（大陸法では、自力救済は許されていない）。

さて、訴えが訴訟法に照らして適法であると判断されると、裁判所は、「訴え」の中に含まれている「**請求**」の当否について判断をするのが、論理的な順序となる。請求とは何か、というと、権利の発生・変更・消滅について規定している実体法（対義語が、手続法）で認められている「権利または法律関係」の存否についての**相手方に対する**「**主張**」である。法律用語上「権利または法律関係」のことを「**権利関係**」と略して表現することもあるので、一言で言ってしまえば、「**権利関係の存否の主張**」、さらにつづめて「**権利主張**」ということになる。[5]

---

5) ちなみに、我が国民事訴訟法典の母法であるドイツ民事訴訟法でも、「権利主張」(Rechtsbehaup-

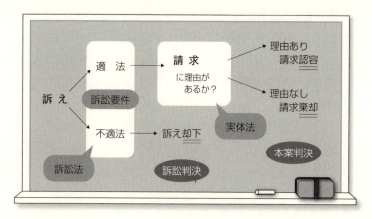

　この権利主張の「権利」は，民法などの実体法に規定されているから，その主張の当否を判断するには，実体法の解釈・適用が必要である。このように，請求は，**実体法**に照らして，その当否が判断されるのである。ここで請求の当否を判断するとは，原告がしている**権利主張に，実体法上**，根拠があるかどうか，**理由があるか否か**を判断するということである。この判断を，講学上あるいは実務上，「**本案**」の判断という。

　そこで，裁判所は，**請求に理由がある**と判断すると「**請求認容判決**」をするし，**請求に理由がない**と判断すると「**請求棄却判決**」をする[6]。この二つを，「**本案判決**」という。訴訟判決が，「訴えの不適法却下」判決の一種類しかないのに比べて，本案判決は二種類あることになるが，原告にとっては，これら計三種類の判決のうち請求認容判決だけが勝訴判決だということになる。

---

tung）と表現する。なお，本文の説明は，我が国の判例実務が採るとされる実体法的訴訟物理論（いわゆる旧訴訟物理論）による説明のしかたである。

6）　なお，請求棄却判決の主文は，「原告の請求を棄却する」であるが，請求認容判決の場合，主文に，原告の請求を認容する，とは書かない。請求の種類（給付・確認・形成の各請求）に応じて，「被告は原告に金〇〇円を支払え」「被告は原告に別紙目録記載の建物を明け渡せ」という給付命令を書いたり，「原告が，別紙目録記載の土地につき，所有権を有することを確認する」という確認をしたりする。判決の例について，詳しくは，民訴 VM 62 頁以下参照。

3 訴え却下と請求棄却

　ここに至って，訴えと請求の区別は明らかになったであろう。
　単純に言ってしまえば，訴えは「裁判所に対する申立て」，請求は「相手方に対する権利主張」であり[7]，請求は，訴えという申立ての中に含まれているもの，ということになる。
　さらに，第一審判決で，「訴え棄却」だの「請求却下」だのという表現がありえないことも理解できたのではないだろうか。「訴え」は，訴訟法（手続法）に照らして「不適法」だからという理由で「却下」されるのであり，「請求」は，民法などの実体法に照らして権利主張に「理由がない」からという理由で「棄却」されるのである[8]。民事事件の判決文では，判決理由できちんとこのように書き分けられているものも少なくないので，意識して読んでみるとよい。

4 訴えの適法性と請求の当否の審理順序

(1) 訴訟要件の定義

　訴えの適法性を判断する前に，請求に理由がないことがはっきりした場合，請求棄却判決をすることはできるのだろうか。
　これは，民事訴訟法では有名な論点の一つである「訴訟要件の審理順序」の問題である[9]。これまで説明してきたとおり，訴えが適法である場合に初めて請

---

7) 昔は，訴えと請求の区別について，細かな議論があった。ここでの説明は，現代の通説的な説明に依拠しているが，厳密に言えば，請求は，相手方に対する権利主張だけでなく，裁判所に対する判決形式の指定（給付請求には給付判決，確認請求には確認判決，形成請求には形成判決，をしてほしい，というもの）も含まれている，という説明になる。
8) ちなみに，母法ドイツ民訴法では，却下も棄却も同じ「Abweisung」という言葉が用いられている。どうやって棄却と却下を区別するのかというと，理由で区別するのである。すなわち，「Abweisung als unzulässig（不適法として Abweisung）」と書かれていれば，（訴えを）不適法却下，「Abweisung als unbegründet（理由づけられていないとして Abweisung）」と書かれていれば，（請求を）理由なしとして棄却，ということになる。我が国の偉大な先人は，同じ Abweisung という語を「却下」「棄却」と訳し分けたわけで，逆に言うと，「棄却」と「却下」という単語だけで，「請求に理由がない」とか「訴え不適法」とか，全部言わなくても本案判決なのか訴訟判決なのかがわかる仕組みになっている。
9) 畑瑞穂「訴訟要件の審理・判断」争点 99 頁とそこに引用されている文献を参照。

求の当否の判断ができる（正確に言えば，訴えが適法だと判断される場合に初めて本案判決をすることができる），というのが，通説の考え方である。この考え方では，訴訟要件とは「**本案判決をするのに必要な要件**」と定義される（その意味で，この見解は「本案判決要件」説と呼ばれることもある）。そうすると，訴訟要件の具備が明らかになる（＝訴えの適法性がはっきり判断される）前に，本案判決（請求棄却判決）をすることはできないということになる。

(2) 訴訟要件の審理時期

現在の手続では，訴訟要件の審理を経てから本案の審理に入る，という二段階構造は採られておらず，訴訟要件の審理と本案の審理は，同時並行的に行われる。訴訟要件が本案判決をするのに必要な要件であるなら，本案判決は「**口頭弁論終結時**」までに顕出された訴訟資料（弁論や証拠資料）に基づいてすることになるから，その時点までに訴訟要件が具備されていれば本案判決をすることができる（訴訟要件の判断の基準時は，口頭弁論終結時である，という言い方もされる），ということになる。この場合，「訴えの利益（有限の司法資源である裁判所が当事者の権利主張について本案判決をする必要性があるか否か。具体的には，権利主張が本案判決の対象になり得るか，対象になるとして本案判決をすることによって争いが解決するか）」[10]のように，請求（権利主張）の中身をみないと判断が難しい訴訟要件[11]は，その判断をするのに時間がかかる場合がある。そこで，仮に訴訟要件を具備していると判断できたとしても例えば，主張されている権利が消滅時効にかかっていることが客観的時間経過から明らかな場合のように，請求棄却になることが明らかだというケースが出てきてしまうわけである。そこで，時間のかかる「訴えの利益」の審理を打ち切って，請求棄却判決をしてしまえばいいではないか，という考えが出てきたわけである[12]。

---

10) 例外は，管轄の場合で，明文で「訴えの提起時」を判断の基準時（標準時）としている（15条）。ちなみに，管轄は，訴訟要件の一つ（裁判所に関する訴訟要件。「受訴裁判所が管轄権を有していること」）であるが，この訴訟要件を欠いていても訴え却下とせずに，管轄裁判所に移送するものとしている（16条）。このように，管轄は，判断の基準時と不具備の場合の効果の2点で，例外的な訴訟要件である。

11) この意味で「訴えの利益」の具備を訴訟要件ではなく，本案の要件だと考える見解すらある。

12) 一般に訴訟判決も，既判力を有するとするのが多数説・判例（最判平成22・7・16〔民集64巻5

(3) 訴訟要件についての別の考え方

ここで、訴えの適法性について未判断のまま請求棄却判決をすることを優先してよいとする見解には、二つのアプローチがある。一つは、訴訟要件の定義自体を別のものにするアプローチで、「勝訴判決要件」説（請求認容判決をするためだけに必要な要件、と考える）や、「本案判決阻却事由」説（本案判決をするのに必要な要件ではなく、その欠缺が明らかになった場合にだけ本案判決ができなくなる、すなわち訴訟要件があるのかないのか不分明な間は本案判決をしても構わない、と考える）などがある。もう一つのアプローチが、個々の訴訟要件ごとにその制度趣旨を考えて、無駄な訴訟を避けるための訴訟要件や被告の利益を保護するための訴訟要件については、その具備を判断するためにだけ審理を続けるのでは制度趣旨からみて本末転倒だとする考え方である。こちらは有力説で支持者を増しているが、論者ごとに、どの訴訟要件ならば、その具備の判断よりも請求棄却を優先してよいかについては見解が割れている（共通するのは「訴えの利益」くらい）。また、第一審で訴訟要件の具備について判断しないまま請求棄却をしたとしても、控訴されて、控訴審で訴訟要件が不具備と判断された場合には、第一審判決が取り消されて改めて訴え却下判決が自判されるため、必ずしも時間の省略につながらない、ということも旧来言われており、多数説を形成するまでには至っていない。

号 1450 頁・判時 2098 号 42 頁・判タ 1337 号 119 頁]）だが、しかし、不具備と判断された当該訴訟要件だけが改めて事後的に具備されれば、既判力に触れずに再訴可能であり、その意味では、既判力のハードルが、本案判決の既判力よりも低い。そこで、相手方としても、訴え却下の訴訟判決をもらうよりも、請求棄却の本案判決をもらうほうが、紛争解決の実効性が高まるので、よいではないか、とも言われる。

　もっとも、訴訟判決の既判力が、本案判決の既判力よりも拘束が緩いからといって、必ずしも本案判決のほうが実効性が高い、とも限らない。例えば、宗教団体内部の紛争など宗教教義の判断までしないと判決ができないような場合には、裁判所の裁判権が及ばない（裁判所は「法律上の争訟」に対してしか裁判権を有しない。裁 3 条）として却下できるかどうか議論がある（百選[第 5 版] 1 事件[伊藤眞]参照）。こうした紛争では、争われている中身が宗教団体内部の教義抗争や団体トップの宗教者としての正統性への疑義であって法的判断になじまないケースが多い。請求棄却判決より、そもそも裁判権が及ばないとして「門前払い」するほうが、そのような紛争がさらに法廷に持ち込まれることを、広く阻止できる場合もあろう。

13) なお「訴えの利益」については、有力説と結論を同じくする古い判例（大判昭和 10・12・17[民集 14 巻 2053 頁]）がある。

Column　既判力に抵触すると，訴え却下？　請求棄却？

　「訴え却下」と「請求棄却」の誤用に関連して，日頃，講義をしていて，よく学生から受ける質問がある。それは，前訴確定判決の既判力が後訴(こうそ)に及ぶ場合に，裁判所の処理として，「後訴」を「却下」すべきなのか，後訴「請求」を「棄却」すべきなのか，というものである。

　既判力に抵触することが消極的訴訟要件である，と考える少数有力説（一事不再理説）によれば，既判力が及ぶ場合に前訴の口頭弁論終結時以後の新たな事由が存在しないならば，後訴は「訴え却下」となる。他方で，現在の通説と考えられる見解（前訴確定判決における基準時の判断が後訴裁判所を拘束する，と考える「拘束力説」）によれば，既判力が及び（＝前訴判決の既判力ある判断に拘束され），かつ，前訴の口頭弁論終結時以後の新たな事由が存在しないと判断された場合には，後訴請求について「請求棄却」判決をすべき（例外的に，前訴判決確定後まもなくの再訴のように，基準時後の新事由が考えがたい場合や，給付訴訟の勝訴者の再訴［☞ Unit 7］の場合には，「訴えの利益がない」等として却下判決もありうる）ことになる（☞ Unit 8）。

🏃 Advanced
訴訟要件の審理の開始と判断資料の収集

　訴訟要件は，ほとんどのものが**職権調査事項**だといわれる。
　職権調査事項に対比される概念は，**抗弁事項**で，この二つの概念は，ある事項の調査の開始の際に，裁判所がすすんで調査すべき事柄か（職権調査事項），あるいは当事者の異議の主張や申立てをまって調査すれば足りるとされている事柄か（抗弁事項），というカテゴライズで登場する。職権調査事項には，例えば246条違反とか控訴期間の遵守の有無等も含まれ，訴訟要件に限ったことではないが，ここでは，訴訟要件について，この二つの概念を説明する。
　訴訟要件は，民事訴訟制度の設営者である裁判所（国）の立場ないし公益的見地から要求されているものが多い。そのため，多くの訴訟要件は，当事者からの指摘がなくても裁判所がその具備に疑義を抱いたら[14]，とりあげて調査・審理を開始すべき職権調査事項とされる。ただ，例外的に，公益というより当事者の利益のために訴訟要件とされているものもある。例えば，仲裁合意（仲裁14条）の存在，不起訴の合意の存在，訴訟費用の担保の不提供（75条4項・78条）は，いずれも被告を本来必要のない訴訟につきあわせることから保護するための訴訟要件と考えられているので，被告の異議の主張や申立てをまって裁判所が調査を開始すればよい抗弁事項とされている[15]（次頁表のC）[16]。
　少し難しくなるが，これに関連して，学生が混用しやすい似て非なる概念として，職権探知主義と弁論主義のカテゴライズがある。職権調査事項（か抗弁事

---

14) ただ，当事者の指摘がなくても調査すべき事項，とはいえ，書面上明確なものを除き，当事者の指摘をきっかけとして，裁判所が当該要件の具備に疑義を抱く，ということは稀ではない。
15) 仲裁合意については仲裁法14条1項，訴訟費用の担保の不提供については民訴法75条1項で，被告の申立てを要する旨，明文規定がある。
16) 古くからの慣例上の用語で，「妨訴抗弁」ともいわれる。これが提出されると本案の審理に入らず訴えが却下されていた時代の名残である。現在では，口頭弁論終結まで訴訟要件の審理と本案の審理は併行されうるので，妨訴抗弁的に本訴の審理を妨げるのは，訴訟費用の担保の不提供の場合（75条4項・78条）くらいである。有力説には，職権調査事項に該当するものだけを訴訟要件とし，通説が抗弁事項とするものは訴訟要件とせずに「訴訟障害事由」と呼ぶものもある。

項か）は，訴訟要件の具備に疑義を生じた場合に当事者のイニシアチヴによって「調査を開始」すべきか否かの基準であるが，職権探知主義（か弁論主義か）は，開始された調査・審理において，その判断資料を当事者だけが収集できるのか裁判所も収集してよいのか（当事者が主張・申出をしないものも判決の基礎としてよいのか）の問題である。一般に，訴訟要件は，職権調査事項であり，かつ判断資料の収集には職権探知主義が妥当する，とされるものが多いのだが，次元が違うカテゴライズなので，カテゴリーが一致しない訴訟要件（下記表のB）ももちろんあって，ここが注意点である。

訴訟要件における職権調査と職権探知

	A（公益性高い）	B	C（公益性低い）
調査・審理の開始	職権調査事項		抗弁事項
判断資料の収集	職権探知主義		弁論主義

　通説によれば，この表のAに分類される訴訟要件は，裁判権・専属管轄・当事者の実在・当事者能力（・訴訟能力）[17]など，裁判所に裁判権がないとか当事者に訴訟を追行する能力がないために無駄な訴訟になりかねないものを排除すべき公益性が高い，とされているため，職権調査事項に属するものである。さらに，公益性が高いから，弁論主義によって自白で当事者に処分することを認めるわけにはいかない，ということで，職権探知主義が妥当するものとされている。他方，表のCは，当事者の利益保護を主たる目的としている訴訟要件なので，調査の開始の次元でも抗弁事項としてよいし，公益性が低く，当事者に資料収集を委ね（仲裁合意や不起訴の合意は当事者しか資料を持っていないのが通常），自白も認めてよい，として弁論主義が妥当するものとされる。

　議論があるのは，表のBのカテゴリーである。この部分にあたるのは，公益性は低くはないが，その判断には，本案の資料が不可欠であるために，本案の資料収集の原則である弁論主義が妥当する，とされているもので，訴えの利

---

17) 訴訟能力は，訴訟要件ではなく個々の訴訟行為の有効要件にすぎない（訴え提起行為だけは，訴訟能力を欠けば訴訟係属が不適法になるから訴え却下となる）とする見解も有力であり，訴訟要件とする考え方とどちらが通説的であるかは未だ微妙である。

益・任意管轄・当事者適格などがこれに分類されている。ただ，このBのカテゴリーは，無駄な訴訟を排除すべき公益性は低くはないので，弁論主義の第二テーゼによって当事者の自白により裁判所が拘束される（要件の具備の判断が当事者の処分に委ねられてしまう）のは，好ましくない。そのため，弁論主義の第二テーゼだけを排除する特別な処理をすべきとして，講学上，ドイツ法にならって「**職権審査**」型というカテゴライズをする見解も現在では有力である。

---

18) ただし，対世効をもつ判決につながる訴訟の当事者適格は，公益性がより高いので職権探知主義が妥当する，とされる。

Unit 2

「弁論主義」の使い方

「弁論主義」と他の主義・原則

Die übersichtliche Einführung in das Zivilprozessrecht

Introduction
「弁論主義」は解釈論とセットで

　裁判所の面前には，原告が提示した訴訟物たる権利関係の存否を判断するための，事実についての主張や争点についての証拠が並べられて，事案の解明が期待される。その事実や証拠は，誰が集めてくるのか。裁判所だろうか？　当事者だろうか？　これについて，私的自治を根拠に，当事者だけが事実や証拠を収集し裁判所に提出する権能と責任を有する，とするのが，通説的な理解による「弁論主義」である。[1]
　通説は，これを三つのテーゼに分解して説明する。

> 第一テーゼ：裁判所は，当事者の主張しない事実を判決の基礎として採用してはならない。
> 第二テーゼ：裁判所は，当事者間に争いのない事実は，そのまま判決の基礎として採用しなければならない。
> 第三テーゼ：裁判所は，当事者間に争いのある事実を証拠によって認定する際には，必ず当事者の申し出た証拠によらなければならない。

　これらのテーゼは，そのまま生で使えるわけではなく，各々，解釈論がセットとなる。
　例えば，第一テーゼでは，①当事者の主張しない「事実」とは，主要事実のみを指すのか，間接事実（・補助事実）も含むのか，②「当事者」の主張しない事実とは，原告のことか被告のことか，あるいは両当事者のことか，③当事者の「主張しない」

---

[1]　弁論主義を現在の理解のような形に整理し三準則にまとめたのは兼子一博士であり，日本オリジナルのカテゴライズである。母法ドイツ法では，Verhandlungsmaxime（弁論主義）という言い方の他に，特に我が国の第一・第三テーゼにあたる内容を念頭に Beibringungsgrundsatz（提出主義）という言い方をすることもある（我が国でいう第二テーゼにあたる内容は，「自白」法理として，弁論主義とは別に論じられる〔もっとも自白の拘束力が弁論主義下でしか妥当しないことは語られる〕）。我が国でも，人事訴訟法は，20条で第一・第三テーゼに対する例外を定め，別に19条で自白の規律の排斥を規定している）。第一・第三テーゼを念頭に置くなら，当事者提出主義，というほうが，わかりやすいかもしれない（なお松本＝上野44頁参照）。
　対義概念は，「職権探知主義」で，当事者はもちろん，裁判所「も」資料や証拠を独自に集めてきて判決に利用してよい，とする原則である。

事実とは，弁論手続で主張しない事実だけか，証拠調べ手続で判明した事実も含むのか。

①について，主要事実に限られる，とするのが通説・実務である。その背景には，自由心証主義との衝突がある（この点は後述する）。

②について，弁論主義は，資料や証拠の収集・提出に関する裁判所と当事者の間の役割分担を規律するものであって，原告と被告のどちらが収集・提出するかという両当事者間の役割分担を規律するものではない。資料や証拠は，当事者のいずれから提出されても構わない。原告であろうと被告であろうと，いずれの当事者からの事実主張でも，とにかく「当事者」からの主張があれば，裁判所は主張された事実を判決の基礎として採用でき，弁論主義第一テーゼには何も抵触しない（**主張共通の原則**，と呼ばれる）。

③について，弁論手続での陳述による主張事実（訴訟資料）だけが裁判の資料として判決の基礎となり，証拠調べ手続で獲得された内容（証拠資料）によって判明した事実があっても，当事者の弁論手続における陳述（主張）のないものは判決の基礎にはできない，とされる（**訴訟資料と証拠資料の峻別**，と言われる。なお，証拠調べに顕れただけで弁論に主張として顕れていない主要事実を認定しても弁論主義に違反しないとした古い判例として，最判昭和33・7・8〔民集12巻11号1740頁，百選〔第5版〕47事件〔堀清史〕〕もあるが，この判例には学者からも実務家からも批判が強い）。

こうした知識は，必ず大学の講義で教わっているはずなのに，実際に問題を出すと，こうした解釈論をすっ飛ばして，弁論主義を生で使おうとする学生が多い。

以下で，講義でよく取り上げられる典型問題からみてみよう。

1　弁論主義第一テーゼの「お作法」違反

> 【問題Ⅰ】[2] 以下の事例を基に下記の問いに答えなさい。
>
> 　Xは、知人のYを被告として、200万円の貸金返還請求訴訟を提起した。
> 　その訴訟で、Xは、201＊年＊月＊日に金銭消費貸借契約を締結したとして、同日のXのYに対する200万円の貸付けの事実[3]を主張した。
> 　これに対し、Yは、Xの主張する貸付けの事実を否認すると共に、仮にこの貸付けの事実があったとしても、その200万円については、弁済期に既に弁済した旨を主張した。
> 　このYの主張に対し、Xは、Yの主張する弁済の事実を否認した。
>
> 〔問い1〕証拠調べの結果、Xの主張する貸付けの事実は認められ、Yの主張する弁済の事実は認められなかった反面、Xの貸金債権の弁済期から既に10年以上が経過していることが判明した。そこで、受訴裁判所は、本件貸金債権は時効消滅したとして、Xの請求を棄却する旨の判決をした。
> 　この判決の訴訟法上の問題を論じなさい。

　ここで、民訴の苦手な学生は、既に講義で聞いていたはずの解釈論をまるっきり無視して、次のような答案を書く。

　「弁論主義第一テーゼは、『裁判所は、当事者の主張しない事実を判決の基礎として採用してはならない。』というものである。本問で、受訴裁判所は、Yの主張しない消滅時効の事実を認定しているので、弁論主義第一テーゼに違反している。以上。」

　これでは、何も論証がなく、ただの決めつけである。

---

[2]　この問題および問題自体の解説は、法曹会編『設題解説　民事訴訟法（二）』（法曹会、2008）106頁以下に多くを依っている。同書は、基本的な知識をはかる良問と明快な解説が揃っている。

[3]　ここでいう「貸付け」の事実、という表現は、民法587条で金銭消費貸借契約が成立する要件となっている「金銭の授受」や「返還約束」、さらに「弁済期の合意」をもひっくるめたものとして、講学上ないし実務上用いられる。

1　弁論主義第一テーゼの「お作法」違反

　弁論主義の第一テーゼを本問について用いたいなら，まず，本問の前提を確認しておかなければならない。すなわち，①主要事実にしか適用がないという通説・実務の考え方によるとすれば（答案では，この解釈論の根拠付けも必要である），本問での主要事実はどれなのか，を指摘した上で，当てはめをしなければならない。また，弁論主義違反を指摘するなら，②いずれの当事者からも主張がなく，しかもそれは③証拠調べ手続から判明しているだけで，弁論手続における主張がない，旨の指摘も必要である。

> **Column　主要事実・間接事実・補助事実，要件事実≒主要事実**
>
> 　弁論主義の対象となる事実の理解のために，前提となる基礎知識を復習しておこう。**主要事実**とは，実体法上，権利の発生・変更・消滅を定める法規定の解釈も含めた要件にあたる「**要件事実**」に該当する，具体的事実をいう。例えば，貸金返還請求であれば原告は貸金契約の成立を主張しなければならないが，民法587条（消費貸借契約）にいう「金銭の授受」という「要件」事実に対して，「金銭を直接手渡した」とか「銀行振込みの方法で金銭を渡した」とかいった具体的な事実が主要事実である（基本的に要件事実と主要事実はほぼ同義と考えてよいが，「過失」〔民709条〕のような，具体的事実に法的評価を加えてその存否がわかるような，いわゆる「規範的要件」については，過失を「要件事実」，過失を構成する具体的事実を「主要事実」と考えることで，弁論主義第一テーゼの対象となる範囲が明確になる）。これに対して，主要事実の推認に役立つ事実を**間接事実**という。例えば，この日に具体的に金銭の授受があったという事実を推認させるために，被告はその日から急に金回りがよくなった，といった事実が間接事実である。訴訟法における主な事実の種別には，さらにもう一種類，**補助事実**と呼ばれるものがあり，証拠の信用性に影響を与える事実をいう。「被告はその日から急に金回りがよくなった」という間接事実が証人の口から証言として出てきたとして，その証人には虚言癖がある，とか，その証人は原告の利害関係者である，といった事実が補助事実にあたる。

　では，黒板で，上記の弁論主義第一テーゼの解釈論を前提に，本設例における事案の分析をしておこう。文章で与えられた事例から，訴訟法上意味のある要素を抜き出す作業を，まずやっておきたい。

Unit 2 「弁論主義」の使い方

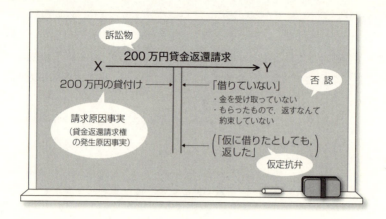

　訴訟物（たる権利関係）は何か，というと，XのYに対する200万円の貸金返還請求権の存否，である。この請求権の発生を根拠付ける「請求原因事実」（これは主要事実の一つである）として，Xは「200万円の貸付け」の事実を主張している。このXの主張に対し，Yは「金銭の授受がない（＝金を受け取っていない）」とか「もらったものだ（＝返すなんて約束していない）」と「否認」している。さらにYは，「仮に借りたとしても」という仮定付きで，「返した（＝弁済）」という，貸金債権の消滅原因事実（これも，主要事実の一つである）を主張している（「仮定抗弁」[4]）。

　では，これに対し，設例の裁判所はどのような事実を認定した上，どのような法的判断をしているのか。
　〔問い1〕では，「貸付け」の事実が認められ「弁済」の事実が認められなかった以上，本件訴訟物たる「XのYに対する200万円の貸金返還請求権」は発生していて消滅しておらずしたがって現存しているとして，請求認容判決がされるべきはずである。
　しかし，「弁済」と別個の債権消滅原因である「消滅時効（民167条1項）」の

---

[4]　相手方が証明責任を負っている事実を否定する「否認」に対し，自分側が証明責任を負っている事実を主張して相手方の請求を排斥する陳述を「抗弁」というが，ここでは仮定付きなので，「仮定抗弁」という。

主要事実である「弁済期から10年を経過した事実」を採用した上で，訴訟物たる「XのYに対する200万円の貸金返還請求権」は消滅したとして請求棄却判決をしている。

すると本問での訴訟法上の問題は，裁判所が判決で認定した時効消滅の原因事実（主要事実）は，証拠調べで顕れただけで，X・Yのいずれの当事者からも主張されていない，ということである。

ここまで書いて初めて，弁論主義第一テーゼ違反だ，ということの論証になるのである。

まず，弁論主義第一テーゼの指摘，そしてその解釈論をセットで提示して，本設例における事案分析をし，解釈論を当てはめる，というのが，基本的な答案の「お作法」である。

2　弁論主義と処分権主義。この場合はどっちの問題？

さて，「弁論主義が難しい」と感じる学生が多いのは，他の主義・原則との区別ができていなかったり，あるいは，弁論主義自体が他の主義・原則と衝突して他の主義に席を譲る場面もあったりするからである。

まず，同じ事例を使って，次の基本問題を考えてみたい。

先ほどの【問題Ⅰ】と同じ事案で，受訴裁判所が以下のような判決をしたとする。[5]

〔問い2〕証拠調べの結果，Xの主張する貸付けの事実は認められなかった（したがって，Yの弁済の事実も認められなかった）が，この貸付けとは別口の，XのYに対する100万円の貸付けの事実が判明した。そこで，受訴裁判所は，Yに100万円の支払を命じる旨の判決をした。
　この判決の訴訟法上の問題を論じなさい。

---

5) この問題の出典も，前掲注2) に同じ。

Unit 2 「弁論主義」の使い方

　民訴が苦手な学生は，この〔問い2〕についても先ほどの〔問い1〕と同じ弁論主義の問題と考え，「裁判所は，当事者の主張しない事実を判決の基礎にしているから，弁論主義第一テーゼに反している」と解答してしまう。
　ところが……
　〔問い2〕では，Xの主張する「XのYに対する貸付け」の事実も，Yの主張する「弁済」の事実もいずれも認定できないとした以上，本件訴訟物たる「XのYに対する200万円の貸金返還請求権」は発生しておらずしたがって現存していないとして，請求棄却判決がなされるべきである。
　しかし，裁判所は，Xの主張する「XのYに対する200万円の貸付け」の事実とは別個の「XのYに対する100万円の貸付け」の事実を認定している。その結果，「XのYに対する100万円の貸金返還請求権」が発生したとの判断をした上，Yにその支払を命じる判決をしている。
　ここでの問題は，裁判所が，Xが申し立てた訴訟物たる権利関係とは別個の請求権について判断をした，ということである。

　すなわち，〔問い2〕は，原告が申し立てた事項と，裁判所が判決した事項とが異なっているので，246条に違反するのではないか，が問題となるのである。
　民訴の苦手な学生はなぜ，これも弁論主義違反の問題だと考えてしまうのであろうか。

3　処分権主義は「枠」，弁論主義は「中身」

　受訴裁判所が，現在訴求されている訴訟物〔A請求〕とは違う訴訟物〔B請求〕を持ち出して，訴訟物〔B請求〕を基礎づける事実を顧慮したとすれば，それは当事者が主張しない事実を顧慮したことになるのは当たり前である。判決が顧慮した事実は〔B請求〕を基礎付ける事実なのに，当事者が主張していた事実は（現に訴求している）〔A請求〕を基礎付ける事実なのだから。しかし，だからといって，「裁判所は，当事者の主張しない事実を判決の基礎として採用してはならない」という弁論主義第一テーゼの問題とはならない。それは何故か。

あくまで,「当事者の申し立てた事項＝当事者の定立した訴訟物」の枠内で,その枠の中の訴訟物を判断する際に用いる訴訟資料は,当事者が収集・提出したものだけでなければならない,というのが弁論主義の規律である。
　「当事者が申し立てていない事項＝当事者の定立したのとは別の訴訟物」について判決することは,枠を超えているので許されない,というのは,弁論主義以前に,処分権主義の規律（246条）なのである。

　すなわち,論理の順番としては,以下のようになる。
①訴訟において裁判所が審理・判決の対象（審判対象）とできるのは,当事者が権利保護を申し立てた範囲（＝「枠」）に限られる,という**当事者処分権主義**が先行し,
②当事者によって「この範囲でだけ権利保護をして下さい」という「枠」が提示されると,裁判所はその枠内でしか判決をすることができなくなる（246条）。
　次に,裁判所が判決可能な範囲（＝「枠」）は決まったのだけれど,その「枠」の中で審理・判決の対象となる訴訟物たる権利関係について,その当否を裁判所が判断するための資料（訴訟資料と証拠資料）を,いったい誰が集めてきて法廷に出すのか（具体的には,当事者だけが集めるのか,裁判所も集めてきて判決に用いてよいのか）,という段で,
③**当事者弁論主義**,すなわち当事者だけが資料を収集し提出する権限と責任を有する,という「裁判所と当事者の役割分担」の規律が作動するのである。ここで初めて,当事者の主張しない事実を裁判所は判決の基礎として採用してはならない,という弁論主義第一テーゼの話になるのである。

　この論理の順番が理解できていないために,「当事者が主張しない事実に基づいて判決している」という現象面ばかりに目が行ってしまい,すべてが弁論主義違反の問題にしか見えなくなってしまうのが,民訴が苦手な学生の特徴である。こういう方は,もし仮に,Xが訴訟物たる権利関係である200万円の貸金債権と別個の100万円の貸金債権を基礎づける事実の主張をしていたとしたら,〔問い2〕については何の訴訟法上の問題もない（！）,と解答してしまうのだろうか。もちろんこの場合は,Xが100万円の貸金返還請求を追加する「訴

えの追加的変更」(143条)をしない限り，訴訟物になっていない請求について判決をしてしまう処分権主義(246条)違反となることは同じである。

　要するに，同じ当事者主義に属してはいても，第一に，裁判所が判決できる訴訟の「枠」[6]は当事者が定立する，というのが「処分権主義」，第二に，処分権主義によってはめられた「訴訟物の枠」の中で，「中身」である訴訟物たる権利関係の判断資料は当事者が収集・提出(主張)したものに限られる，というのが「弁論主義」である。これを，処分権主義は「請求」や「訴訟物」の定立レベル(「(訴えという)申立て」レベル)の話，弁論主義は定立された訴訟物に関する「事実」の「主張」レベルの話，と解説することもあるが，「請求」レベル，「主張」レベルと言われてもぴんと来ない人は，処分権主義は「枠」，弁論主義はその枠の「中身」，を各々規律する主義だとイメージすれば，なんとなくわかるだろうか。

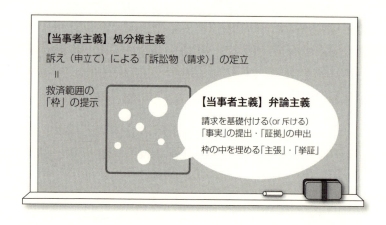

---

6) ここでいう訴訟の「枠」が，246条の「申立事項」であり，それは「訴訟物」と「いかなる形式(給付・確認・形成)の判決を求めるか」の二つの観点から画される。

4 処分権主義には反しないけれど，弁論主義からは……

もう一つ，処分権主義と弁論主義が交錯する典型問題をみておこう。

> 【問題Ⅱ】 以下の事例を基に下記の問いに答えなさい。
> 　事故に遭った被害者が，加害者を相手取って，不法行為に基づく損害賠償として 140 万円の支払を求める訴えを提起した。被害者（原告）の主張する損害の内訳（損害費目）は，入院治療費（手術費・雑費等含む）40 万円・逸失利益（休業損害等）80 万円・精神的損害（慰謝料）20 万円であった。
> 〔問い〕仮に，証拠調べの結果，受訴裁判所が，当事者から主張された入院治療費以外に積極損害として付添費用 6 万円・交通費 1 万円が認められるとした上で，財産的損害について 93 万円（入院治療費 38 万円，付添費用 6 万円，交通費 1 万円，逸失利益 48 万円），非財産的損害（精神的損害）について 30 万円，計 123 万円の支払を命じる判決をした，とする。
> 　この判決に訴訟法上の問題はあるか，検討せよ。

　まず，この事例で申立事項は何か，というところから検討したい。損害賠償請求訴訟の訴訟物については，判例によれば，一つの不法行為から生じた人身損害についての賠償請求権は，財産的損害・精神的損害を合わせて一個の訴訟物を構成するとされているので，本事例では，損害賠償請求の合計額 140 万円が，救済範囲の「枠」ということになる。判決がそれを超えない 123 万円の賠償を命じているので，判例の趣旨による限り，**処分権主義（246 条）違反はない**ことになる。

　ところが，損害の把握として差額説，損害の算定方法についていわゆる個別損害額積み上げ方式を採るとされる一般的な実務に則り，損害総額を根拠付け

---

7) この問題については，佐藤歳二「積極損害・消極損害・慰謝料」鈴木忠一＝三ケ月章監修『新・実務民事訴訟講座 5』（日本評論社，1983）83 頁以下，鈴木重勝「申立事項と判決事項」争点〔新版〕198 頁以下を参照した。
8) 最判昭和 48・4・5（民集 27 巻 3 号 419 頁・判時 714 号 184 頁・判タ 299 号 298 頁・百選〔第 5 版〕74 事件〔堤龍弥〕）。
9) 加藤新太郎「相当な損害額の認定」ジュリ 1166 号 104 頁以下（1999）参照。

る事実を主要事実と考えた場合，各損害費目について，費目および各個別の額の主張が求められるということになる。そうすると，当事者の主張がないまま付添費用なる損害費目について6万円の損害賠償を認めた判決は，（事例では，これら費目の主張が黙示的にあったと認められそうか，具体的事情が明らかでないが）**弁論主義違反**となる疑いが出てくるのである。[10]

この〔問い〕は人損のみを請求している事例であった。では仮に，裁判所が当事者の主張なしに認定したのが，人損ではなく，**物損**（例えば，事故時に身につけていた輸入時計や高級バッグの全損など）であったとしたら，どうであろうか。

もともと，損害賠償請求訴訟の訴訟物については，損害費目ごとに訴訟物が別になるという考え方も有力である（ただし訴訟物をどこまで細分化するかは，説によって差がある。まず大きく，被侵害利益に応じて①**人損か物損か**で分ける，さらにそれらを②**財産的損害〔民709条〕か非財産的損害〔民710条〕**で分ける，さらに財産的損害について③**積極損害か消極損害か**で分ける，最終的にはそれらを④**細かな費目ごとに分ける**，というレベルまで細分化はありうる）。上述した判例は，人損（身体的損害）については，財産的損害と非財産的損害とを合わせて一個の損害賠償請求権として訴訟物を構成する，としたものであったが，ⓐ**人損・物損を問わず同じ一個の加害行為であればその加害行為から生じた損害は包括的に一個の損害とみて，その賠償請求権一個で訴訟物を構成する**，とみるべきか，ⓑ**人損と物損とでは被侵害利益が違うので，各々の賠償請求権ごとに別々の訴訟物を構成する**と限定して考えるべきものであるか，については，議論がありうるところである。[11] 後者（ⓑ説）の

---

10) なお，精神的損害に対する慰謝料については，20万円の請求に対して30万円の支払が命じられているが，慰謝料額はもともと裁判所の自由な心証による裁量的認定に委ねられているものとされるため弁論主義の対象とならない（慰謝料額の主張は，全体として請求の総額〔＝訴訟物の「枠」〕を特定する意味しか持たないとされる）。従前は，財産上の損害が発生していることが窺えても証拠上損害額全部を認定することが困難な場合に，被害者の被った損害が填補されなくなってしまう部分を，慰謝料を増額して補完しようとする「慰謝料の補完的機能」が実務上の解決として用いられていた（現在では，民訴法248条により，そもそも立証困難の場合の救済が図られている）。ただし，学説上は，原告の主張額以上の認定をする場合には，裁判所は当事者に弁論を尽くさせるよう釈明し，それをしなければ釈明義務違反となりうる，とする見解も有力である（兼子一ほか『条解民事訴訟法』（弘文堂，1986）537頁〔竹下守夫〕）。
11) 最判昭和61・5・30（民集40巻4号725頁・判時1199号26頁・判タ609号28頁）参照。

考え方に立つとすると，人損と物損とで，各々の損害賠償請求権は別々の訴訟物を構成し，申立事項が異別になるから，当事者が申し立てていない物損の賠償請求について判決をすれば，（弁論主義違反ではなく）処分権主義違反ということになろう。

5 弁論主義と自由心証主義の衝突

(1) 弁論主義第一・第二テーゼと自由心証主義

弁論主義は，国家権力が私人間の事柄に介入してくることを禁止するという意味で私的自治に基づいており，当事者に不意打ちとなるような判決が裁判所（国家）によりなされるのを防止する「不意打ち防止」機能を有することは一般に認められているとみられる[12]。

ただ，この不意打ち防止機能を，主要事実と間接事実・補助事実のどの事実まで保障すべきか，を考える際には，事実認定にあたって裁判所に自由な心証形成の権能を与えた自由心証主義との衝突を避けて通れない。

すなわち，近代の訴訟法が実体的真実発見に向けて裁判官の知見に信頼を置いた自由心証主義を充分に機能させるために，その材料となる事実に，弁論主義から制限を加えることを遠慮するのか，あるいは，弁論主義こそが高次の規律として，自由心証主義が充分な機能を発揮できなくてもすべての事実につき，弁論主義を優先するのか，という問題である。

弁論主義と自由心証主義の「衝突」は，主に，弁論主義第一テーゼと第二テーゼとで各別に登場する。まず，(a)裁判官が自由心証主義に則り自由な心証形成に用いることのできる事実はすべて，弁論主義第一テーゼにより制限を受ける（当事者が弁論で主張したものだけしか裁判所に使わせない）のか，そして，(b)すべての事実について弁論主義の第二テーゼにより，裁判所は審判権を排除される（すなわち自由心証主義が排斥される）のか，という問題である。

具体的には，**間接事実に弁論主義を適用してよいのか**，すなわち**弁論主義は主**

---

[12] 重点講義（上）419頁以下。なお近時は，不意打ち防止を弁論主義ではなく釈明義務違反で論じる見解も有力である（山本和彦『民事訴訟法の基本問題』〔判例タイムズ社，2002〕127頁以下参照）。

要事実に限って適用すべきか，という点で問題となる（補助事実についても同じ議論があるが，間接事実に代表させておく）。

(a) **弁論主義第一テーゼと自由心証主義**

間接事実は，主要事実の推認という機能からすると，証拠と同じ位置付けにある。

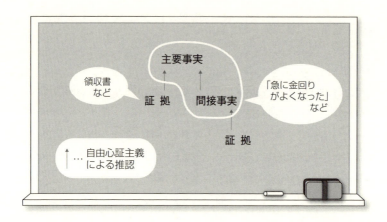

例えば，貸金返還請求訴訟で，金銭消費貸借契約の成立に必要な要件である「金銭の授受」という主要事実を認定する際に，「領収書（金銭受取証）」という証拠から推認していくやり方（裁判官にこうした推認をさせるやり方を当事者側からみると，**直接証明**という）と，「金銭の授受があったとされる日から急に被告の金回りがよくなった」といった間接事実を積み重ねてそこから推認していくやり方（当事者側からみると，**間接証明**[13]）がある。特に後者を「事実上の推定」ともいうが，いずれも経験則や論理則を用いて主要事実を推認する。この推認過程において，自由心証主義が働いているのである。間接事実自体の存否も，当事者間に争いがある場合には，同じように自由心証主義に則ってその存否が推認される。

13）「直接証明」は主要事実を対象とする証明，「間接証明」は間接事実・補助事実を対象とする証明，という定義もある。

Column 「領収書が存在する」という間接事実!?

　ときどき学生の中には、「弁済」にあたる主要事実を推認するのに、「領収書」のような直接証拠があるのに、わざわざ「『領収書』が存在する」という間接事実を論じる方がいる。「領収書」という直接証拠があるなら、そこから主要事実を推認すれば、自由心証主義による推認の過程は一回で済むのに、間接事実から推認しようとすれば、間接事実を証拠から推認し、さらにその間接事実を用い他の間接事実などと共に主要事実を推認するというように、多段階で自由心証による推認を行わなければならない。人間のすることだから、推認過程からは、過ちが混入する可能性を完全に排除することはできない。したがって、推認過程はなるべく少ない方が望ましく、直接証拠があるのに、あえて「直接証拠が存在する」という間接事実を措定するような迂遠かつ非効率なやり方を採るべきではない、とされている。

　さて、この「急に金回りがよくなった」という間接事実が当事者の主張にはあらわれてこずに、証人の証言という証拠のかたちでしか法廷に顕出されていない場合、もし、**弁論主義第一テーゼが間接事実にも適用があるとすると**、以下のような不都合が生じる。

　すなわち弁論主義第一テーゼは、訴訟資料（弁論資料＝弁論で主張された事実）と証拠資料（証拠）とを峻別し、訴訟資料を証拠資料で補うことはできないとしているので、自由心証主義により証言から「存在する」との心証を得た間接事実について、当事者の主張がなかったとなるとその間接事実を利用できなくなる。そうすると、既にその間接事実（「急に金回りがよくなった」という事実）から主要事実（「金銭を手渡しで受け取った」などの金銭の授受に該当する事実）の存否を推認していたとすると、この推認を覆さなければならないことになってしまう。それは、裁判官に窮屈な（不自然・不合理な）事実認定を強いることになるし、実体的真実発見からも遠ざかってしまうおそれもあり、**自由心証主義が十全に機能を発揮できない**。

　通説はこうした理由から、弁論主義第一テーゼの適用は、主要事実に限られるものと解している（重要な間接事実や補助事実には適用を認めるべきという見解も学説上は非常に有力である）。

(b) 弁論主義第二テーゼと自由心証主義

弁論主義第二テーゼ（この場面では，自由心証による裁判所の判断権は排斥される）についても，判例と通説的見解は，間接事実の自白や補助事実の自白にはこうした裁判所拘束力を認めない（☞ Unit 3）。

裁判官が，間接事実の自白に拘束されて間接事実の存否を前提に主要事実を推認しなければならないとすると，証拠からの推認と相容れないような場合には，不自然・不合理な事実認定を強いられかねず，やはり自由心証主義が十全に機能できなくなってしまう，という理由による（反対説も根強いところではある）。

したがって，通説によれば，「事実」主張に関する当事者と裁判所の役割分担を規律する弁論主義第一テーゼと第二テーゼについては，自由心証主義の十全な機能発揮のために弁論主義のほうがやや遠慮して，その適用は主要事実に限られることになる。したがって，弁論主義の有する「不意打ち防止機能」は主要事実において発揮できれば充分と考えられていると言えよう。

訴訟物たる権利関係の存否の判断を最終的に左右するのは，権利関係の存否を判断するために実体法規が適用されるか否か（それによって法律効果が発生するか否か）である。さらに具体的に言えば，（権利の発生・変更・消滅を規定するような）実体法規の要件に該当する具体的事実である主要事実が認められるか否かであるから，主要事実さえ法廷に顕出されて当事者の攻撃防御の対象となっていれば，その限りで当事者に不意打ちはない，と評価しているのである。

(2) 弁論主義第三テーゼと自由心証主義〜通常共同訴訟における共同訴訟人間の証拠共通の原則

証拠の申出に関する規律である弁論主義第三テーゼが，自由心証主義と衝突するのは，間接事実による推認ではなく，証拠による推認の場面である。

---

14) 最判昭和 31・5・25（民集 10 巻 5 号 577 頁・判時 77 号 20 頁・判タ 59 号 62 頁），最判昭和 41・9・22（民集 20 巻 7 号 1392 頁・判時 464 号 29 頁・判タ 198 号 129 頁）。

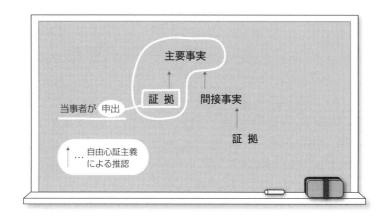

　通常共同訴訟では，**共同訴訟人独立の原則（39条）**が妥当し，各共同訴訟人バラバラに，弁論主義が適用される。ただ，現実の訴訟では，同一期日に審理が行われるから，裁判所の心証形成も共同訴訟人に対して共通になされ，ひいては事実認定も法適用も共通になされる（ここから事実上の判断統一が期待され，共同訴訟人独立の原則にもかかわらず共同訴訟を行うメリットが生じる）。[15]

　ここで，判例実務・学説ともほぼ争いなく，「**（共同訴訟人間の）証拠共通の原則**」を認めている。「共同訴訟人の一人が提出した証拠は，援用の有無にかかわらず，他の共同訴訟人についても，証拠として，裁判所は事実認定の材料にすることができる」というものである。この証拠共通の原則が，通常共同訴訟における事実上の判断統一への期待を後押ししている。

　通常共同訴訟では，**弁論主義の第三テーゼ（裁判所は，当事者間に争いのある事実を証拠によって認定する際には，必ず当事者の申し出た証拠によらなければならない）**も，共同訴訟人独立の原則により，各共同訴訟人についてバラバラに適用され

15）　弁論主義第二テーゼのような自白の規律も各共同訴訟人でバラバラに適用されるから，共同訴訟人の一人のみが自白した場合，自由心証主義が作用する他の共同訴訟人との間で別の判断に至ることはありうる。また，そもそも各共同訴訟人の主張は，他の共同訴訟人がそれを援用しない限り（主張共通については認めないのが通説），他の共同訴訟人についての判決の基礎に用いることはできない（弁論主義第一テーゼ）から，共同訴訟人間で判断が分かれることは訴訟法的には防げない。判断統一への期待が「事実上の」ものに過ぎないのは，そのためである。

るから、証拠の申出も各共同訴訟人が独自に行わなければならないはずである。つまり、共同訴訟人の一人が申し出たに過ぎない証拠を、他の共同訴訟人との関係でも用いるのであれば弁論主義第三テーゼに抵触するはずである。

　しかし、実際の通常共同訴訟で、この第三テーゼとの抵触を問題視せずに証拠共通の原則がほぼ異論なく認められているのは何故だろうか。ここでも、やはり**自由心証主義**が持ち出されることになる。すなわち、**同一の事実についての一つの心証を、証拠提出者である共同訴訟人以外に用いることができないとすると、裁判所の自由な心証形成を制約する。認定されるべき真実は一つで、同じ一つの審理で矛盾した事実認定を強いることはできない**、というのである。[16]

　とはいえ、もともと共同訴訟人の一人について自白があったような場面では、自白した共同訴訟人とそれ以外の共同訴訟人とで別々の事実認定をせざるを得ず、その限りで裁判官は窮屈な事実認定といえどもやらなくてはならない。ただ、自由心証主義を根拠とすると、自由心証の材料として斟酌するのは「証拠調べの結果」だけでなく「弁論の全趣旨」（247条）も含むから、証拠共通のみならず「**弁論の全趣旨の共通**」も認められる、とする見解も有力である。[17] この見解に従うならば、この自白の場面でも、共同訴訟人の一人にある事実について自白があったことを弁論の全趣旨として勘案することで、自白のある共同訴訟人の請求と他の共同訴訟人の請求との間で、矛盾が必要以上に強いられない事実認定も期待できるかもしれない。[18]

---

[16]　証拠共通の原則（他の共同訴訟人の援用は不要であること）を、自由心証主義だけでなく、同一期日に他の共同訴訟人も関与していること（証拠抗弁を提出したり反対尋問をしたりする機会が与えられていること）をその根拠に加えて正当化する考え方も近時有力である（重点講義（下）372頁以下）。なお、伊藤636頁も、こうした関与の機会が与えられているから援用は不要とする。
　　コトの本質は、弁論主義第三テーゼと自由心証主義の衝突、というよりも、共同訴訟人独立の原則に対して証拠共通という例外を何故認めてもよいのか、というところにある。つまり、証拠共通を認めた結果、弁論主義第三テーゼに反することになりそうであるが、自由心証主義や証拠調べへの関与の機会があることを根拠に、弁論主義第三テーゼとの抵触を問題視しない、というふうに説明されている、ということである。

[17]　秋山ほかⅠ388頁、伊藤636頁は「弁論の全趣旨の共通」を肯定する。

[18]　例えば、保証人と主債務者を相手に保証債務履行請求訴訟と主債務履行請求訴訟を併合提起した場合、共同被告たる主債務者の「自白（主債務あり）」の存在を弁論の全趣旨として勘案し、保証人に対する訴えについても流用できれば、共同訴訟人の一人の自白に引っ張られるかたちで他の共同訴訟人についても同じ事実について同じ存否の認定もできる。他の証拠からの推認との関係で自白がそれと矛盾していても、自白を優先して事実認定をしなければならない（弁論主義の第二テー

6　弁論主義も無敵ではない

　弁論主義は，他の主義・原則とぶつかった場合，一部譲ることはあってもほとんどの場合はその頂点に「君臨」して作用しているが，他の主義・原則に大きく席を譲る場面も存在する。それは，必要的共同訴訟における「合一確定」（40条）の規律と衝突した場合である。必要的共同訴訟とは，同一内容の本案判決をする必要がある類型の訴訟であり，40条はそれを実現するための規律であるから，その範囲で当然に共同訴訟人各自の私的自治（ひいては私的自治を根拠とする弁論主義）が排除されるのである[19]。

　合一確定の必要のある場面で，民訴法40条1項は，共同訴訟人の一人の訴訟行為は全員の利益においてのみその効力を生ずる旨を規定する。したがって，共同訴訟人の一人の自白は他の共同訴訟人が否認していれば不利益な行為として，自白者本人にも効力を生じず，弁論主義第二テーゼの効果を発生させることはない（一人の自白があったことが弁論の全趣旨において勘案されうるに過ぎない）。

　また，共同訴訟人の一人の主張が有利な場合（原告であれば請求を基礎付ける事実の主張，被告であれば抗弁事実の主張）には，通常共同訴訟では通説・判例が否定する「主張共通」が認められ，主張をしていない共同訴訟人についてもその援用がなくてもその主張事実を判決の基礎としてよい（弁論主義第一テーゼの部分的後退）。共同訴訟人の一人の証拠の申出も同じだから，弁論主義の第三テーゼも同様である。

　　ゼ）程度の窮屈さは，もともと織り込み済みであるといえる。
19）　直接には共同訴訟人独立の原則（39条）が排除され，共同訴訟人各別に主義・原則が適用されなくなり，結果的に，共同訴訟人の間では合一確定の要請が他の主義・原則より優先されることになる。
　　もとより，固有必要的共同訴訟は「合一確定」が至上命題になる訴訟として慎重に選び出されるので，「合一確定」の要請の前には，それと抵触する範囲で，弁論主義を含め他の主義・原則はみな席を譲るものと解されても不思議ではない。「不利益変更禁止の原則」より「合一確定」が優先された判例として，最判昭和48・7・20（民集27巻7号863頁・判時715号51頁・判タ299号294頁），最判平成22・3・16（民集64巻2号498頁・判時2081号12頁・判タ1325号82頁）。上訴は有利な行為として共同訴訟人の一人だけでも有効になしうるが，上訴の申立てをしていない独立当事者参加訴訟の敗訴者が「合一確定」の要請から被上訴人の地位に立つと解釈される（リーディングケースとして，最判昭和43・4・12〔民集22巻4号877頁・判時518号54頁・判タ222号162頁〕）のも，処分権主義に「合一確定」の規律が優位するものとして把握できるかもしれない。

さらに40条2項は，合一確定の必要のある場面では，共同訴訟人の一人に対する相手方の訴訟行為は全員に対してその効力を生ずる旨を規定する。共同訴訟人の一人に対して主張すれば，他の共同訴訟人に対しての主張がなくても全員に効力が生じ，主張のない当事者（共同訴訟人と相手方）間にも主張があったのと同一の効果が認められ，弁論主義の第一テーゼはこの限りで骨抜きにされていることになる。証拠の申出も同じだから，弁論主義の第三テーゼも同様である。

🏃 Advanced
裁判所のとるべき対応～釈明との関係

　本文で挙げた,【問題Ⅰ】の〔問い1〕と〔問い2〕で,裁判所が弁論主義違反や処分権主義違反を避けるために,何かとるべき手段はあるだろうか。〔問い1〕と〔問い2〕で,訴訟法上の問題を論じる際に,「**仮に問題を回避しようとすれば,裁判所としては,何をするべきだったか**」という問いが付記されていたら,どのように答えればよいだろうか。

　まず,頭に浮かぶのは,「釈明」すべきだ,ということだと思うが,単純にそう言うだけで足りるだろうか。以下で,少し検討してみよう。

(1) 〔問い1〕について

　この設題を教室で訊いてみると,「仮に,裁判所が心証通りの判決をしたければ,釈明をして,当事者に消滅時効の援用を促すべきであった」という解答が返ってくることが少なくない。しかし,ここで,単に「釈明すべきだ」とだけ答える答案は,評価が低い。

　なぜなら,「消滅時効を促す釈明」について,通説も実務も,消極的に考えているからである。当事者が,消滅時効以外の点で一生懸命に攻撃防御を尽くしているときに,それらを全部吹っ飛ばして訴訟の決着を一発で付けてしまう「消滅時効」の援用を促すことに,裁判官としては慎重になるという実務感覚や,時効が当事者の援用に委ねられていること(民145条)からすれば,あくまで当事者の自主的な援用に任せるべきだという考え方が背景にある。

　「消滅時効の援用を促す釈明」につき,実務は消極的といわれ通説も消極的である。これに対し,有力説[20]は,債務の消滅という時効に基づく法律効果が主張され,一定期間の経過が弁論に顕れている場合は,時効の援用を促す釈明をしてよいとする。

---

20) 伊藤316頁。

仮に，通説・実務のように，この釈明をすべきでないとするなら，本来的にはどういう判決をすべきであったか（1で触れたように，設例の事情の下では「請求認容」判決をすべきであったこと）に触れないと，**「仮に問題を回避しようとすれば，裁判所としては，何をするべきだったか」**という問いに答えたことにならない（こういう答案が実は多い！）ことに注意してほしい。

(2) 〔問い 2〕について

本問についても，「仮に，裁判所が心証通りの判決をしたければ，釈明をして，当事者に訴えの変更を促すべきであった」と言えるであろうか？　ここでも，単に「釈明をすべきだ」という答案は評価が低く，そうした釈明の当否について検討しておく必要がある。

一般に釈明は，弁論主義の補完機能を果たすとされ，他方で，釈明のやり過ぎが，当事者の私的自治への裁判所の不干渉を命じる弁論主義とは緊張関係に立つこともある。ここでいう「訴えの変更を促す釈明」は，訴訟物の申立ての変更を促す点で，弁論主義ではなく，処分権主義と緊張関係に立つ釈明である。

（事実上，原告に向かって「勝てる訴訟物」へと訴えの変更を促すことになるから）裁判所の中立性の観点から消極的に解する考え方もなくはないが，判例[21]は，訴えの変更を促す釈明をすることは許されるとする。我が国の実務が採る旧訴訟物理論では，新訴訟物理論に比べて，訴訟物に含められる実体権の範囲が狭い。我が国ではドイツと違って弁護士強制が採られていない（すべての審級で本人訴訟が可能）ので，素人当事者が，訴訟物の定立を間違えることはままある。そうした場合，直ちに棄却や却下という処理をするのではなく，訴えの変更を促す釈明を積極的に行って当事者を救済すべきである，という指摘もある[22]。

仮に，釈明を消極に解するとしたら，前問同様，本来的にはどういう判決をすべきであったか（1で触れたように，設例の事情の下では「請求棄却」判決をすべきであったこと）に触れておく必要がある。

時効の援用を促す釈明も訴えの変更を促す釈明も，いったんなされると，そ

---

21)　最判昭和 45・6・11（民集 24 巻 6 号 516 頁・判時 597 号 92 頁・判タ 251 号 181 頁，百選〔第 5 版〕52 事件〔大濱しのぶ〕）。
22)　伊藤 315 頁参照。

れを違法と解しても是正の手段はないために（違法として差し戻しても，既に裁判官の心証を聞いてしまった当事者が，それに合わせて改めて主張や申立てをし直すだろう），両方とも共通に，謙抑的であるべきだ，という考え方もある（☞ Unit 4）。

　釈明の是非の結論は，いずれでもよいが，〔問い1〕〔問い2〕における両釈明とも「釈明の行き過ぎ」が議論される典型例だけに，釈明の是非自体は必ず検討されるべきであろう。

Unit 3

「裁判上の自白」と「弁論主義の第二テーゼ」

Die übersichtliche Einführung in das Zivilprozessrecht

Unit 3 「裁判上の自白」と「弁論主義の第二テーゼ」

Introduction
「自白」には二つの顔がある

　数年前から，ロースクールで未修者の「民事訴訟法」の講義を担当するようになって，気付いたことがある。講義が終わってかなりの時間が経ち，学生たちがいざ司法試験受験前になると，毎年のように同じような質問をしてくるのである。学生からのそうした質問によって改めて内容を考え直す契機となった項目，それが，このUnit 3で取り扱う「裁判上の自白」である。

　裁判上の自白については，手続段階としては「証明・証拠調べ」の前段階で，講義の中では「要証事実」ないし「不要証事実」の項で取り扱われ，不要証事実の代表例として「自白」事実を説明することが多いように思う。しかし学生たちは，既に「弁論主義」の項でも弁論主義の第二テーゼとして「当事者間に争いのない事実」を「自白」事実と教えられていることが多い。基本書の章立てでもそうなっているものが多いが，大学の講義では，「自白」の説明として，「裁判上の自白」と「弁論主義の第二テーゼ」の2種類が別々の場面で教えられていることが少なくないのである。

　「裁判上の自白」の効果についても，民訴179条の条文では「不要証効（証明不要

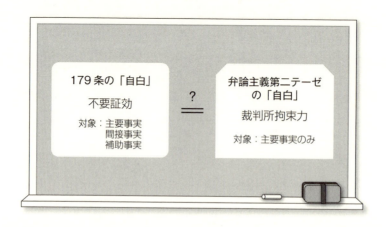

40

効)」としか規定されていないのに，これに加えて，不文の効果として「拘束力」（当事者に対する拘束力と裁判所に対する拘束力）もある，と教えられる。しかも，不要証効は間接事実や補助事実の自白にも認めるのに，裁判所拘束力・当事者拘束力のほうは間接事実や補助事実の自白には認めないのが通説・判例だと言われ，学生にとって理解の糸が次々に縺れていくのである。

　こうした二つの説明をされる「自白」なのに，その両者の関係について，講義で厳密な説明が加えられることはあまり多くなく，また，基本文献を読んだところで一般になされている説明も矛盾をはらみかねないものがあり，それ故に学生の混乱の要因になっていたりする。初学者というより，ある程度勉強が進んだ学生にとっての「縺れた糸」が，この「自白の二つの顔」に起因する問題である。

1 自白についての二つの説明〜両者は同じもの？

では，講義の場面をのぞいてみよう。

● 日常の講義にて（その1）〜弁論手続の説明場面 ●

教授：「口頭弁論手続は，大きく分けて『弁論』の手続と『証拠調べ』の手続で構成されます。このうち，『弁論』手続を規律する重要な原則の一つが弁論主義です。一般に，弁論主義は国家（裁判所）が両当事者の私的自治の空間に干渉するな，という意味で裁判所を拘束する三つのテーゼ（法準則）で構成される，といわれています。……そのうちの第二テーゼと言われているものがこれですね」

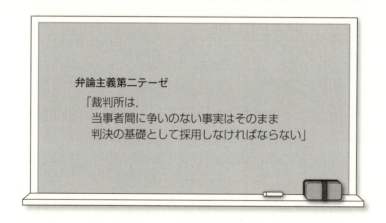

教授：「裁判所に対して，当事者間に争いのない事実についてはそのまま判決に採用せよ，という強い拘束力を規律している第二テーゼは，一般に，『自白』に関するテーゼと言われています。ただし，民事訴訟法179条では，『裁判所において当事者が自白した事実……は，証明することは要しない』とされているだけです。第二テーゼのような，裁判所を拘束する強い効果は，条文上どこにも書いてありません。179条と第二テーゼの関係については，後に『裁判上の自白』を扱うときに説明します」

● 日常の講義にて（その2）〜証拠調べ手続の説明場面 ●

教授：「証拠調べの対象となる事実を，要証事実，といいますが，民事訴訟法では，逆に，証明が不要な事実，すなわち不要証事実を規定することで，それ以外のものを要証事実であるとわからせるようにしています。六法で民事訴訟法179条をみて下さい」

「証明することを要しない事実（不要証事実）として，『当事者が自白した事実』と『顕著な事実』が挙げられていますね。今日扱うのは，このうち『当事者が自白した事実』です。この自白は，講学上『裁判上の自白』と言われ，四つの要件で定義付けられています」

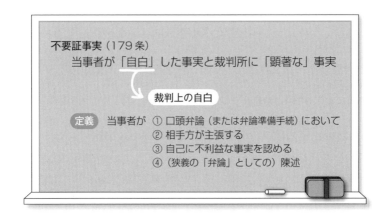

教授：「まず，要件①は，間接事実としてしか斟酌されない『裁判外の』自白と区別するための要件ですね。

次に，要件②は，相手方の主張の時期は問われておらず，相手方主張と自己の主張の順番いかんにかかわらず，両主張の一致がありさえすればよいことを示しています。つまり自己の不利益陳述が先行して相手方がそれを援用する場合，これを『先行自白』と言いますけれども，これも『裁判上の自白』に含まれるわけです。

要件③は，いわゆる『不利益』要件であり，何をもって『不利益』とするかについては，いわゆる証明責任説や敗訴可能性説，不利益要件不要説等，学説が分かれていますね。[1]

最後に，要件④は，当事者尋問での当事者の供述（すなわち証拠資料）と，狭義の弁論としての事実陳述（すなわち狭義の訴訟資料）を峻別すべきこと（後者にしか自白は成立しない）を示しています」

教授：「さらに裁判上の自白の効果としては，さきほど述べたような民事訴訟法179条にいわゆる不要証効（証明不要効）に加えて，二つの重要な拘束力（『裁判所拘束力（審判排除効）』と『当事者拘束力（不可撤回効・撤回制限効）[2]』）がある，と説明されています。ここでいう『裁判所拘束力』が，以前の講義で説明した，『弁論主義の第二テーゼ』そのものだというわけですね」

　　　　　　　＊　　＊　　＊　　＊　　＊

　弁論の項と，証拠調べの項で，バラバラに説明するので，それぞれの回の講義では，そんなものかと思い，学生たちもその折々では特に違和感は感じないようである。
　しかし，上記のように並べてみると，実は同じ「自白」を説明しながら，二つの内容を言っていることに気付かれただろうか。
　民事訴訟法の明文規定上の効果としては，自白事実を「不要証」とする効果

---

1) さしあたり，各説の詳細は，重点講義（上）482頁以下参照。
2) 撤回禁止効ともいうが，刑事上罰すべき他人の行為により自白したとか，撤回につき相手方の同意があるとか，自白について反真実・錯誤の証明がなされた，といった例外的な場合には撤回が認められる。

(179条）しかないのに，あるときは「裁判所拘束力」がある（＝弁論主義第二テーゼの説明）と言い，自白の効果としてバラバラなことを言う。

さらに，弁論主義第二テーゼの効果（裁判所拘束力）が生じるのは「**当事者間に争いのない事実**」だと言い，また別のときには，不要証事実の例として，「口頭弁論において相手方が主張する**自己に不利益な事実**を認める旨の陳述」を「裁判上の自白」だと説明する。ついでに，「裁判上の自白」の効果としては不要証効と裁判所拘束力に加えて，さらに当事者拘束力もある，とまで付け加えられる。

結局，自白はどんな事実に成立し，効果はどれなのか。

初学者には不親切な，バラバラな説明になっていることを，何故そうなのかを説明しないまま，当然のような顔をして漫然と通り過ぎようとしている（「不要証効」と「拘束力」の関係については，わずかに触れられることが多い。この場合，「この拘束力があるから民訴法179条は『不要証効』を規定している」と説明するのが一般的であるが，この説明がまた問題であることは後述する）。わかったような，よく考えるとやっぱり何かごまかされたような，あまり上手くない講義といえる。

ところが，というか，当然というか，ついに学生がわからなくなって，まず質問に来るのは，その先で，説明される自白の対象となる事実の「ズレ」に関して，それが上手く説明されていないことに気付くからである。

講義で，私は，

「**間接事実や補助事実の自白については，不要証効（179条）自体を認めることにあまり異論はないとみられますが，他方で，当事者拘束力・裁判所拘束力とも認められないとする**のが通説的見解であり，また現在の判例・実務とされています」[3]

3）　裁判所職員総合研修所監修『民事訴訟法講義案〔再訂版〕』（司法協会，2009）184頁・185頁。新堂585頁は，間接事実・補助事実の自白に不要証効を認めると共に，さらにすすんで拘束力までも認める見解の代表的文献である（上田362頁は，間接事実・補助事実の自白には不要証効しか認めないのがかつての通説で，現在は拘束力まで認める見解が増えてきている，とする）。ただ間接事実・補助事実の自白については拘束力の有無には言及するものの，不要証効について明確に言及している基本書は意外と少ない。

間接事実の自白について，裁判所拘束力を否定した判例として，最判昭和31・5・25（民集10巻5号577頁・判時77号20頁・判タ59号62頁），裁判所拘束力も当事者拘束力も否定した判例として，最判昭和41・9・22（民集20巻7号1392頁・判時464号29頁・判タ198号129頁・百選〔第

Unit 3 「裁判上の自白」と「弁論主義の第二テーゼ」

などと説明する。表にまとめると，以下のようになる。

自白の効果		対象となる事実	
		主要事実	間接事実・補助事実
179 条	不要証効	○	○
拘束力	裁判所拘束力（弁論主義第二テーゼ）	○	×（※）
	当事者拘束力	○	

※判例・実務は拘束力を否定するが，学説上は自白の成立を肯定する見解も有力である。

　この説明自体は間違いではないのだが，民訴法179条（および159条）にいう「自白」の効果（不要証効）の有無と，「裁判上の自白」でいわれる拘束力の有無は，早くも間接事実や補助事実の自白では連動していない，ということを明らかにしているのである。
　効果のズレだけではない。さらに自白が成立する対象となる事実の範囲もズレている。
　民事訴訟法上，明文で「自白」が規定されているのは179条と159条である。159条1項は擬制自白の成立要件を「相手方の主張した事実を争うことを明らかにしない場合」と規定しており，「当事者間で争いのない事実」と定義する弁論主義第二テーゼに類する事実が対象になっている。すると，弁論主義第二テーゼでいう自白の要件である，事実が「当事者間で争いのない」ことと，民事訴訟法上規定されている自白（159条。同条と179条での「自白」の規律が別物だと

5版）54事件〔伊東俊明〕），補助事実（文書の成立の真正）の自白については，裁判所拘束力を否定した判例として，最判昭和52・4・15（民集31巻3号371頁・判時857号75頁・判タ352号180頁）がある（これらの判例は証明不要効を前提にしている，とするのは，新・コンメンタール716頁〔下村眞美〕）。
　なお，159条にいわゆる擬制自白について，主要事実に限定されず間接事実・補助事実にも擬制自白は成立すると考えるのが通説である（重点講義（上）491頁参照）。訴訟法の明文上の擬制（159条）の対象である「自白」は，同じく明文で規定される「自白」（179条）を指すと解すべきであると私は考える（159条は相手方の主張を消極的に争わない場合，179条は相手方の主張に積極的に同意する場合を，各々規定している，と解される）が，そうすると179条の規定する不要証効は，159条によっても擬制され，その対象も間接事実・補助事実まで及ぶと解するのが自然であろう（菊井維大＝村松俊夫『全訂民事訴訟法Ⅰ〔補訂版〕』〔日本評論社，1993〕922頁・923頁，兼子一ほか『条解民事訴訟法』（弘文堂，1986）357頁・358頁〔新堂幸司〕参照。なお，次注参照）。

考えない場合は 179 条も）の「相手方の主張した事実を争わない」ことという要件は，一応同じもの（＝不利益要件を含まず，単に両当事者の主張に争いがないだけで足りる。詳しくは後掲 5）とみてよいであろう。

　それなのに，各々の「事実」の指す具体的な対象が，民訴法 179 条では主要事実・間接事実・補助事実を含むと言い，他方，弁論主義第二テーゼでは，主要事実のみだと言うのである。

　この自白の対象となる事実の範囲のズレ（乖離？）に気付いてしまった学生は，ひょっとして民訴法 179 条（や 159 条）のいう「自白」と，弁論主義第二テーゼに関わる「自白」は，対象を異にする別の概念なのではないか，という疑問すら持ち始める。

　換言すれば，この疑問は，民訴法 179 条（や 159 条）の規定する「自白」は，解釈によって拘束力（弁論主義第二テーゼは，その中の「裁判所」に対する拘束力）を有するとされる「裁判上の自白」と同じものか，というものである。

　この点についての一般的な考え方は，弁論主義の第二テーゼを「自白」のテーゼとし，民訴法 179 条のいう「自白」も，すべて「裁判上の自白」と同じものだとみており[4]，このことはむしろ当然視されているものと思われる。本当にそうか，改めて検討してみよう。

2　民事訴訟法 179 条と「弁論主義第二テーゼ」との関係

　弁論主義第二テーゼは，「裁判上の自白」の裁判所拘束力（審判排除効）そのものである。一方で，自白事実は不要証である，と定めた 179 条とは，同じ「自

---

[4]　さらに 179 条の自白と 159 条の自白が同じ規律かについては，元々の「自白（179 条）」と擬制（159 条）の対象となる「自白」は前注のように同じものと私は考えるが，しかし，規律が異なると明言する文献もある。擬制自白について，重点講義（上）491 頁は，「通常の自白とは規律が異なる」とし，不利益要件を要求すると自白が成立しないと考えられる場面で，「厳密には自白ではないが」としつつ，不要証効は認めてよいのではないか，とする。159 条の「自白」では，不要証効の発生のためには不利益要件を不要とするのである。なお，同じ場面で，畑瑞穂「弁論主義とその周辺に関する覚書」新堂幸司先生古稀祝賀『民事訴訟法理論の新たな構築（下）』（有斐閣，2001）88 頁は，さらに私的自治の考え方からは（不要証効のみならず）裁判所拘束力まで認められるべきだと説く（他に，裁判所拘束力をも認めるものとして，菊井＝村松・前掲注 3）923 頁，最判昭和 32・12・17〔民集 11 巻 13 号 2195 頁・判時 136 号 22 頁〕）。

白」という言葉を使いながら、前述した通り、訴訟法上の効果の生じる対象事実が一致していない。では両者の関係はどのようなものか。学生から質問が出るところであるが、現状では二つの説明のしかたがある。[5]

(1) 「弁論主義第二テーゼ→179条」型（「拘束力→不要証効」型）の説明

まず第一の説明、一般的な説明からみてみよう。

一般的な説明は、「弁論主義第二テーゼ」があるから、すなわち裁判所に対する拘束力（審判排除効）が生じるから、当事者は自白された事実を証明する必要がなくなる（179条）、というものである。[6]「弁論主義第二テーゼ→179条」型（「拘束力→不要証効」型）の説明である。

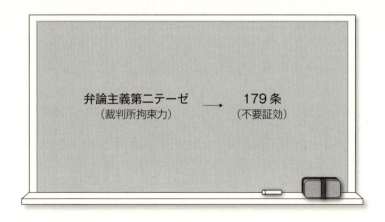

そもそも不文の効果が裁判所や当事者に対する強い拘束力なのに、それによって規定される明文が、「証明することを要しない」という弱い効果だけ、というのにもやや違和感や不思議を感じないでもない。しかし、その点はひとまず措くとしよう。重要な問題は、次に述べる点である。

---

5) 河野正憲ほか『プリメール民事訴訟法』（法律文化社、2010）147頁以下〔勅使川原和彦〕。
6) 百選〔第5版〕56事件120頁〔高田賢治〕。

2 民事訴訟法179条と「弁論主義第二テーゼ」との関係

自白の効果		対象となる事実		
179条	不要証効	主要事実	間接事実	補助事実
弁論主義第二テーゼ	裁判所拘束力	主要事実		

前述した，179条の「自白」と弁論主義第二テーゼ（裁判所拘束力）に関する「自白」が対象となる事実の範囲を異にしている点に関し，よく考える賢い学生たちは，179条をベースに，

「それは広い範囲の事実（主要事実も間接事実も補助事実も）を対象とする179条の自白の中で，比較的穏やかな『不要証効』に加えて，さらに強力な『裁判所拘束力』まで生じるのは主要事実に限られる，と条件を厳しく解するのだろうなあ」

と善解しようとしていることが多い。

しかし話は逆で，一般的説明では，なんと，狭い事実の範囲しか対象にしない弁論主義第二テーゼこそが，179条の不要証効の根拠だというのである。そこで，次のような疑問が学生に生じてくる。

すなわち，**民訴法179条が弁論主義（第二テーゼ）を根拠にするという以上，179条の不要証効も弁論主義の対象範囲に限られ，判例のように弁論主義が主要事実のみを対象とすると考える限りでは，論理的には，不要証効も主要事実に限られる，ということになると見るのが素直ではないか，という疑問**である（もっとも，現在では，間接事実等にも一定の範囲で「裁判上の自白」が成立するという見解も有力であり，そうした見解ではこうした疑問は生じないが）。

しかしながら，不要証効が主要事実に限られてしまったのでは，争点整理が実際上難しくなるおそれもある。争いのない事実の枝葉が「争点」から排除されて要証事項が絞り込まれていかないと，争点整理機能が充分に果たされないからである。なお，争点整理では不要証効さえあれば充分で拘束力までは必要がない。そこで実際には，前述したように，不要証効は，やはり主要事実以外に間接事実の自白であろうと補助事実の自白であろうと認められることになる。[7]

---

7) 重点講義（上）480頁は，これを争点整理手続の結果の拘束力の問題として，不利益要件を持つ自

すると，やはり179条の根拠が弁論主義第二テーゼというのは平仄が合わないではないか。

いろいろ考えをめぐらせた学生にとっては，納得しづらいところであり，よく考えた学生ほどわからなくなって質問に来るのは，むしろ当然である。

(2) 「179条→弁論主義第二テーゼ」型（「不要証効→拘束力」型）の説明

これに対し，もう一つの説明の可能性としては，民訴法179条の「不要証効」があるから，弁論主義第二テーゼが必要になった，というものがある。より精確に言えば，民訴法179条の不要証効と弁論主義第二テーゼはいちおう切り離して考えられるが，不要証効が認められた結果，裁判所が判決するにあたっては弁論主義第二テーゼが要請されるに至ったのだ，という考え方である[8]。不文の「法準則」から法律の明文を説明するのではなく，法律の明文規定から出発する，「179条→弁論主義第二テーゼ」型（「不要証効→拘束力」型）の説明である。

当事者に一致した事実陳述がある限り，そこには証明を要するような「争点」はなく，したがって，当事者のいずれにとって不利益であるかは問わず，不要証としてよい（これが179条の規律となる）。ここで不要証となる事実には，主要事実も間接事実も補助事実も，およそ訴訟で争われうる司法事実であればなんでも制限なく含まれうることになろう。

さて，不要証効は，民事訴訟法上の明文の効果であるが，それを前提として訴訟を眺めると，自白当事者の相手方としては当該事実が不要証とされれば，それ以上の証拠調べの準備をやめるかもしれないし，現実にも争点から排除されたその事項の証拠調べは行われない。それにもかかわらず，自白事実と違う

白とは別物とするが，拘束力が前提としてあるから不要証効が規定されたという通説的立場からすると，そう言わざるを得ないのだと思われる。

8) なお，夙に，百選〔第3版〕64事件132頁〔髙田裕成〕は，「法が認める自白の効果はあくまで不要証効であり，直ちに一切の審理を排除する効果が認められると考える必要はないように思われる。いわゆる審判排除効は，弁論主義の一般原則に基づいて，判決段階における情報処理の問題と捉えればよい」と指摘し，弁論主義第二テーゼの審判排除効と民訴法179条の不要証効とを切り離して考えている。この場合，いわゆる「審判（＝審理・判決）」排除効のうち，審理の排除効を外して考えられている。

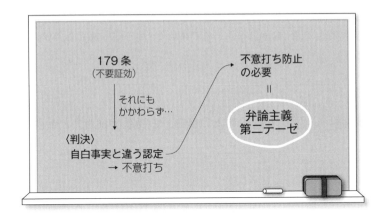

事実認定を裁判所がすれば，それは当事者にとっては**不意打ち**であるし，そうした事実認定をするなら，反対の結論に導きうる手続として当事者にちゃんと証拠調べの機会を与えるべきだ，ということになるだろう。

したがって，裁判所は，いったん不要証とされた事実については，そのまま判決の基礎として採用しなければならない（仮に，別の争点を対象としていた証拠調べの結果から，自白事実と違う心証を抱いてしまったとしても，自白事実の通りに事実認定をしなければならない）。ここでいう**不意打ち防止**（裁判所を当事者の自白事実に拘束させる）のために要請されたのが弁論主義である，ということになる。ただし，不要証効は，「証明することを要しない」（179条）としているだけで，証明してはならないという証明禁止効ではない。そうすると，自由心証主義との関係（☞ Unit 2）で，第一テーゼのときと同じように，不意打ち防止のための弁論主義の作用（第二テーゼ：審判排除効）は，主要事実についてだけ認めればよい，という判断はありうる。

---

9) 後述5で再論するが，弁論主義が裁判所と当事者の間の役割分担の規律であって，当事者間の役割分担の規律ではない以上，裁判所からみれば主張共通の場合のように，ここでもやはり当該陳述事実が当事者のいずれに不利益であるかは問う必要がない。いずれの当事者に撤回できない自白が成立しているとしても，裁判所は自白事実を判決の基礎にしなければならない。

10) つまり，間接事実や補助事実の自白については，裁判所に異なる認定を許す審判権を与えて，その点の証拠調べなしに自白事実と異なる認定をされるのが嫌なら当事者はさらなる証明を選択しておく，とする規律であってもよい。

こうした考え方であれば、広い範囲の事実について成立した自白の中で、不要証効はすべての司法事実に生じ、裁判所拘束力まで生じるのはそのうち主要事実に限られる、という理解で、自白の効力に応じた対象事実の「ズレ」を説明可能である。

3 民事訴訟法179条と「裁判上の自白」の当事者拘束力との関係

ここでも、「裁判上の自白」の拘束力については、対当事者のそれも対裁判所のそれと同様の規律と考える説明が一般的と思われる。それは、「拘束力→不要証効」型の説明、すなわち「裁判上の自白」の当事者拘束力＝不可撤回効があるから、自白事実については、それ以上（撤回により再び）「争点」化することはありえず、証明する必要はなくなる（不要証になる）、というように、179条の規律の根拠として当事者拘束力を据える説明である。

これに対し、「179条」の存在が「裁判上の自白」の拘束力を要請すると考える「不要証効→拘束力」型の説明によれば、不要証効があるから、相手方は「自白事実についてはそれ以上証拠調べはされない」と信頼し、そうした相手方の信頼は、合理的なものとして保護に値する。さらに、いったん争点から除外したものを自白の撤回により復活させると、不要証を信頼した相手方の訴訟活動を妨げ、自白を前提とした裁判所の審理も無駄にするので、相手方の信頼保護に加えさらに司法資源の無駄遣い回避の観点から自白の撤回は許されない、これが当事者拘束力である、と説くことになる。[11]

---

11) 勅使川原・前掲注5）148頁。重点講義（上）478頁は、相手方の信頼保護だけではなくて、証拠調べを不要とするという不要証効の効用確保のために、撤回制限という規律が生まれる、と説明する。相手方の信頼保護とは別に、不要証効の効用確保、を挙げるのも、つまるところ争点を絞り込んで司法資源を効率的に使用する、という目的を「不要証効」の規定（179条）の趣旨に見出してこそであろう。

4 「裁判上の自白」の当事者拘束力と，裁判所拘束力（弁論主義第二テーゼ）との関係

ついでに「裁判上の自白」の二つの拘束力，すなわち審判排除効（裁判所拘束力）と不可撤回効（当事者拘束力）との関係もみておこう。この説明はやや難しい。

裁判所拘束力が弁論主義第二テーゼそのものだとしても，当事者拘束力のほうは，弁論主義が直接の根拠になるであろうか。

ここで，思考実験を試みたい。

仮に，裁判所拘束力と当事者拘束力とが表裏一体であるとは考えず，自白がいったん成立した後，自白当事者に撤回を自由に認めて一度排除した争点を復活させる，という場面を考えてみよう。そこで例えば，裁判所は弁論主義（第二テーゼ）により判断を拘束されるが，179条が証明「禁止」効を規定していない以上，証拠調べをしてもよい，という規律を考えたとしても，弁論主義上は理論的な矛盾はない。[12]

しかし，裁判所拘束力を前提として，裁判所が自白事実と異なる事実認定をできないなら，その証拠調べは無駄であって，限られた司法資源の有効活用の観点から無駄な証拠調べはすべきではないであろう。このような，有限の司法資源を浪費するような無駄は省かれるべきとする「コスト管理（無駄コスト排

---

12) 弁論主義第二テーゼから，自白事実に関する証拠調べの禁止を導き出すのが一般であるが，弁論主義自体からの論理的必然ではない（本文に述べているような「コスト管理論」が介在する）。重点講義（上）421頁参照。
　自白の不可撤回効（当事者拘束力）は，当事者に撤回自由を許さないものだから，撤回を認めるということは，自白事実と矛盾抵触する別の事実の提出を当事者に許せば足りるので，撤回により当事者に自白事実と別の事実の提出権能を復活させたとしても，撤回が審理の上で裁判所拘束力まで解除させるものかは，弁論主義の上では論理的必然ではない。仮に，第二テーゼが，両当事者間で一度成立した自白に，（自白当事者に撤回があっても）裁判所は拘束され続けよ，という規律であったとしても，当事者間のやりとりへの裁判所の不干渉に根ざす弁論主義には矛盾しない（重点講義（上）478頁）。
　なお，現実には，弁論主義第二テーゼは判決段階で機能させるもの，という理解に立てば（高田（裕）・前掲注8)），撤回により判決の時点では当事者間に争いの「ある」事実になっている以上，結果的に弁論主義第二テーゼの出る幕はない，ということもスッと頷けよう。

除)論」という（弁論主義とは）別の規律によって，当事者拘束力による撤回制限・不可撤回効に加えて，やはり証拠調べの禁止がもたらされよう。そうすると，自白事実に撤回を認めて「争点」として復活させたところで，コスト管理論により結局無駄な証拠調べはなされないことになるから，初めからそのような撤回をして再「争点」化しても意味がなく，だとすれば，そのような無駄な撤回もすべきではない，ということはなるほど言えそうである。しかし，これは，撤回制限・不可撤回を直接的には導かない。撤回すれば脱「争点」化した事項が再び「争点」化する（その事実についての主張が対立する）ことにはなるが，他の主張や既になされた証拠調べの結果からいずれかの主張について真実と認定できれば，この再「争点」化された事項について，改めての証拠調べを必要とするとは限らない。すると，この撤回という「無駄」は，司法資源の無駄遣いや重篤な審理の混乱には必ずしもつながらない。撤回することで，改めての証拠調べが必要になるような場合にだけ，司法資源の無駄遣いとされるに過ぎない。

　以上の考察からすると，結局，当事者拘束力の根拠は，どう考えるべきだろうか。

　撤回制限・不可撤回効（＝当事者拘束力）は，①裁判所拘束力とコスト管理論がセットで，直接の根拠として，再争点化することにより改めての証拠調べが必要になるおそれを慮って，必要な制限以上に広く規律しておいたものとみるか，あるいは，②当事者拘束力にとって，裁判所拘束力とコスト管理論のセットは，必要十分な範囲を規律する別の直接的な根拠（相手方の信頼保護）を補充する間接的な根拠に過ぎないとみるか，のいずれかとなる。①は根拠に比して過剰な規律であることを認めることになってしまい，支持しがたく，②を採る

---

13)　「コスト管理論」と本文で表現している考え方について，勅使川原・前掲注5) 148 頁。最近の教科書でも，リーガルクエスト民訴，裁判上の自白については 231 頁以下〔三木浩一〕，特に 240 頁以下は，従来，審判排除効（裁判所拘束力）と言われていた効力を「審理排除効」と「判断拘束効」とに分け，いわゆる弁論主義第二テーゼに由来する「判断拘束効」があるためにそれ以上無駄な証拠調べ等の審理を続けるべきではないから，自白成立後の審理が許されないという効果が生じるとし，それが「審理排除効」だと，犀利に分析する。ここで言われる「審理排除効」の根拠は，私見と同様，「無駄な証拠調べはすべきでない」というコスト管理論を介しているものとみることができる。

べきだろう。

　だとすると，審判排除効（弁論主義の第二テーゼ：裁判所拘束力）が直接の根拠にならない不可撤回効[14]は，やはり自白当事者の相手方の信頼保護[15]，あるいは自白当事者の禁反言・自己責任に直接の根拠を求めることになる（例外的に撤回を許す場合の一つに，「相手方の同意がある場合」があることはその証左となる）。そこでは，不要証効の存在が前提となって，それに基づいた相手方の信頼に反する，ということが禁反言の具体的な内容となる[16]。

　以上のようにみてくると，少なくとも，不可撤回効については，179条（不要証効）の存在を前提とする「不要証効→拘束力」型の説明が優れていることになろう。

---

14) 他方，弁論主義から当事者拘束力を説明する見解も有力であり，例えば，坂原正夫「裁判上の自白法則の適用範囲」新堂幸司編集代表『講座民事訴訟④』（弘文堂，1985）173頁は，当事者拘束力は審判排除効（弁論主義第二テーゼ）から反射的に派生する一種の付随効である，という説明に強く賛成する。当事者拘束力も，裁判所拘束力（弁論主義第二テーゼ）と表裏一体で，裁判所が拘束されるために証拠調べが「絶対に」なされないことを前提に，証拠調べがなされないことの保障として撤回制限を考える見解であるといえる。

　なるほど，審判排除効を，審理・判決いずれの手続についても裁判所を排除するものと理解すると，自白によって証拠調べでも審判権が排除されることになり，当事者も撤回して証拠調べを復活させてはならない，というような説明もできよう（自白の撤回と証拠調べの必要を直結させる考え方）。しかし，審判排除効といっても「第二テーゼ」（「判決の基礎としなければならない」）に素直に，判決段階での自白事実への拘束，と捉える限りでは（高田（裕）・前掲注8）参照），本文で述べたように，証拠調べの排斥までは論理必然ではない，と考えられる。ただ，撤回されても裁判所拘束力がある（自白の撤回と証拠調べの必要を直結させない考え方）から証拠調べはやっても無駄だという「コスト管理論」を経由する形で，当事者拘束力に間接的には作用している，ということはいえる。

15) 精確に言うと，不要証になったので，それ以上証拠の収集・保存に万全の注意（自白の撤回により争点化された事実について証拠調べが行われることになってしまうかもしれない場面にも備えた注意）を払わなくてもよい，という信頼の保護，ということである。

16) 重点講義（上）479頁は，「禁反言は不可撤回効の根拠・原因であるよりも，不可撤回効を認めたことの結果だという色彩も強い」と指摘し，さらには，不要証効のみならず当事者拘束力があるから証拠方法の獲得・補完の努力を放棄できると期待してよいとの判断が先行するのだとして，拘束力から179条を説明する一般的立場を前提としながらも，当事者拘束力が不要証効の反射にすぎないきらいがあるともいい（同489頁参照），「自白の規律が循環論法的であるゆえんである」と率直に述べる。

Unit 3 「裁判上の自白」と「弁論主義の第二テーゼ」

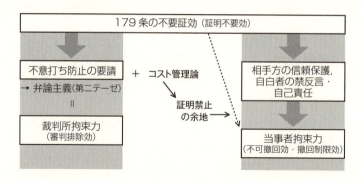

Column 「撤回による審理上の不利益」論と当事者拘束力

 なお，当事者拘束力である不可撤回（撤回制限）効について，撤回により裁判所の審理に混乱をもたらす，とか，除外した争点を復活させ裁判所の審理を無駄にする（前述の司法資源の無駄遣い論と同じ），といった裁判所側の審理上の不利益を理由の一つに挙げる場合がある。[17] 確かに，当事者拘束力の直接的な根拠は，相手方の信頼保護ないし自白当事者の禁反言・自己責任であると考えるとしても，副次的・間接的には，これら裁判所側の審理の不利益も考えられないではなく，無視はできないと思われる。

 これら，撤回による裁判所側の審理上の不利益論は，本来的には主張は撤回自由が原則なので，軽微な不利益は織り込み済みのはずであり，撤回のために不要だったはずの証拠調べが行われることになるという重い不利益の場合に，酌み取られるべき不利益であろう（ただし不利益の程度は，相手方の信頼が損なわれることのほうがより大きく，かつ直接的である）。

 こうした考え方では，間接事実や補助事実についても，不要証効を前提として，相手方の信頼保護ないし禁反言・自己責任が妥当しうることにはなる。ただ他方で，裁判所拘束力も（主要事実の枠内で）間接的には作用するので，その範囲で証拠調べをやることの無駄と撤回の制限をもたらすと考える場合には，撤回制限も主要事実の範囲内に収める，とすることも理論的にありえよう。[18]

---

17) 裁判所職員総合研修所監修・前掲注3) 183頁，新民訴講義288頁〔春日偉知郎〕など。
18) 重点講義（上）492頁は，間接事実の自白について，裁判所拘束力を認めないのに当事者拘束力だけ認めるというのは，当事者を不当に不利に扱うことになる（自白当事者は，錯誤・反真実を立

5 「不利益」要件の機能する場面

(1) 答案では，不利益要件がなぜか無視される

さらに，学生のリアクションから気付かされた点が，もう一つある。

ロースクールで冒頭のような一般的説明を講義でした上で，「裁判上の自白」の効力全般に関わる問題を出題すると，要件③（いわゆる「不利益」要件）をなんら検討せず，とにかく両当事者の主張が一致すれば「自白」成立，とする答案が少なからず出てきたのである。

例えば，講義中の練習問題として，

> 金を貸したと主張する債権者Xが，「債務者」Yを相手取って，貸金返還請求訴訟を提起したところ，その訴訟の口頭弁論で被告Yが「確かに借りたが，その金は返した」と陳述した。

という事案を出し，「証明を要する事項や一方当事者において撤回が許されなくなる事項を指摘せよ」といった質問をしたとする。

教師の側は，「裁判上の自白」について，冒頭で説明した①～④要件を検討することを要求しており，特に，③「不利益」要件について，証明責任説に立つのであれば，自白の対象となる事実（ここでは，「借りた」：金銭の授受や返還約束等があった，という事実）が，相手方が証明責任を負う主要事実であることを指摘の上，一方当事者に自白が成立する・しないということを結論付けることを期

証しないと撤回が制限されて自白事実に反する事実を前提にした弁論ができなくなり，裁判所は別の証拠調べから獲得した，自白事実と異なる間接事実を前提にした事実認定が可能になる），と批判する。しかし，このこと自体は，裁判所拘束力において弁論主義（第二テーゼ）による不意打ち防止機能を主要事実の範囲に絞り込んだことの反映であり，それにあわせて当事者拘束力も主要事実の自白に絞り込むか，あるいは，間接事実の自白にも裁判所拘束力を認めるか，でしか平仄を合わせることはできない（高橋説は後者の立場）。ただ，その両者の対象事実で平仄を合わせるのは，裁判所拘束力と当事者拘束力が共に弁論主義による表裏一体のもの，という立場に立たない場合には，別々の根拠によって認められる裁判所拘束力と当事者拘束力とで，対象事実について，また別の根拠から，帳尻を合わせたに過ぎないのではないか，という疑問も出そうである。私見は，本文に述べた通り，間接的には，裁判所拘束力が当事者拘束力にも影響している，と考えるので，その限りでは対象事実を主要事実に絞り込むことで平仄を合わせることはできるが，必ずしも，ここで対象事実の帳尻合わせが必要かどうか，疑問なしとしない。

待している。

　しかし，少なからぬ数の学生が，この「不利益」要件の検討をしないまま，とにかく当事者間に争いのない事実だから「自白」成立，と答案に書いてくるのである。

　学生は，「裁判上の自白」の前述の①〜④要件をそもそも覚えていないのか，覚えたのに忘れてしまっているのか，ひっくるめて不勉強なのか。
　そうではない。学生は，「弁論主義第二テーゼ」のほうを適用したに過ぎなかったのである。「弁論主義第二テーゼ」は，「当事者間に争いのない事実」についての裁判所拘束力を述べているにとどまり，ただしいずれかの当事者に不利益な事実に限る，とは直接は言っていないのである。
　これも本 Unit の冒頭で扱ったような，二つの講義場面のズレに起因するものだと思われる。
　民訴法179条の効果は不要証効だが，弁論主義第二テーゼは「裁判所拘束力」を規律する法準則であり，「裁判上の自白」で教えられる二つの拘束力の一つである，と講義される。しかし，「裁判上の自白」の要件では，179条や弁論主義第二テーゼのような「当事者間に争いのない事実」であれば足りるというのではなく，当事者のいずれか一方にとって「自己に不利益な事実」でないと自白が成立しない，と教わる。では，179条や弁論主義第二テーゼは，「当事者間に争いのない，一方当事者にとって不利益な事実」というのが精確なのか？
　否，と考えたい。弁論主義第二テーゼが，「不利益」要件を準則の文言に採用しないのは，そのままそれで正しいのである。弁論主義は**裁判所と当事者の間の役割分担**の規律であって，両当事者間の役割分担の問題ではないので，いずれの当事者の不利益を考慮するかは，弁論主義の本質的な要求ではないからである。いずれかの当事者に不利益であろうがなかろうが，ある主要事実の存否について当事者間に争いがなければ，裁判所はその事実をそのまま判決の基礎に採用しなければならないのである。なおまた，当事者間に争いのない事実であれば，（その事実が当事者のいずれに不利益なものであろうとなかろうと）証拠調べをわざわざやる必要はないから，不要証効（179条）にとっても，当事者のいずれに不利益であるかという要件は意味を持たないのである。[19]

(2) 「不利益要件」の機能場面

では，不要証効を発生する「自白」の要件として，かつまた「弁論主義第二テーゼ」の要件として，解釈上の「裁判上の自白」の要件論を取り込むべきであろうか。

実は，「不利益」要件が実際上機能するのは，当事者拘束力が働いているところで当事者のどちらが撤回不可になっているかを決める場面だけである。すなわち，当事者のどちらにとって「不利益」な陳述かによって，その「不利益」陳述に「裁判上の自白」が成立する当事者，換言すれば当該陳述を撤回できない当事者が定まる，その場面だけである。[20] 自白の効力については，裁判所からみれば，不要証効（争点排除効）と裁判所拘束力（審判排除効）こそが重要であり（証拠調べ・自由心証主義の対象とするかどうか，あるいはそのまま判決の基礎にしなければならないかどうか，が重要だということ），いずれの当事者にとって不利益であるかは関心外であるとも言える。[21] 擬制自白についてだけ，間接事実・補助事実にも自白の成立を認め，不要証効ないし裁判所拘束力について不利益要件を要求しないとする見解もあるが，[22] 擬制される対象である「自白（179条）」も共通に考えるべきなのである。

自白の対象となる事実は，いずれかの当事者に有利な主要事実であればその

---

19) なお，159条1項は「相手方の主張した事実を争うことを明らかにしない場合」と規定しているが，そのまま文言通り素直に，相手方の主張がその者に不利益な主張であるか否かにかかわらず，相手方の主張を争わなければ成立するものと解される。肯定的争点決定の原則により，相手方の主張事実に対し陳述をすべき責任を負わせた，という本条の趣旨（条解民訴949頁〔新堂幸司＝上原敏夫〕）からすれば，不利益要件は無関係だからである。すると，159条で擬制される自白と179条の自白とが同じものと考える場合，179条の「自白」も「不利益」要件を不要と考える方がより整合的といえる。

20) 本書と同じ問題意識に立っているとみられる最近の基本書として，リーガルクエスト民訴。もっとも同書は，ドイツ風だが純国産の「第二テーゼ」なる表現を用いない。

なお，私の「自白」の不利益要件についての考え方の一端は，勅使川原・前掲注5）144頁以下に既に示しているところである。

21) 勅使川原・前掲注5) 146頁。また百選〔第5版〕54事件117頁〔伊東俊明〕参照。

22) 前掲注1）および注4）における高橋説・畑説参照。もとより，自白の効果のうち，擬制自白において当事者拘束力（不可撤回効）は，撤回する対象たる陳述がないから，想定し得ない。リーガルクエスト民訴244頁〔三木浩一〕。また条文上，「弁論の全趣旨」を斟酌してからでないと判断できない擬制自白は，口頭弁論終結時点でしか，その成立が観念できない。

相手方当事者に不利益なものであるのは当たり前である。その意味で，弁論主義第二テーゼが「当事者間に争いのない事実は，裁判所はそのまま判決の基礎としなければならない」とだけ述べ，「ただしいずれかの当事者に不利益な事実に限る」などと蛇足を付けた準則となっていないのは当然である。[23]

6 まとめ

　以上を要するに，規定の沿革などをとりあえず度外視して，一般的な説明（「拘束力→不要証効」型）とは逆に，「不要証効→拘束力」型の説明を採用すると，学生のいろいろな疑問に答えることができる。以下で，三点にまとめておく。

　(1)　民事訴訟法の明文規定である 179 条・159 条（179 条と 159 条の「自白」は同じものと解釈する）を出発点として，証明を要しない事実とは「当事者間に争いのない事実」である，と素直に（争いがないのだから証明も要らない，と）考える。そこで 179 条の効果を認める場面では，当事者のいずれにとって不利益であるかは問わないし，主要事実に限る必要もない。

　(2)　次に，179 条により不要証とされた自白事実と異なる認定をされる不意打ちの防止のために，弁論主義が要請され，それが第二テーゼ（「裁判上の自白」の裁判所拘束力＝審判排除効）となる（弁論主義を妥当させる範囲については，第一テーゼと同様に自由心証主義との関係で，「拘束力」が主要事実に限定されることはありうる）。弁論主義の第二テーゼも「当事者間に争いのない事実」についての準則であり，「不利益」要件は不要である。

---

[23]　条解民訴 1029 頁以下〔松浦馨＝加藤新太郎〕は，不利益要件を前提としつつ，不利益要件不要説に対し，「当事者の不利にならない事実の陳述を自白と解してみても，これを撤回しようとはしないであろうし，撤回についての相手方の同意も得られやすいと思われるから，実際問題としては，どちらでも変わりはなく，この議論の実益は乏しい」とする。同感であるが，当事者の撤回（当事者拘束力）の場面以外の，裁判所拘束力や不要証効に不利益要件が不要であることも変わりない。
　本 Unit では，従来の不利益要件不要説（松本博之『民事自白法』〔弘文堂，1994〕26 頁以下，池田辰夫「裁判上の自白」三ケ月章ほか編『新版 民事訴訟法演習 1』〔有斐閣，1983〕243 頁）の当否を問うものではなく，「裁判上の自白」の定義として「不利益」要件を含む一般的な考え方を前提に，その「不利益」要件がどのような範囲で必要なものかを再検討している。

やはり民訴法 179 条の「自白」と，弁論主義第二テーゼの「自白」は同じものを指しており，ただ自白対象となる事実が，それぞれの役割（「不要証効」は争点整理機能のため，弁論主義第二テーゼ（裁判所拘束力）は不意打ち防止のため）に応じて，すべての司法事実を含むものと，主要事実のみに限定されるものとに分かれているだけである。[24]

(3) この，不要証効と審判排除効という裁判所が関係する二つの効果を問う場面では，自白の成立につき「不利益」要件は必然ではない。ただ，当事者のいずれに不可撤回効（「裁判上の自白」の当事者拘束力）が生じているかを判断するためには，いずれの当事者にとってその陳述が不利益であったかを確定する必要がある。[25]当事者拘束力を，裁判所拘束力と表裏一体と考える場合でも，裁判所拘束力とは別の根拠（禁反言・自己責任）に基づいて認められる拘束力と考える場合（その場合でも，禁反言の要件となる相手方の「信頼」保護の，その「信頼」の根拠として，不要証効は前提となる）でも，どちらの当事者が撤回不可になるのか（自白者，すなわち自白となる陳述をした者は誰なのか）を識別する必要はある。その識別のために，その陳述がどちらの当事者に「不利益」であったかという要件は，基準としてはよく機能する。なおまた，不利な陳述には慎重さが求められるとする「撤回の帰責性」論からは，撤回自由を破り撤回不可の効果を生じさせるために，不可撤回効の発生要件として不利益要件が必要になる（☞ Advanced）。

……というのが，現時点での私の考えである。[26]

---

24) したがって，民訴法 179 条の「自白」と弁論主義第二テーゼ（裁判所拘束力）の「自白」は違うものではないか，という疑問は，やはり的外れである。ただ，自白の拘束力の中で，裁判所拘束力と当事者拘束力を同じ括りではなく，「不利益」要件の有無で分けて考えることはできよう。
25) 松本・前掲注 23) 30 頁以下によれば，「不利益」要件は，自白法の沿革の中で「自明の理と考えられたためか，その当否については詳細に論じられたことはないようである」としつつ，「自己に不利な事実が真実であることを確信していない者は，その事実を真実とは認めないであろうという『自然の蓋然性』」を基礎とするものや「真実に反して自己に不利な事実を認める者は権利を処分する」ものだとするドイツの昔の代表的見解を紹介している。一方当事者にとって不利益な事実の陳述は真実性が高い，という一般則によるとしても，裁判所との関係では，いずれの当事者にとって不利益でも真実性の程度は同じことになる。

もしそうだとすると,「裁判上の自白」の当事者拘束力を問題にしていない場合には,「不利益」要件の検討は不要である, ということになる。

ロースクール未修者がよく書く,「不利益」要件を云々しない答案も, そこまで考えていたかはともかく, 当事者拘束力以外の点では結果的にあながち間違ってはいなかった, ということになろうか。

自白の効果		対象となる事実		「不利益」要件	根拠
		主要事実	間接事実・補助事実		
179条	不要証効	○	○	不要	民訴179条
拘束力	裁判所拘束力	○	×(※)	不要	179条 +不意打ち防止
	当事者拘束力	○		必要	179条 +禁反言

※判例・実務は拘束力を否定するが, 学説上は自白の成立を肯定する見解も有力である。

26) このように考えるときは, 争点整理手続における自白は, まさに争点整理のための, すなわち不要証事実を選り分けていく作業の範囲で自白を認めればよく, したがって不要証効のみを認めれば充分, という規制もありうる (リーガルクエスト民訴234頁〔三木浩一〕は, 弁論準備手続の終結時点で効果の発生が観念できるのは不要証効のみだとする)。争点整理手続で闊達なやりとりを期待するなら, 裁判上の自白の拘束力に拘泥するのは実践的でなく, 相手方が「裁判上の自白」の拘束力を欲するならば, 通常の口頭弁論への上程の時点 (165条1項・170条5項・173条, 規89条) で, 改めて「自白」としてよいかの意思確認をする, という規制で足りよう。

🏃 Advanced
「不利益」要件は要件か？

5⑵に述べた意味では，「不利益」要件は，「要件」というよりも，撤回不可になる当事者を識別する物差しとして機能している。そうだとすると，それは自白の「成立要件」としては不要ではないか，との疑問が生じよう。

ただ，通常の主張が本来は撤回自由なのに，「当事者間に争いがない」事実であることがたまたまわかったとたん撤回不可になるのは何故か。この問いに，**撤回の帰責性**（不利な事実を主張するときは人は慎重であるべきで，慎重さを欠いて不利な事実が陳述された場合には，その事実陳述は撤回されないという前提で訴訟を追行する相手方の信頼〔＝不要証効を前提とする信頼〕を保護すべき）をもって答える[27]，とすれば，やはり「不利益」要件は，当事者拘束力の「要件」と考えておくべきことになる。ただそこで「要件」たる意味はというと，一般の自白の成立とは別に当事者拘束力・不可撤回効を生じるための付加的要件と考えれば足りると考えても[28]，二種類の自白があって不利益要件は「当事者拘束力を生じる『自白』」の成立要件だと説明しても，実質内容は同じである。

形式的には，前者では，自白は成立するとしつつ，不要証効と裁判所拘束力は生じるが当事者拘束力は生じない自白と，当事者拘束力も生じる自白とに別れることになる。一方，後者のように考えた場合は，不利益要件が不要な裁判所拘束力（および不要証効）と，不利益要件が文字通り要件となる当事者拘束力とで，自白の成立範囲が理論的に異なりうることになる。実質的には同じこと

---

27) 重点講義（上）488頁・489頁。なお，リーガルクエスト民訴244頁〔三木浩一〕は，相手方の信頼保護と共に，争点整理における効率的な審理という公益を生じさせ，裁判所と両当事者の三者間の争点整理でなされる審理上の契約に準じた意味を持つために，撤回が制限されるとし，当事者拘束力の根拠を，そうした自白の特別な効果や機能を保障するためだと説明する。
28) リーガルクエスト民訴240頁〔三木浩一〕は，端的に不利益要件を自白の成立要件から外し，仮に要件とするとしても，当事者拘束力の発生要件の問題であるとし，さらにそうした意味でも不利益要件は不要であると説く。私見と異なり，当事者拘束力の発生要件としても不利益要件を要求しない結果，当事者間の事実主張の一致のみで自白は成立し，かつ当事者拘束力も発生することになる。

であるが，形式的に，成立の異なる二種類の自白を考えるより，両当事者の陳述の一致により自白は一律に成立すると考え，それにより不要証効と裁判所拘束力を生じ，さらに付加的に不利益要件をみたした当事者には当事者拘束力が生じる，と考える方がシンプルであろう[29]。

このように考えた場合，具体的には，不利益がないからいずれの当事者にとっても当事者拘束力はないが，当事者間に争いはないので不要証効や裁判所拘束力はある，という事態が出現することになりそうである。しかしよく考えてみれば，そうした場面でも，審理中に撤回があれば，不要証効はその時点で消えて当該事実は要証事実になるし（争点及び証拠の整理手続後の「撤回」に相当する行為は，それ自体が説明義務〔167条・174条・178条〕や時機に後れた攻撃防御方法の却下〔157条〕の対象となることはあるが），裁判所拘束力（審判排除効）が審理段階でなく判決段階で機能するものだとすれば，判決段階ではとうに「当事者間に争いのある」事実になっているから裁判所拘束力も生じなくなっている，というわけで，やはり問題ないといえよう（159条1項ただし書にいう擬制自白の要件は，この理解と整合する）。不要証効や裁判所拘束力は，「当事者間に争いのない」事実であることが要件なので，いったん成立はしても争いを生じれば消滅する効果である。かつまた，対裁判所の関係での効力なので，撤回による相手方保護は問題にならない。当事者拘束力だけは，相手方保護が唯一問題になるため，撤回は例外的にしか許されないとする解釈論により，効果の消滅にハードルが設けられているにすぎない。その意味で，自白当事者がハードルを乗り越えて当事者拘束力の効果を消滅させた場合，その「撤回」が結果的に，不要証効も裁判所拘束力も消滅をもたらす，という事実上の連関はあるといえる。

なお，不要証効も裁判所拘束力もないのに，当事者拘束力だけはある，という場合は存在しない。「当事者間に争いがない」場合でなければ，民訴法179条の意味でも弁論主義第二テーゼの意味でも，そもそも自白にならないからである。あくまで「当事者間に争いがない」自白が成立しうる場面で，どちらかの当事者が撤回不可になるのが，当事者拘束力の発現形態なのである。

---

29) 不可撤回効が想定できない擬制自白（前掲注22）参照）では，「当事者拘束力は生じない自白」一種類しかないので，擬制自白との共通性を考えると，不利益要件を考えるまでもなく自白自体は一律に成立するという考え方が優れているように思われる。

Unit 4

釈明義務・法的観点指摘義務

Die übersichtliche Einführung in das Zivilprozessrecht

Introduction
釈明権と釈明義務

　民事の法廷傍聴に赴くと，本人が当事者（被告）として出頭していて，相手側の訴訟代理人・弁護士から何か訊かれるたびに，要領を得ない返答をしている。内容の十分な準備書面が出されていないらしく，改めて裁判長からいろいろ訊かれている，というシーンをときどき目にする。

　弁論主義を突き詰めれば，当事者が法廷に出してきたもの（主張や証拠）だけを相手にして，法的に勝てるような主張をできないでいても，それは自己責任，と突き放すことも考えられなくはない。しかし，裁判所としても，事件の輪郭や主張の真意がわからないまま，正しい判決を書けと言われても困るだろう。また，法的素養を欠いているためにうまく主張ができない人は，素人なんだから裁判所が少しは助けてやらないと，相手は弁護士が付いてるんだし，不公平じゃないか，という考え方もまた一方にあるだろう。

　訴訟資料の収集と提出を当事者のみの権能とする弁論主義に対して，裁判所の側から，当事者に働きかける手立ても民事訴訟法はもっている。
　すなわち，民訴法 149 条は，1 項で「裁判長は，口頭弁論の期日又は期日外において，訴訟関係を明瞭にするため，事実上及び法律上の事項に関し，当事者に対して問いを発し，又は立証を促すことができる。」と規定し，2 項で「陪席裁判官は，裁判長に告げて，前項に規定する処置をすることができる。」と規定して，裁判所が当事者に対して，釈明を求めることができる権能を有するものとしている。
　ここでいう「釈明」は，日常会話でいう政治家や芸能人が不祥事発覚の際に行う「言い訳」や「弁明」のことではなくて，裁判所が「訴訟関係を明瞭にするため，事実上及び法律上の事項に関し，当事者に対して問いを発し，又は立証を促すこと」[1]

---

1) 「訴訟関係」とは，端的に言えば，事件の全貌のことであり，事件の輪郭や，確定を必要とする紛争の中心たる争点を指している（条解民訴 918 頁〔新堂幸司＝上原敏夫〕）。

である。さらにまた，それに応じて当事者が必要な陳述や立証をすること（こちらの方が日常会話での意味に近い。157条2項の「釈明」はこの意味）の意味でも用いられるので，裁判所の行為と当事者の行為とどちらのことか紛らわしいのである。かといって，「裁判所の釈明に応じて当事者が釈明する」という使い方はされないので，文脈に応じて適宜読み取ることはできる。

　母法ドイツ法では，既に釈明は権能というより裁判所の義務として規定されているが，我が国では，あくまで裁判所の権限としての規定があるのみである。
　それにもかかわらず，我が国でも「釈明義務」が説かれ，釈明権不行使が違法として上級審によって咎められる。その理由はいかなるものであろうか。そしてまた，最近議論されるようになってきた「法的観点指摘義務」との関係はどのようなものだろうか。以下で，段階を追って見ていこう。

---

2) 「求釈明」という用語もあって，「釈明」の二義性に応じて，裁判所が当事者に釈明を求める（発問等をする）という意味と，一方当事者が裁判所に他方当事者への釈明権の行使を促すという意味と，混用されているようである。
3) ドイツ民事訴訟法典（ZPO）139条では，事実のみならず法的観点についても，当事者が見落としたか重要でないとみなしている観点に基づいて裁判をするためには，その観点を当事者に指摘し，当事者にその観点について陳述させるのが裁判所の義務とされる。

1 権能としての「釈明権」と，その不行使に対する評価

(1) 釈明権不行使の違法とは

釈明という制度についての理解を示した，現在の判例実務に連なる重要な契機となった判例がある。最判昭和 45・6・11（民集 24 巻 6 号 516 頁・判時 597 号 92 頁・判タ 251 号 181 頁）である。同判決には，次のような有名な判示がある。

> 「釈明の制度は，**弁論主義の形式的な適用による不合理を修正し**，訴訟関係を明らかにし，**できるだけ事案の真相をきわめることによつて，当事者間における紛争の真の解決をはかる**ことを目的として設けられたものである」（強調部筆者）

ここでいう「弁論主義の形式的な適用による不合理」とは何のことか。

弁論主義の根拠たる「私的自治」（紛争解決における当事者間の自律的な支配領域への国家の不干渉）を極端に純化すると，裁判所は一切の介入を差し控え，訴訟における主張や立証はすべて当事者の自己責任であるとして突き放すことになる。これは，当事者が積極的に陳述した事実や申し出た証拠だけを審理して，当事者が不注意で陳述や申出をしなかったものについては一切審理判断しない，という「形式的な弁論主義」が支配することを意味する。勝つべき者が勝たず，真実発見からも大きく背馳するおそれがある。こうした観点は，訴訟スポーツ観とも呼ばれるが，これは現代の世界各国では受容されない考え方となっている[5]。

及ぶ限りは事案の真相を究め，当事者間の紛争の真の解決を図る，それが適正・公平な裁判をなすべき裁判所に求められる公的な役割である。第一次的には訴訟資料の収集・提出は当事者の権能かつ責任とされつつも，当事者の事実

---

[4] 釈明に対する判例の態度には変遷があり，大審院時代の職権主義的な運用（釈明義務を広く認める）から，第二次大戦直後，最高裁は消極的態度に変わり，さらに昭和 30 年前後から再び釈明に積極的な姿勢をとってきたものと言われる。菊井維大＝村松俊夫『全訂 民事訴訟法Ⅰ〔補訂版〕』（日本評論社，1993）831 頁以下参照。

[5] 重点講義（上）442 頁。

についての主張の疑問点を質したり，不足と考える部分についてのさらなる主張や立証を促したりする権能（すなわち釈明権）は，裁判所のかかる公的な役割のために裁判所に与えられたのだ，という内容の宣言が，前掲・昭和45年最判の判示なのである。

　もっとも，裁判所から釈明権の行使により，質されたり促されたりしても，当事者の方で応じないことはできるので[6]，あくまで，事実の提出権能は当事者にのみ存するという弁論主義の原則は，そういう意味では貫徹されている。

　では，裁判所が当事者の主張する事実に不足があると考えて，**釈明権を行使しても当事者から応じてもらえない**（事実の主張や立証を補充・修正してもらえない）かもしれないにもかかわらず，その不行使の場面で，**違法と評価されることがある**（＝釈明義務違反）のは何故か。これが本Unitの扱う問題点その1である。

(2)　**法律上の観点についての釈明権不行使の違法とは**
　また，弁論主義の形式的な適用による不合理の修正，すなわち「弁論主義の補完」としての機能が釈明権に求められているとすると，弁論主義というのは，「事実」（と「証拠」）の主張（・申出）についての原則であるから，「事実」の観点について弁論主義の不具合を補完するのが釈明権だということになる。

　ローマ法以来の法諺で，ラテン語でDa mihi factum, dabo tibi jus.（なんじ事実を与えよ，われ法を与えん）とか，Jura novit curia.（裁判官は法を知る）とか言われているように，当事者が事実を提出する一方，法の解釈適用は裁判所の専権事項だ，とすると，やはり，あくまで「事実」上の事項についてのみ，当事者と裁判所の認識がズレていて裁判所からすると不足があるとみられるときに，当事者に対して発動するのが釈明権だということにもなりそうである。

　しかし，釈明権は，「事実上及び**法律上の事項**に関し」（149条1項）認められている。「法律上の事項」についても釈明をする権能が与えられているのである。先述の昭和45年最判も，続けて，

---

6)　この場合，さらに補充的に151条で釈明処分がなされることはありうる。

「その訴訟の経過やすでに明らかになつた訴訟資料，証拠資料からみて，<u>別個の法律構成に基づく事実関係</u>が主張されるならば，原告の請求を認容することができ，**当事者間における紛争の根本的な解決**が期待できるにかかわらず，原告においてそのような主張をせず，かつ，そのような主張をしないことが明らかに原告の誤解または不注意と認められるようなときは，その釈明の内容が別個の請求原因にわたる結果となる場合でも，事実審裁判所としては，その権能として，原告に対しその主張の趣旨とするところを釈明することが許されるものと解すべきであり，場合によっては，発問の形式によつて<u>具体的な法律構成を示唆して</u>その真意を確めることが適当である場合も存する」（下線部・強調部筆者）

としている。法的観点が変われば，それに応じて主張されるべき事実も変わってくる。また，主張されるべき事実が不足する場面には，そもそも当事者が一定の法的観点に気付いていなかったり，重要と考えていなかったりして，それに合わせた事実が主張されなかった，という場合が含まれてくる。

そこで，及ぶ限り当事者間の紛争の真の解決を図ることが適正・公平な裁判をなすべき裁判所に求められる公的な役割だという視点からは，別の法律構成をとれば紛争の根本的な解決を図れるのに，当事者が不注意でそうしない場合に，別の法律構成を「釈明」することもできる，としているのである。

問題は，**法律上の観点についても裁判所に釈明「権」が認められるとして，その不行使が，事実についての場合と同様に，違法と評価されることがあるのか**（いわゆる「法的観点指摘義務」の肯否），ということであり，これが本 Unit で扱う問題点その 2 である。

さらに，この場合には，上記のように当事者が別の法律構成に気付いていないために主張されるべき事実も不足する場面（「生(ナマ)の事実」不足型）だけではなくて，最低限主張されるべき事実は当事者によって法廷にすでに顕れているのだけれど，当事者の考えている法律構成と裁判所が適用を考えている法律構成がズレている場合（「生(ナマ)の事実」充足型）に，その認識のズレを修正する義務が裁判所にあるのか，という問題も含めて考えないといけない。

では，以下で，検討してみよう。

2 釈明権不行使が「違法」～「釈明義務違反」

(1) 釈明の種類
① 釈明内容による分類[7]

まず，主張について，ⓐ不明瞭を正す釈明，ⓑ不当を除去する釈明，ⓒ訴訟材料補完の釈明，ⓓ訴訟材料新提出の釈明，の4種に分け，さらに立証について，ⓔ立証についての釈明，を加えて，全5種類に分類するものである。

② 消極的釈明と積極的釈明[8]

当事者が一定の主張や申立てをしているものの，不明瞭なところ・矛盾・部分的不足があるような場合に，裁判所が補充を促す釈明を「消極的釈明」（①の分類でいうとⓐを主としⓒの一部を含むとされる）とする。また，当事者が事案について見当外れの主張や申立てをしてしまっていたり，あるいは適切な主張や申立てをそもそもしていない場合に，裁判所が積極的にそれを示唆・指摘して新たに主張や申立てをさせるような釈明を「積極的釈明」（①の分類でいうと，ⓑ，ⓒの一部，ⓓを含むとされる）とする。

消極的釈明は，当事者が既にしている何かしらの主張の真意を明らかにするため，当事者に補わせるものであるから，当事者間の公平ないし裁判所の中立性の観点から見て問題がない（一方当事者の利益に偏した肩入れというより，一方当事者の法的知識の欠缺を救い当事者間の公平を回復させるものという見方もできる）。この場合は，むしろ釈明権行使が必要視されて，その不行使につき違法（釈明義務違反）を問われやすい。

積極的釈明の方は，当事者がしていない主張や申立てを新たにさせようとするものであることから，裁判所が一方当事者に肩入れをしているかのようにも見られやすく，当事者間の公平ないし裁判所の中立性の観点から問題視されや

---

7) 奈良次郎「訴訟資料収集に関する裁判所の権限と責任」新堂幸司編集代表『講座民事訴訟④』（弘文堂，1985）125頁。ⓐ～ⓓの4種類は，すでに磯村義利「釈明権」民事訴訟法学会編『民事訴訟法講座第2巻』（有斐閣，1954）478頁以下で提唱されていたものである。
8) 中野貞一郎『過失の推認』（弘文堂，1978）215頁。

すい面も持つ。ただ，積極的釈明と消極的釈明の区分は，実際上は境界がやや不明確な側面もあり，有益だが一応の分類ともいわれる。

③ 「処分権主義」の領域における釈明[9]

通常の多くの釈明は，「事実」と「証拠」について当事者の提出不足を補うための釈明であり，すなわち弁論主義の補完的機能としての釈明である。

これに対し，弁護士強制の制度を採らない我が国では，当事者の法的知識の欠如からそもそも適切な「訴訟物」を立てることそのものができていない場合がある。その場合，裁判所としてはあっさり棄却で処理するのではなく，主張から原告の真意を読み取り，適切な訴訟物へ請求を変更するよう促すなどの後見的な対応も求められる。これを「訴えの変更を促す釈明」と呼ぶ。当事者の処分権に属する訴訟物の特定，申立てそのものの変更を促すものであることから，弁論主義ではなく処分権主義を補完する機能を持っていることになる。[10]

(2) **釈明の許容性**

裁判所が適正な裁判をするためには，必要な訴訟資料がすべて法廷に顕出されているに越したことはないが，他方，そもそも弁論主義によって訴訟資料の提出権能は当事者に原則的に独占されている。適正な裁判をすべき公的な役割を有する裁判所としては，当事者に不足の補充を思うままに促したい局面もあろう。その観点からは，釈明権行使の許容性は，常に問題とならない（すべて許容される）ものとなる。

実際上も，**釈明のやり過ぎ**については，それを抑える法的に有効な手立てがない。民訴法24条の忌避事由として責めることも可能ではあるが，よほどの異状でもないと通らないであろう。また，150条の訴訟指揮権等に対する異議によることも考えられるが単独裁判官の釈明には用いることができないとされる。しかし，何よりいったんなされた釈明を撤回することに意味があるかが問

---

[9] 住吉博『民事訴訟読本〔第2版〕』（法学書院，1976）346頁。
[10] 先述の昭和45年最判の事例も当事者の申し立てた請求とは別の請求原因にわたっても他の法的構成を示唆している点で，処分権主義の領域における釈明に属するともされる。新コンメンタール689頁〔下村眞美〕。

題である。上告審でやり過ぎた釈明を違法として、「差戻し」をしたところで、当事者は既に釈明で示唆されたところの主張・立証をするだけであろうから時間と費用の無駄遣いである。覆水盆に返らずというか綸言汗のごとしというか、釈明のやり過ぎは、取り返しがつかないのである。こうした点に実務は自覚的であり、したがって、消滅時効の抗弁のように、当事者のそれまでの攻防を一気に吹き飛ばして決着をつけてしまうような攻撃防御方法を示唆する「時効の援用を促す釈明」に裁判所は慎重である（☞ Unit 2）。

(3) 釈明の必要性

釈明の許容性についてはそれを画する実際上の手立てがないとはいえ、裁判所の公的な役割としては、裁判の適正・迅速、当事者間の公平という民事訴訟の理念[12]にも顕れている通り、「適正な裁判」と「当事者間の公平」の達成が求められる。

しかし、弁論主義だけでは、この二つは必ずしも万全には達成できない。

弁論主義に形式的に頼って訴訟資料収集・提出を当事者任せにしておくと、「適正な裁判（事件の真相を可及的に判明させ、法の解釈適用も正しく行われた判決）」の達成のためには不足が出るかもしれないから、釈明権を行使したいわけである。

また、弁論主義は、当事者と裁判所の役割分担を規律する主義であって、当事者間での役割分担や公平を規律する主義ではないから、そもそも弁論主義を採ったからといって「当事者間の公平」の実現は直接要請されない。当事者間の公平を要請する当事者間の武器対等の原則は、平等原則と裁判を受ける権利から基礎づけられる[13]。この観点からは、裁判に対して、当事者双方が平等に影

---

11) 重点講義（上）443頁以下参照。本来、釈明の違法は原審でのやり直しが原則であろうが、「自判」を選択せざるを得ない。しかし、仮に破棄「自判」で勝敗を逆転させるとすると、勝つべき者を勝たせるべくなされたはずの釈明によって得られた原審の勝敗を逆転することになるから、正当性に疑問が残る。したがって、結局、上告審では釈明の違法を宣言しつつ判決の結論に影響しないとせざるを得ないであろう。

12) 例えば、最判昭和 56・10・16（民集 35 巻 7 号 1224 頁・判時 1020 号 9 頁・判タ 452 号 77 頁）などでも繰り返し判示される理念である。

13) 松本＝上野 38 頁。「武器対等」とは聞き慣れない日本語かもしれないが、母法ドイツ法でいわれるところの「Waffengleichheit」という原則であり、我が国でも一般に受容されている（ただし、我が

Unit 4 釈明義務・法的観点指摘義務

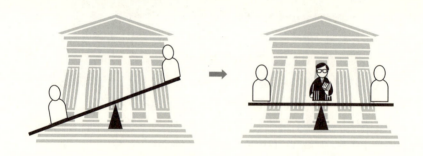

響を与えるチャンスを維持・回復すること，一言で言って「当事者間の公平」の維持・回復のためにも，釈明権を行使したいわけである。ただし，それをコントロールする際に「裁判所の中立性」もまた，裁判所の権限行使には求められる。裁判所は不適切に傾いたシーソーを水平に戻すことがその役割なのであって，逆に傾けることは求められていないのである。

その結果，釈明の必要性は，適正な裁判をするための材料獲得の必要性であると同時に，「中立性」を保ちつつ当事者間の公平を維持・回復すべき必要性であるということになる。当然，裁判所は，それを意識して訴訟指揮を行っているのではあるが，他方，事実審で釈明権を行使しなかったとき，上告審で，回顧的に，釈明の必要性があるのにしなかったことを咎められる（釈明権不行使の違法を理由に原判決が破棄される）場面で初めて，その必要性があったことが明らかにされる，という関係にある。

当事者の主張や申立ての不備を前提に，釈明の必要性を判断するにあたって，その基準の具体的なファクターとして，講学上挙げられているのは以下のものである。

① 勝つべき者が勝てないというのは適正な裁判でも公平な裁判でもないために，釈明をすれば勝つべき者が勝つことが見込まれるという「勝敗転換の蓋然性」がある場合には，釈明を必要とする方向に傾く。

国では，あいまいな「手続保障」などという概念にその内容が包括されることすらある）。

② 当事者が釈明をまたずに自ら主張等の不備を補い適切な主張等を行う「期待可能性」がない場合には，釈明により当該当事者の不足を埋めて当事者間の公平を維持・回復すべき方向に傾く。

　もっともその場合，当事者が裁判所に「よりかかる」ばかりであってはならない。適切な主張や申立てをしなかった当事者が，釈明権不行使を咎め立てすることが信義則に反しない場合（要するに，自分で適切な主張を補充できるのにサボってしなかったようなときは含まれない[14]）でなければ，上記の「期待可能性」の不存在は認められないものと考えられる。

> ### Column　釈明権の機能〜法的観点についての「不意打ち防止」は何のため？
>
> 　近時は，「不意打ち防止」を，弁論主義の機能から切り離し，釈明権に担わせようとする考え方も有力である[15]。しかし通説のように，事実に関する不意打ちの防止を弁論主義が担っている，と考える場合には，「法的観点についての不意打ちの防止」は，どのように基礎づけられるであろうか。
>
> 　法律構成について当事者と裁判所との間で認識にズレがあることに起因して生じる「法的観点についての不意打ち」の防止は，上記の通り必ずしも弁論主義からは出てこないので（「生の事実」充足型の場合），こうした不意打ちの防止を必要視する場合には，それは「法律上の事項に関する釈明権」オリジナルの機能ということになろう。
>
> 　「生の事実」充足型では，法的観点を指摘しようがしまいが，裁判所サイドからすれば，既に裁判所が考える正しい法解釈・適用があり，そのための最低限の「事実」も既に当事者によって提供されているので，裁判所が考える「適正な裁判（"正しい判決"）」は言い渡すことができる。我が国では従前はこうした背景から，法的観点についてドイツ同様の指摘義務（ZPO 139 条。☞ Introduction）の規定を置こうという機運があまりなかったものと思われる。しかし，近年，そうした意味での「裁判（裁判所の判断）」としての正しさだけではなく，裁判に当事者双方が影響を与える

---

14) 伊藤 314 頁。
15) 例えば，山本和彦「弁論主義の根拠」同『民事訴訟法の基本問題』（判例タイムズ社，2002）127 頁以下。

「手続」的なチャンスを平等に保障して行くべきだという一種の「手続的公正」を必要視するような社会背景が熟してきたのではないか。当事者側の法律構成に裁判所は拘束はされないのではあるけれども、何も当事者に開示・指摘しないまま、裁判所が当事者の認識しない法律構成を採ってどちらかの当事者に不利（または有利）な判断結果（判決）を示すことは、特に負けた当事者に納得をもたらさない不意打ちとなり、自分も相手も知らないところで相手にだけ有利な法解釈をされた、という（結果論ではあるけれども）「不公平」を感じさせる、ということになる。

　「事実」については、弁論主義がその収集と提出を当事者の権能としていたために、その当事者の権能をないがしろにするような判決をさせない（当事者の主張しない事実を判決の基礎にされてしまうと「不意打ち」になるから、それをさせない）という意味で、当事者への「不意打ちの防止」を裁判所に義務づける根拠が演繹できた。しかし、法律構成については、むしろ裁判所の専権であり、上記のような「不公平」を当事者に感じさせないために（その意味で当事者間の公平を維持・回復するために）、法律構成について当事者と裁判所との間で認識にズレがあることに起因して生じる「法的観点についての不意打ちの防止」を裁判所に要請することは、ある種のパターナリスティックな配慮を求めていることになる。

　我が国ではドイツと違って訴訟法上の明文規定をもたないので、この意味でのパターナリスティックな不意打ちの防止を裁判所に要請する（と同時に、法的な義務と構成して、不作為について上級審に違法の評価を可能ならしめる）かどうかは、まさに時代と社会背景による。現代では、学説はもちろん判例上（後掲の平成22年最判参照）も、これが要請されると考える段階に入った、とみられているのではなかろうか。

(4) 釈明権不行使と釈明義務違反

　釈明に応じるか否かは、弁論主義の下では、当事者の自由であり、かつその

---

16) 当事者が認識し攻撃防御を尽くしてきた法律構成とは全く違う法律構成をいきなり裁判所から判決で示された場合、弁論主義の違反はなくとも、裁判所が法的観点を開示してくれれば当事者としてもそれに合わせて最低限の事実だけではなくもっと豊かな反論も可能であったかもしれない。さらには、裁判所と法的な討論ができれば、ひょっとすると裁判所としても考えを修正する契機となったかもしれない。

17) 事実についての釈明権行使は、一方当事者の不足を補ってあげるという意味での後見的役割として「当事者間の公平の維持・回復」をも含むのであるが、法的観点についての釈明権行使は、双方当事者とも認識しない法律構成で判決されることで結果的に生じる「不公平」を回避し手続的公正を維持するという意味での後見的な「当事者間の公平の維持・回復」ということになろう。

結果を引き受けることも本来は当事者の責任である。釈明権は，裁判所の，（適正な裁判に到達するための）**訴訟資料獲得**の意欲と（当事者の不足を補い当事者間の公平を維持・回復するための）**後見的役割**の自覚とによって，行使がなされるべきものであるから，裁判所が「行使の要なし」として行使しないその「不行使」もまた，全部が違法とされるわけではない（逆に，適切な釈明の「行使」には，釈明義務を果たした場合も，釈明義務があるとまではいえないけれども釈明権を行使した方がベターだという場合も含まれる）。したがって，上告審で違法と評価されるのは，釈明の必要があったのにしなかったと評価される場合のみである。すなわち，前述の(3)でみたようなファクターを具体的事案において総合的に判断して，釈明の必要があった（のにしなかった）と評価された場合にのみ，後付けで（回顧的にみて），「釈明義務違反（釈明権不行使という「違法」）があった」とされるのである。その意味で，「釈明義務」は，違反が認められた場合にだけ顕在化するものと言えよう。すなわち，釈明権不行使の違法（「民訴法149条」違反）が，高裁への上告理由（312条3項）または最高裁への上告受理申立て理由（318条1項）として主張された場合であっても，それが容れられて破棄事由（325条1項後段・2項）となったときに初めて，「釈明義務」違反という名称が与えられた義務の存在が明らかになるのである。

3 釈明義務と法的観点指摘義務

(1) 「法律上の事項」（149条1項）に関する釈明権不行使と，釈明義務違反・法的観点指摘義務違反

　法律上の事項についても釈明権能を有している裁判所であるが，当事者が別の法律構成に気付いていないために（別の法律構成に相応して）主張されるべき事実も不足する場合（「生の事実」不足型）は，「事実」の補充を図るべく行う弁論主義の補完としての釈明の枠内にあると言うこともできる。この場合には，前述したような釈明の必要性が認められるときは，釈明権の不行使が違法との評価を受けて「釈明義務」違反となるとする解釈の線上にある。

　これに対し，最低限主張されるべき事実は当事者によって法廷に既に顕れて

いるのだけれど，当事者の考えている法律構成と裁判所の考えている法律構成がズレている場合（「生（ナマ）の事実」充足型）に，その認識のズレを修正する義務が裁判所にあるのか，かつ，これは釈明義務の問題なのか，がここでの検討対象である。

釈明権が，裁判所の，（適正な裁判に到達するための）訴訟資料獲得の意欲と（当事者の不足を補い当事者間の公平を維持・回復するための）後見的役割の自覚とによって，行使がなされるべきものだとすると，以下のように考えられる。すなわち，「生の事実」充足型では，当事者の頭の中での法的評価はともかく弁論主義の対象となる「生の事実」（裁判所が適用を考える法律構成に不足なく当てはめられる最低限の事実）自体は法廷に顕出されており，裁判所が当事者の認識と異なる（が裁判所は適正と考える）法律構成を採っても判決の基礎にできる範囲の最低限の訴訟資料の獲得は達成されているので，この場合には，専ら裁判所の後見的役割のみが，手続的公正の観点から要請されることになる[18]。

つまり，「生の事実」が揃っていれば弁論主義の違反がないという立場からは，「生の事実」充足型では，弁論主義の違反がないから，それを補完すべき機能も釈明権には求められないことになる。そこで，釈明権を要請する背景として，**「事実」**についての不意打ち防止を弁論主義または釈明権が果たしているのと同じように，**「法的観点」**についての「不意打ち」も何とかすべきではないか，という問題意識が生まれてくる。この問題意識は，現在では手続的公正の観点から実務家・研究者を問わず共有されているとみてよいであろう（具体的にどう「何とかすべき」かは論者によって差があるにせよ）。

そこで，当事者の認識しない法律構成を裁判所が採った結果，一方当事者に利益（または不利益）に判決の結論が逆転してしまう場面では，裁判所が採りた

[18) ドイツでは現代でもこの役割が強く認識されて訴訟法上明文化されており，まだ明文のない日本法でも「釈明権」の条文の解釈論の形をとって論じる際に，大きな影響を与えている。
　ドイツ民事訴訟法典（ZPO）139条2項で，「**一方当事者が明らかに見落とし又は重要でないとみなした観点**につき，裁判所は，従たる請求（筆者注：利息や果実などについての請求）のみに関する場合を除き，その観点を開示し，かつそれに対する意見の機会を与えたときに限り，裁判の基礎とすることが許される。**裁判所が両当事者と異なる判断をしている観点についても同様とする。**」と規定する（ここでの「観点」には，事実のみならず法的観点も含まれる）。我が国でいわれる「法的観点指摘義務」論の一つの典拠は，このような規定に示された考え方に見いだされる。

い法律構成について当事者にも充分な反論と反証の機会を与えることにより[19]、当事者間の公平（らしさ）を維持・回復する必要がある、という考え方が受容されてくる。

　そのため、我が国では講学上、ドイツ法等からも示唆を受けて、以下のような「**法的観点指摘義務**（法律問題指摘義務）」が説かれている。

　これは、「裁判所が当事者の主張しているのとは異なる法律問題または主張されていない法律問題を判決の基礎とするとき、裁判所はその点について指摘して当事者に攻防の機会を与えねばならない旨の義務[20]」とか「裁判所は、当事者の気付いていない法的観点で裁判しようとするときは、その法的観点を当事者に向かって開示し、当事者と裁判所との間で法的観点・法律構成についても十分に議論を尽くす義務がある[21]」とされるものである。

　実定法上の根拠としては、釈明義務と同じ149条ということにはなろう（法律上の事項に関する「釈明権不行使」の問題）。しかし、弁論主義とその補完としての釈明義務、という枠組み（前掲・昭和45年最判参照）を前提とすると、弁論主義の枠の外側にある「法的観点についての不意打ち防止」の後見的機能については、釈明義務とはいちおう区別して「法的観点指摘義務」と呼んでおくほうが理論的には理解しやすい[22]（この場合の釈明権不行使の違法には「法的観点指摘義務違反」の名称を付与する）。

　つまり、一般に「釈明義務」違反の問題とされるのは、「事実上及び法律上の事項に関し」なされるべき釈明権（149条）の不行使が違法と評価される（"釈明権不行使の違法"）、という大きな括りである。それは広義では、「釈明すべき義務」違反ということであるが、細かく見て、裁判所の考える法律構成での法適

---

19)　これにより、前述の通り、法適用に最低限必要なものだけでなく当事者としてもより豊かな反論が可能かもしれないし、裁判所と法的討論ができれば、場合によっては裁判所もまた、それまで考えていた法律構成を修正する可能性がないわけではない。仮に当事者に反論と反証の機会を与えても、裁判所の考えを変えるに至らないのかもしれないが、その場合でも、当事者の納得と公平感を生み出すことができる。

20)　山本和彦『民事訴訟審理構造論』（信山社、1995）169頁。

21)　重点講義（上）454頁。

22)　これに対し、あくまで釈明義務の一態様と捉える立場ももちろんある。小林秀之『民事裁判の審理』（有斐閣、1987）28頁、最判平成22・10・14（裁判集民235号1頁・判時2098号55頁・判タ1337号105頁の囲み解説〔判タ1337号106頁〕）など。

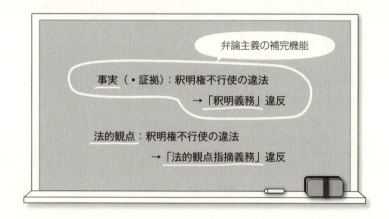

用について，

（i）生の事実が不足しているため「弁論主義の補完」として事実に関して機能し，「（適正な裁判に至るための）訴訟資料獲得」と「事実についての不意打ち」防止とを両方目的とする狭義の**「釈明義務」**違反と，

（ii）最低限必要な生の事実そのものは充足していて弁論主義違反にはならないが，法律構成についての裁判所と当事者との間に認識のズレがあることに起因する「法的観点についての当事者への不意打ち」の防止のために，裁判所に後見的役割のみを要請する**「法的観点指摘義務」**の違反，

というように，「釈明権不行使の違法」に与える概念・名称を分類しておこう，というわけである。

(2) 法的観点指摘義務に関する近時の二つの最高裁判決

注目すべき最高裁の裁判例が二つある。いずれも民集には登載されず，判例としての位置づけは微妙であるが，一つは，法的観点指摘義務違反とも評価できる処理を上告審である最高裁自身がした，ともいえそうな事例，もう一つは，非常に限定的ながら「法的観点指摘義務」を初めて最高裁として認めたといえる事例なので，いずれも興味深い裁判例である。

① 最判平成14・9・12（判タ1106号81頁）

　借入金の返済がされない場合には債務者所有の土地を債権者名義に変更し第三者に売り渡すことを承諾する旨の契約について，当事者はこれが仮登記担保契約に当たるか否かを争っていた（被告＝債権者側は確定的に土地所有権を取得する代物弁済契約，原告＝債務者側は停止条件付き代物弁済契約ひいては仮登記担保法にいう仮登記担保契約〔仮登担3条3項に反し無効，したがって債務者側に所有権あり〕と主張）が，上告審の最高裁判所において譲渡担保契約であるとされた事例である。
　藤井裁判官の反対意見が付いている（下線部筆者）。

　「確かに，平成7年5月2日付けの本件契約の内容を記載した書面（乙第3号証）の文言自体は，生の事実として当事者双方の陳述に現れている。被上告人は，これに基づき本件契約を仮登記担保と構成して主張したのであるが，仮登記担保と譲渡担保とでは，債権担保の機能面で近似する要素を有しているとはいえ，要件事実や法律効果を同じくするものではなく，前者の主張が当然に後者の主張（不利益陳述）を包含しているともいえない。」

　「ある事実関係について，複数の法規に基づく複数の法律関係が考えられるときに，どの法規に基づく法律構成を選択して主張するかは，当事者にゆだねられた事柄である。仮登記担保と主張されているときにこれを譲渡担保と認定することは，少なくとも当事者の予想を超えるものであり，<u>不意打ちとなることを免れない</u>。」

　「……多数意見が本件契約を代物弁済契約でも仮登記担保契約でもないとした点に異論はないが，これを譲渡担保契約であるとした点は，当事者の主張しない所有権取得原因事実を認定するもので，被上告人に対する不意打ちであり，訴訟における<u>弁論主義に反する</u>との疑いを払拭することができない。」

　藤井裁判官の反対意見は，「生の事実」が法廷に出ていれば弁論主義違反にはならないという近時の多数的見解と異なり，一定の法律構成の下に主張された事実を弁論主義の対象と考える見解に依拠しているように思われる。しかし法的観点についての上告審と両当事者との認識の齟齬（原裁判所までは，裁判所と両当事者との間で法的観点についての認識の齟齬はない）は，当事者にとって「不意打ちとなることを免れない」という言明は注目される。

　我が国でいわれる「法的観点指摘義務」は，前述の通り，当事者の気付いて・・・・・いない法的観点にフォーカスしている観もある。この点，本事案について記録・・を閲覧調査した限りでは，当事者は契約を譲渡担保とする構成に気付いてはいたが，その法律構成をあえて採らなかったようである。そうだとすれば，「法的

観点指摘義務」を当事者の気付かない法的観点についての指摘義務だと解すると，そもそも「法的観点指摘義務」がなかった事案とも言えそうである。しかし，あくまで，両当事者と裁判所との間の法的観点についての**認識のズレ**を正して法的観点についての不意打ちを回避するための「法的観点指摘義務」だと考えると，本件も，仮に原裁判所が同じ処理をしていたら「法的観点指摘義務」違反が問われるべき事例であったといえる[23]。ただ本件は，法律審たる上告裁判所が，いきなり上告審で，すでに生の事実はすべて顕れているからといって別の法律構成を用いて原判決を破棄した，という事案で，それ自体は，当事者にとっては不意打ちであるという評価を確かに免れないであろう。

　しかし，裁判所が，当事者間の誤った法律構成に拘束されるいわれはなく（その意味で，法の解釈適用は裁判所の専権に属する），法律審たる上告審に至ってようやく誤った法の解釈適用とそれによる勝敗逆転を発見すれば，是正する（原判決を破棄する）必要があろう。また上告審でそれを指摘し破棄して，差し戻したところで，当事者は上告審の判示したとおりの法的主張をするだけであろうから，原裁判所のミスの尻ぬぐいを当事者のコストでするようで望ましくはない。結局，不意打ちではあろうけれども，本来あるべき法の解釈適用であったということで，上告審の自判を許さざるを得ない。

② **最判平成 22・10・14**（裁判集民 235 号 1 頁・判時 2098 号 55 頁・判タ 1337 号 105 頁）

　法人である Y 大学から定年規程所定の 65 歳の定年により職を解く旨の辞令を受けた教員である X が，Y との間で X の定年を 80 歳とする旨の合意があったと主張して，Y に対し雇用契約上の地位確認および賃金等の支払を求めた訴訟である。訴訟経過として，以下のような経緯があった。

　　(i) 第一審は，弁論準備手続期日において本件の争点が上記合意の存否である旨を確認し，口頭弁論期日におけるその結果の陳述を経た上，X の当事

---

[23] 古く，当事者が買戻特約付売買と主張している契約につき，譲渡担保と認定することが弁論主義違反にならないとされた下級審裁判例がある（静岡地富士支判昭和 63・6・4〔判タ 683 号 206 頁〕）。「生の事実」論からすれば弁論主義違反にならないのはその通りであるとしても，法的観点指摘義務の問題にはなりうる。

者本人尋問および証人尋問を行い，上記合意があったとは認められないとしてXの請求を棄却する旨の判決をした。

(ⅱ) 控訴審は，第1回口頭弁論期日において口頭弁論を終結したところ，同期日において陳述された控訴理由もそれに対する答弁も，専ら上記合意の存否に関するものであった。

このような訴訟の経過の下で，控訴審が，適切に釈明権を行使して，X・Yともに主張していない法律構成である「信義則違反」の点についてXに主張するか否かを明らかにするよう促すとともにYに十分な反論および反証の機会を与える措置をとることなく，Yは定年退職の告知の時から1年を経過するまでは賃金支払義務との関係では信義則上定年規程による定年退職の効果を主張することができないと判断したという事案である。

担当調査官によるとみられる判例誌の囲み解説[24]では，

> 「本件の場合，『信義則違反』という規範の評価自体は当事者から主張されていないが，…〔中略〕…信義則違反と評価され得る具体的事実が主張されているため，原判決に弁論主義違反の違法があるとまではいえないものと考えられる。
>
> もっとも，本件の場合，これらの具体的事実は，飽くまで本件合意の存在を推認させる間接事実として主張されており，当事者双方ともこれらの事実が『信義則違反』と評価され得るものであることを自覚していないため，裁判所が『信義則違反』を肯定して判決することは，不意打ちに当たり許されないのではないかが問題となる。」

として，本件が，「生の事実」充足型の法的観点指摘義務の事案であったことが明らかにされており，

> 「本判決は，本件訴訟の経過に照らし，原審の判断には釈明義務違反があったとするものであるが，**内容的には，学説のいう法的観点指摘義務の考え方を採り入れたものとも考えられる。**」[25]（強調部筆者）

---

24) 前掲注22）判タ1337号106頁（以下，囲み解説は，判タの頁数で示す）。
　信義則違反や権利濫用といった一般条項について，規範的評価自体ではなく規範的評価を基礎づける具体的事実が主要事実である（規範的評価自体は当事者の主張は不要である），という理解に立っている。私見も同様である。
25) 前掲注22）判タ1337号107頁。この囲み解説は，法的観点指摘義務を釈明義務の一態様と解しているようなので，本判決が「釈明義務違反があったとするもの」だとしているが，判示自体は，

としている。生の事実そのものは充足しているが法律構成についての裁判所と当事者との間で認識のズレがあることに起因する「法的観点についての当事者への不意打ち」を生じることが，訴訟経過からは明らかな事案であったということである。

判示では，

<u>「上記〔略〕のような訴訟の経過の下において，前記〔略〕のように信義則違反の点についての判断をするのであれば</u>，原審としては，適切に釈明権を行使して，被上告人に信義則違反の点について主張するか否かを明らかにするよう促すとともに，上告人に十分な反論及び反証の機会を与えた上で判断をすべきものである。」

とし，なるほど，法的観点指摘義務の考え方が受容されていることが確認できる。

本件は，前述の通り調査官の解説上も「法的観点指摘義務」の考え方を採り入れたものともいえるとされており，**事例判決での限られた局面とはいえ**（☞ Advanced），「法的観点指摘義務」を最高裁が認めたリーディングケースということはできよう。

「釈明権の行使を怠った違法がある」としているだけである。

Advanced
平成22年最判の特殊性

(1) 本文で述べたように，最判平成22・10・14は，確かに，

> 「上記〔略〕のような訴訟の経過の下において，前記〔略〕のように信義則違反の点についての判断をするのであれば，原審としては，適切に釈明権を行使して，被上告人に信義則違反の点について主張するか否かを明らかにするよう促すとともに，上告人に十分な反論及び反証の機会を与えた上で判断をすべきものである。」

と判示し，講学上の「法的観点指摘義務」が認められたと言える部分は確かに持っている。

しかし，注意しなければならないのは，判示は続けて，

> 「<u>とりわけ，原審の採った法律構成は</u>，①上告人には，被上告人に対し，定年退職の1年前までに，定年規程を厳格に適用し，かつ，再雇用をしない旨を告知すべき信義則上の義務があったとした上，さらに，②具体的な告知の時から1年を経過するまでは，賃金支払義務との関係では，信義則上，定年退職の効果を主張することができないとする法律効果を導き出すというもので，<u>従前の訴訟の経過等からは予測が困難であり，このような法律構成を採るのであれば，なおさら，その法律構成の適否を含め，上告人に十分な反論及び反証の機会を与えた上で判断をすべきものといわなければならない。」</u>（強調部筆者）

としており，「法律構成の適否を含め」釈明権を行使すべき，としている点である。すなわち，法的観点指摘義務は，通常は，裁判所が妥当と考える（が当事者は認識していない）法律構成があって，それについて当事者に指摘すべきというものなのであるが，本件では，原審の採った法律構成の適否（妥当性）からして反論と反証の機会を与えよ，としている点はやや異質である。判旨は，原審の採った「信義則違反」との法律構成が，従前の訴訟の経過「等」からは予測が困難な法律構成だとしている。この「等」は何を意味しているのだろうか。

ヒントは，やはり判例誌の囲み解説から読み取れる[26]。同解説は，

> 「本判決は事例判断であり，その射程は限定されたものと考えられるが（**信義則一般**

---

[26] 前掲注22) 判タ1337号107頁。

について直ちに本判決の射程が及ぶものではなく，ましてや権利濫用，公序良俗違反，過失相殺等については射程が及ばないものと解される。），……」（強調部筆者）

としている。本判決が，単に，訴訟の経過の中で当事者と裁判所との間で法律構成の認識にズレが生じたら直ちに法的観点指摘義務違反にあたる，とした判旨であるとすれば，信義則一般でも権利濫用等でも同じように，訴訟の経過の中で当事者と裁判所との間で法律構成の認識にズレが生じたら，本最判の射程が及ぶはずである。しかし，これほどクドクドと射程が及ばない，と注意を促しているのは何故か。解説の言う通り，単なる訴訟の経過のみで生じた「当事者と裁判所の間の法律構成の認識のズレ」が問題でないとしたら，本件を特徴付ける事情（訴訟の経過「等」の，「等」に含まれる事情）はどこにあるのか。

　以下はその推論である。

(2)　信義則のような一般条項は，単なる訴訟の経過上は主張していなくても（そもそも規範的評価自体は主張を要しない，とするのが通説的見解である），一般的な内容の「信義則」であれば，適用の可能性を当事者として（とりわけ本件のように両当事者ともに訴訟代理人弁護士が付いている場合であれば）予測がまったくできないわけではない性質の法規範でもある。

　それでは，一般的な法律家でも予想しかねるような信義則の独自的な用い方であったとしたら，どうか。審理において，裁判所がそうした「独自の」法的観点を開示・指摘してくれないと，当事者としては不意打ちは避けられないであろう。

　したがって，そもそも裁判所が適用したい「法律構成の適否を含め」，当事者に十分な反論および反証の機会を与えた上で判断をすべき，としているのは，この原審が，独自色のある信義則の用い方をしているために，訴訟の経過を離[27]

---

[27]　前掲注22) 判タ1337号107頁の囲み解説は，「内容的には，学説のいう法的観点指摘義務の考え方を採り入れたものとも考えられる」と述べた直後に，やや唐突に，「ところで」と，解雇をめぐる訴訟の解決方法について言及する。すなわち，

　「ところで，解雇をめぐる訴訟において，使用者に復職は命じないが一定額の金銭を支払わせるといった解決（解雇の金銭解決）が可能か否かについては，解雇紛争に妥当適切な解決をもたらすものとして評価する意見もあるが，現行法の解釈論としては困難であるとされている（下井隆史『労

れた一般的な意味でも，予測が困難であるということに依っているのではないか，と考えられる。そう考えると，「信義則一般について直ちに本判決の射程が及ぶものではなく，ましてや権利濫用，公序良俗違反，過失相殺等については射程が及ばない」と調査官が解説する意味は読み解けそうである。

　以上，この平成22年最判は，信義則違反という，常にその適用が考えられる可能性をもつ（しかも規範的評価そのものには当事者の主張を要せず適用できるとされる）「一般条項」については，その解釈適用の内容が独自性の強い場合にのみ（ただ，権利濫用や公序良俗違反，過失相殺ではあまり独自性のある解釈適用が考えられる余地がなさそうではあるが），釈明権不行使が，法的観点指摘義務違反の違法と評価されうる，という限定的な射程を有しているのではないか，という推論を掲げた。もっとも，これは一つの推論に過ぎないので，皆さんもいろいろ考えてみてほしい。

　通常の実定法の規定の解釈適用について「法的観点指摘義務」が認められるか否か，認められるとしたらどのような範囲においてかについては，本最判はその射程として何も語るところはない。本件の「信義則違反」の特殊性以外の部分では，学説上「法的観点指摘義務」で説かれているところと重なる部分が多く，今後の展開が注目される。

働基準法〔第4版〕」170頁参照。もっとも，労働者が退職したことを確認し，その代わりに使用者が解決金を支払うという内容の和解が成立することは多いようである。）。本件の原判決は，信義則を根拠として上記のような解決を志向するものであり，いわば和解的判決であるということができる。」
としており，現行法の解釈論としては困難な解決を信義則をテコとして行おうとしたのが原判決である，と評価していることが読み取れる。

Unit 5

「確認の利益」についての判例の読み方

Die übersichtliche Einführung in das Zivilprozessrecht

Unit 5 「確認の利益」についての判例の読み方

📖 Introduction
学生の持っている民訴法判例百選

　右のコピーは，ある学生が持っていた，著名な遺言者生存中の遺言無効確認の訴えの「確認の利益」についての最判平成 11・6・11 裁判集民 193 号 369 頁（判時 1685 号 36 頁・判タ 1009 号 95 頁）を載せた民事訴訟法判例百選〔第 4 版〕26 事件〔宇野聡執筆〕の頁である。学生の私物だが，ちゃんと読んだことがある証拠として，判旨で重要と考えたところに下線も引かれている。

　しかし，私が，講義の際に受講生にこういう質問をしたとする。
　「この判例（平成 11 年 6 月最判）は，遺言者生存中に遺言無効確認の訴えをした事件で，その訴えの適法性について，どのように判示していますか？」
　この問いかけに対して，よく勉強している学生から返ってくる一番多い答えは，次のようなものである。
　「遺言の有効性の確認は，遺言の有効・無効，つまり過去の法律行為の有効・無効の確認ということなので，そのままでは，確認の利益が認められがたいのですが，現在それを訴訟で確認することが紛争の抜本的解決につながる場合には，確認の利益が認められます。しかし，遺言者生存中の場合は，前の遺言と内容が異なる新しい遺言をすれば後の遺言の内容が優先されます（民 1023 条）し，遺言はいつでも撤回できますから，即時確定の利益がありませんので，確認の利益が認められず，この確認の訴えは不適法です。」
　この回答は，私の問いかけに対する答えとしては残念ながら誤りである。
　なぜ誤りなのかは，以下で見ていくことにするが，その前にもう 1 度，判例百選に載っている「判例」の判示自体の日本語を，虚心坦懐に，素直に，読んでみてほしい。

＊　宇野聡先生は，2013 年 5 月 15 日に 54 歳の若さで逝去されました。宇野先生は，私の高校の先輩で，司法試験考査委員会や日本民事訴訟法学会役員会等，公的な場でお世話下さると共に，個人的にも後輩として親しくお付き合い下さった，優れた研究者でした。ここに特に記して，ご不在を惜しみつつ，御論稿を誌面ごと引用させていただく御礼に代えたく存じます。

Ⅳ 訴え――(2)確認の利益

26 遺言者生存中に提起された遺言無効確認の訴え

最高裁平成11年6月11日第二小法廷判決
（平成7年(オ)第1631号：遺言無効確認請求事件）
（判時1685号36頁，判タ1009号95頁，金判1075号20頁）

関西学院大学教授
宇野 聡
うの さとし

事実の概要

X（原告・控訴人・被上告人）は，Y₁（被告・被控訴人・上告人）の養子であり，Y₁の唯一の推定相続人である。Y₁は，昭和63年頃より痴呆の症状があらわれていたところ，平成元年12月に，Y₁が所有する甲不動産の持分100分の55をY₁の甥Y₂（被告・被控訴人・上告人）に遺贈するという内容の公正証書遺言（本件遺言）をした。その後，Y₁は，平成2年にアルツハイマー型老人性痴呆と診断され，平成5年3月には心神喪失の常況にあるとして禁治産宣告（現行法の後見開始決定に相当）を受けており，Y₁の病状は改善の見込みがない状態であった。
Y₁が生存中の平成5年，Xは，Y₁とY₂を共同被告として，本件遺言が無効であることの確認を求める訴えを提起した。本件遺言がY₁の意思能力が欠如した状態でなされたこと，および，公正証書遺言の方式に違反していることを理由とする。第1審（大阪地判平成6・10・28判タ865号256頁）は，本件においてXが保護を求めている利益・地位は，遺言者が死亡したときに本件遺言による遺贈に基づく法律関係がないというXの利益・地位であり，遺贈が遺言者の生前には何らの法律関係を発生させない以上，それらの利益・地位は将来のものであって現在保護される必要がないと論じて即時確定の利益を否定し，本件訴えを却下した。Xが控訴。
第2審（大阪高判平成7・3・17判時873号298頁）は，遺言者の生存中になされた遺言無効確認の訴えは，即時確定の利益に欠けるので原則として不適法であるが，本件では例外的に適法であると述べて，第1審判決を取り消して事件を大阪地裁に差し戻す判決をした。その理由として，Y₁が既に相当の高齢であること，老人性痴呆により合理的な判断能力を欠いていること，そして病状の回復の見込みがない状況にあるという事情にかんがみると，Y₁が生存中に本件遺言の取消しや変更を行う可能性がないことは明白であり，紛争の予防という見地から確認の利益が認められると判示して，Y₁とY₂が上告。
最高裁は，本件訴えを不適法として却下した第1審判決の結論を正当として，第2審判決を破棄してXの控訴を棄却する判決をした。

判旨

原判決破棄，控訴棄却。
「1 本件において，Xが遺言者であるY₁の生存中に本件遺言が無効であることを確認する旨の判決を求める趣旨は，Y₁が遺言者であるY₁の死亡により遺贈を受けることとなる地位にないことの確認を求めることによって，推定相続人であるXの相続する財産が減少する可能性をあらかじめ除去しようとするにあるものと認められる。
2 ところで，遺言は遺言者の死亡により初めてその効力が生ずるものであり（民法985条1項），遺言者はい

つでも既にした遺言を取り消すことができ（同法1022条），遺言者の死亡以前に受遺者が死亡したときには遺贈の効力は生じない（同法994条1項）のであるから，遺言者の生存中は遺贈を定めた遺言によって何らの法律関係も発生しないのであって，受遺者とされた者は，何らかの権利を取得するものではなく，単に将来遺言が効力を生じたときは遺贈の目的物である権利を取得することができる事実上の期待を有する地位にあるにすぎない（最高裁昭和30年(オ)第95号同31年10月4日第一小法廷判決・民集10巻10号1229頁参照）。したがって，このような受遺者とされる者の地位は，確認の訴えの対象となる権利又は法律関係には該当しないというべきである。遺言者が心神喪失の常況にあって，回復する見込みがなく，遺言者による当該遺言の取消し又は変更の可能性が事実上ない状態にあるとしても，受遺者とされた者の地位の右のような性質が変わるものではない。
3 したがって，Xが遺言者であるY₁の生存中に本件遺言の無効確認を求める本件訴えは，不適法なものというべきである。」

解説

1 確認の利益は，原告の権利または法律的地位に不安が現に存在し，その不安を除去する方法として，当該原告被告間において，その訴訟物である権利または法律関係の存否の確認判決をすることが有効適切である場合に認められる。このような確認の利益の有無は，確認の訴えという手段が適切か（方法選択の適否），訴訟物が適切に選択されているか（対象選択の適否），原告の権利や法的地位に現実の危険・不安が存在するかどうか（即時確定の利益），そして被告の選択が適切かという4つの視点から判断される（新堂幸司『新民事訴訟法〔第4版〕』[2008]258頁以下など）。
遺言無効確認の訴えは，形式上は過去になされた法律行為の確認を求める訴えであるが，遺言が有効であるとすれば，そこから生じるべき現在の特定の権利または法律関係が存在しないことの確認を求めるものと解される場合に，原告がそのような確認を求めるについて法律上の利益を有するときは，適法であるとするのが判例である（最判昭47・2・15民集26巻1号30頁＝本書23事件）。もっとも，遺言は遺言者の死亡時から効力を生じるのであるから，遺言者の生存中は遺贈はまだ効力を生じておらず，遺贈によって生じることになる受遺者の権利も未発生の状態である。したがって，遺言無効確認の訴えが遺言者の生存中になされる場合には，判例の見解によれば，まだ発生していない権利の不存在確認を求めることになるため，現在の特定の権利または法律関係の確認を求める訴えであると解することができるのか（対象選択の適否），あるいは，そのような未発生の権利をめぐる紛争が法的保護を受けるに値するのか（即時確定の利益）が問題になる。

1 遺言者生存中の遺言無効確認の訴えの利益は,「遺言の有効・無効」について判断されたものではない

　被相続人生存中に,同人の過去の法律行為の有効・無効を確認対象と捉えて,即時確定の利益で処理しようとすること自体は,従前の判例にもある。すなわち,被相続人生存中に,被相続人のした売買契約の無効確認を推定相続人が求めた事案で,推定相続人には被相続人の権利義務を包括的に承継する「期待権」しかないから,仮に被相続人の財産に仮装売買・登記が行われても,推定相続人の権利または法律的地位に,現に危険または不安が生じているとはいえないから,<u>即時確定の利益がない</u>,と判示した最判昭和 30・12・26(民集 9 巻 14 号 2082 頁・家月 8 巻 4 号 25 頁)である(強調筆者。以下同じ)。こうした考え方は,学説にも根強い。

　この「即時確定の利益」による処理論でいくと,本件平成 11 年 6 月最判の事案のように,遺言者生存中といえど,病状の回復の見込みのない重度のアルツハイマー型痴呆と診断された遺言者＝被相続人には,遺言の取消し・変更の可能性がないし,推定相続人の相続権にも具体的な危険・不安があるから即時確定の利益が認められる,といった考え方が主張される(本件平成 11 年 6 月最判の原審判決はこの考え方に近い)のも当然である。

　ただ Introduction で私が訊いたのは,この平成 11 年 6 月最判が,訴えの適法性についてどのように判示しているか,である。

　平成 11 年 6 月最判は,

　　① 遺言者の「生存中に本件遺言が無効であることを確認する旨の判決を求める趣旨は,」推定相続人が,「<u>遺言者……の死亡により遺贈を受けることとなる地位にないことの確認</u>を求めることによって,推定相続人……の相続する財産が減少する可能性をあらかじめ除去しようとするにある」とし,

　　② 「遺言は遺言者の死亡により初めてその効力が生ずるものであり(民法 985 条 1

---

1) 中野貞一郎『民事訴訟法の論点Ⅱ』(判例タイムズ社,2001) 56 頁以下参照。なお,中野教授は,この場面で,受遺者には具体的な期待権が生じていてそれは確認対象になるとしている。

1 遺言者生存中の遺言無効確認の訴えの利益は,「遺言の有効・無効」について判断されたものではない

項),遺言者はいつでも既にした遺言を取り消すことができ(同法1022条),遺言者の死亡以前に受遺者が死亡したときには遺贈の効力は生じない(同法994条1項)のであるから,遺言者の生存中は遺贈を定めた遺言によって何らかの法律関係も発生しないのであって,受遺者とされた者は,何らかの権利を取得するものではなく,**単に将来遺言が効力を生じたときは遺贈の目的物である権利を取得することができる事実上の期待を有する地位にあるにすぎない**」[2]のであるから,

③ 「このような受遺者とされる者の地位は,確認の訴えの対象となる権利又は法律関係には該当しないというべきである。」さらに「遺言者が心神喪失の常況にあって,回復する見込みがなく,遺言者による当該遺言の取消又は変更の可能性が事実上ない状態にあるとしても,受遺者とされた者の地位の右のような性質が変わるものではない。」

というものである。

つまり,平成11年6月最判において,**遺言者生存中の遺言無効確認の訴えの利益は,「遺言の有効・無効」について判断されたものではない**。すなわち,遺言の有効・無効ではなく,この「遺言者生存中の遺言無効確認」の訴えの**趣旨**をまず①で確定し,その趣旨(推定相続人が「受遺者とされる者の地位=遺言者の死亡により遺贈を受けることとなる地位」にないことの確認)を対象として,次の②③で確認の利益の存否について判断を行っているのである。

このことは,通常の,すなわち遺言者が亡くなった後の,遺言無効確認の訴えでも同じである。最判昭和47・2・15(民集26巻1号30頁・家月24巻8号37頁・判時656号21頁,百選〔第5版〕23事件〔川嶋隆憲〕)は,

「いわゆる遺言無効確認の訴は,遺言が無効であることを確認するとの請求の趣旨のもとに提起されるから,形式上過去の法律行為の確認を求めることとなるが,請求の趣旨がかかる形式をとつていても,**遺言が有効であるとすれば,それから生ずべき現在の特定の法律関係が存在しないことの確認を求めるもの**と解される場合で,原告がかかる確認を求めるにつき法律上の利益を有するときは,適法として許容されうるものと解するのが相当である。」

として,やはり「遺言の有効・無効」という請求の趣旨の形式ではなく,その

---

[2] この平成11年6月最判が②の箇所で引用した先例は,前記昭和30年最判ではなく,遺言者の生存中の受遺者は何らの権利も有せず,期待権すら有しないとした,最判昭和31・10・4(民集10巻10号1229頁・判時89号14頁・判タ66号49頁)である。

訴えの趣旨とするところの「**遺言が有効であるとすれば，それから生ずべき現在の特定の法律関係が存在しないこと**」の確認，ということについて，「確認の利益」の有無を判断しているのである。

冒頭のコピーもそうであるが，学生は，ちゃんと最高裁の判示の当該部分を，下線まで引いて（！），読んでいる。しかし，判示に書いてある日本語の通り読まずに，上記二つの「遺言無効確認の訴え」の判例で，「遺言の有効・無効」こそが「確認の利益」の有無を判断する対象だと，無意識的に思ってしまっているのである。しっかり勉強している学生でも，あるいはたまに研究者ですら，しばしば陥っている誤りである（なお，判例の理解としては誤読と言わざるを得ないが，理論的には必ずしも誤りだというわけではない）。逆に言えば，確認の利益の議論をしているときに，学生の理解がすっぽり抜け落ちている盲点でもあり，抜け落ちていることに気付かないままの学生すら，少なからずいる。

百選の当該項目が，「確認の利益」の節で事件タイトルが「遺言無効確認の訴え」だからいけないのか。執筆依頼の段階でタイトルは決まっているから，解説の先生のせいではないが，学生の学習に資するべき基本教材なのになんたる不親切。編者の先生方は畏れ多いから，有斐閣のほうに抗議の投書をすべきか。ネットで文句くらいつぶやいとくか。

いやいや，有斐閣に文句を言う前に，ひとまず我が身を顧みてみよう。

2　判例における，「確認の利益」の判断対象＝確認対象

(1)　確認対象≠訴訟物たる権利関係，という場合がある

いわゆる遺言無効確認の訴えの「請求の趣旨」は，例えば「亡〇〇の＊＊年＊月＊日付けの別紙1の自筆証書遺言は無効であることを確認する」との判決を求める，というものであり，その請求認容判決の主文もこの「請求の趣旨」と同じである。

してみると，訴訟物たる権利関係が「遺言の有効・無効」であることは間違いないから，やはりこれは「遺言無効確認の訴え」なのである。問題は，**判例では確認の利益を判断する「対象」が訴訟物たる権利関係に限られない**，という

ことが、案外知られていないことにある。その確認の訴えの実際の趣旨から確認の利益が判断されているのであって、それが「請求の趣旨」と重なることも多いが、そうでない場合には注意が必要なのである。

(2) 現在の権利関係か、将来の権利関係か、判別は微妙

さらに、ややこしいことに、「請求の趣旨」自体が何を確認対象としているのか、判断が微妙であり、その理解によって結論が左右されてしまうケースがある。

例えば、民訴判例百選〔第5版〕に載っている例では、敷金返還請求権の確認を求める訴え（事件名は「債権確認請求事件」。最判平成11・1・21民集53巻1号1頁、判時1667号71頁・判タ995号73頁、百選〔第5版〕27事件〔佐藤鉄男〕）が、「本件の確認の対象は、……条件付きの権利であると解されるから、現在の権利又は法律関係であるということができる」としている。

通常、債権は、現在の権利であれば、債権者はそのまま履行を請求すればよい、訴訟にするなら給付訴訟を提起すればよいし、目的達成のためには給付訴訟を選択すべきであるので、時効中断の必要があるなど特段の事情がない限り「方法選択の適否」の問題として、債権確認の訴えに確認の利益はないとされるのが原則である。

してみると、現在の債権であるならば現在給付の訴え、将来に履行期がくる債権なら将来給付の訴えによるべし、となりそうだが、「賃貸借終了後、建物明渡しがされた時において、それまでに生じた敷金の被担保債権一切を控除しなお残額があることを条件として」生じる敷金返還請求権の性質上、賃貸借を終了させるつもりがない限り（定期賃貸借を除き、現行法では事実上、賃貸借契約の終了は賃借人〔＝敷金返還請求権者〕の意思に大きく左右されよう）、（将来）給付訴訟は難しい。そうすると、給付自体は将来になされうるものであっても現在において当該権利関係の存否に争いが生じている場合、訴訟による権利保護が必要であると考えるならば、確認訴訟の対象とせざるをえない。ただしかし、これは、将来の権利関係であろうか、あるいは現在の権利関係であろうか。

---

3) 重点講義（上）373頁も、「原告が真に保護を求めている地位と訴訟物が乖離することがある」と明確に説いている。しかし、この点をきちんと理解している学生は思ったより多くない。

これについては，民訴判例百選〔第3版〕の同事件の解説が，簡明で優れている[4]。同解説によれば，この平成11年1月最判の第一審は，確認対象を，家屋明渡し後に具体的に発生する敷金返還請求権，すなわち将来の権利関係としているように見られる（そうすると確認対象適格性が認められづらくなる）。しかし，最高裁は，これを「賃貸借契約終了前においても」上記のような「条件付きの権利として存在する」ものとして，「現在の権利又は法律関係」すなわち現在の権利関係であるとした。したがって，現在の停止条件付きの権利は，条件成就前でも民法128条・129条に見られるように一定の法的保護の対象となる期待権であるから，確認対象適格が一般に認められるということになる。

つまり，ここでも，事件名である「債権確認請求事件」あるいはより具体的に「敷金返還請求権存在確認の訴え」について，その確認対象を何と捉えるかで，確認対象適格が認められるかどうかが変わってくる。確認対象を，一方で，将来において発生・具体化する敷金返還請求権，と見れば，将来の権利関係となる。他方で，「賃貸借終了後，建物明渡しがされた時において，それまでに生じた敷金の被担保債権一切を控除しなお残額があることを条件として」支払を求めうる権利を有する（いまの）法的地位（給付自体は条件が成就された将来になされるものであっても，その条件付権利は現在において存在している）と見れば，現在の権利関係と把握されることになる。そして，平成11年1月最判の理解は，後者である，ということになり，本件を「将来発生する敷金返還請求権」の確認の訴えと捉え，「将来発生する敷金返還請求権」を確認対象として確認の利益が判断されたものと理解することは，判例の誤った解釈となる。この平成11年1月最判について，判例百選〔第3版〕では，「将来の法律関係の確認」であったタイトルが，〔第4版〕以降では「条件付法律関係の確認」と修正されたのには，意味があるのである。

(3) **請求の趣旨とは別に訴訟物を解釈して確認対象と一致させる場合もある**

さらに，事件名（請求の趣旨）で「〇〇確認の訴え」とあっても，そもそも事件名とは異なる訴訟物たる権利関係を措定し，これを確認対象とする判例もある。

---

[4] 百選〔第3版〕34事件70頁〔山本和彦〕。

例えば，最判平成 22・3・16（民集 64 巻 2 号 498 頁・判時 2081 号 12 頁・判タ 1325 号 82 頁）は，請求の趣旨として「被告○○は，亡＊＊の相続財産につき**相続権を有しないことを確認する**」と掲げられた**相続権不存在確認**の訴えで，原々審や原審まではそのように扱い，認容する判決主文もそのように（請求の趣旨と同じに）書かれていた事件である。上告審である最高裁になって，「本件は，被上告人が，上告人らに対し，上告人○○が民法 891 条 5 号所定の相続欠格者に当たるとして，同○○が＊＊の相続財産につき**相続人の地位を有しないことの確認**等を求める事案である」と趣旨を読み替えた上，自判した主文も，「被上告人と上告人らとの間において，上告人○○が＊＊の相続財産につき**相続人の地位を有しないことを確認する。**」と，**相続人の地位不存在確認**の訴えに読み替え，訴訟物たる権利関係と訴えの実際の趣旨・意図を後付けで一致させてしまっている。ちなみにこの平成 22 年最判にも引用されている最判平成 16・7・6（民集 58 巻 5 号 1319 頁・判時 1883 号 66 頁・判タ 1172 号 143 頁）は，事件名は原審同様「**相続権不存在確認請求事件**」としながらも，本件は「被上告人が＊＊の遺産につき相続人の地位を有しないことの確認を求める」ものだとして，このような相続人の地位不存在確認の訴えは固有必要的共同訴訟だと判示したものである（☞ Column）。

> **Column　最高裁が，「相続権不存在」確認請求を「相続人の地位不存在」確認請求と読み替えたのは何故か。**
>
> 　これは，相続権不存在確認つまり訴訟物たる権利関係を「相続権の存否」とすると，事件の実際（当事者の合理的意思）に比べ確認対象があいまいに広すぎる，と考えられたからではないか。
> 　例えば，①そもそも推定相続人ですらないと主張する場合，②推定相続人ではあったが相続放棄（民 915 条）したと主張する場合，③もともと推定相続人ではあったが相続人の欠格事由があったり（民 891 条），廃除されたり（民 892 条・893 条）して相続人の地位に就けなかったと主張する場合，等すべてで「相続権の不存在」は問題たりうる（しかも，ある財産が相続財産に含まれないという主張がセットになってい[5]

5）　遺産分割の主体の問題であれば「相続人の地位不存在」確認の訴えになるが，これは，遺産分割

ることも多い)。しかし，上記の平成22年最判も平成16年最判も，実際には③のように相続人に欠格事由があること（遺言書の偽造。民891条5号）が主張されている事案だったのである。①や②の場合の「相続権不存在確認」の訴えは，（仮に「相続人の地位不存在確認」の訴えというような請求の趣旨になっていたとしても）必ずしも固有必要的共同訴訟と構成する必要がなく，逆に③で請求の趣旨が「相続人の地位不存在」の確認を求める訴えとなっていたとしても，それが「被相続人の遺産につき」特定の共同相続人が相続人の地位を有するか否かという問題になっていなければ[6]，固有必要的共同訴訟にはならないであろう。後ろに遺産分割の手続が控えていて，かつ被相続人の遺産について「相続人の地位にないことの確認」を求めているような事案だけが，固有必要的共同訴訟になる，ということを明らかにする必要があると考えられたのではなかろうか。

(4) 当事者がその確認訴訟で「何を」確認することで訴えの趣旨を実現しようとしているかを探る必要性

以上，見てきたような，「請求の趣旨」と，確認の利益の判断対象とした確認対象との齟齬[7]は，請求の趣旨の記載にかかわらず，当事者がいかなる意味の権利または法律関係の確認を求めているか，という提訴当事者の意思を合理的に探求・把握しようとする判例の態度の表れと言える。つまり，確認の利益を判断する対象（確認対象）は，当事者の合理的意思として当該確認訴訟で実質的に保護を求めている法的地位や権利関係であり，請求の趣旨と重なることもあればそうでないこともある，ということである。

しかし逆に，現在の実務上，確認の訴えの訴訟物なり請求の趣旨なりは，当該事案に込められた当事者の合理的意思を過不足なく表現したものとは限らない，ということにもなる。本Unitの趣旨からは離れるが，この点の問題性は，改めて考え直す必要があるのかもしれない。

の客体（＝遺産そのもの）をめぐる問題を訴えにするとすれば，「遺産確認の訴え」になりうるような主張である。

6) 遺産分割の手続の前提問題になる，ということが（個別訴訟でなく）固有必要的共同訴訟と構成される主たる根拠であった。他方，遺言書の偽造を理由とする場合でも，遺言無効確認の訴えは，固有必要的共同訴訟とはされなかった判例がある（☞ Unit 12）。

7) 高田裕成「将来の法律関係の確定を求める訴えとその判決の既判力」青山善充先生古稀祝賀『民事手続法学の新たな地平』(有斐閣，2009) 204頁参照。

裁判年月日	最判昭和47・2・15	最判平成11・6・11	最判平成11・1・21	最判平成16・7・6
百選事件番号 〔第5版〕	23事件	26事件	27事件	—
事件名	遺言無効確認請求事件	遺言無効確認請求事件	債権確認請求事件	相続権不存在確認請求事件
事件タイトル	遺言無効確認の訴え	遺言者生存中の遺言無効確認の訴え	敷金返還請求権存在確認の訴え	相続人の地位不存在確認の訴え
判示における確認対象	遺言が有効であるとすれば、それから生ずべき現在の特定の法律関係が存在しないこと	遺言者の死亡により遺贈を受けることとなる地位にないこと	賃貸借終了後、建物明渡しがされた時において、それまでに生じた敷金の被担保債権一切を控除しなお残額があることを条件として、支払を求めうる権利を有する（法的地位にある）こと	被相続人の遺産につき、特定の共同相続人が相続人の地位にないこと
判 断	現在の法律関係であって確認対象適格あり	単に将来遺言が効力を生じたときは遺贈の目的物である権利を取得することができる事実上の期待を有する地位にすぎず、権利又は法律関係にあたらない＝確認対象適格なし	条件付きの権利であると解されるから、現在の権利又は法律関係である＝確認対象適格あり	共同相続人が、他の共同相続人に対し、その者が被相続人の遺産につき相続人の地位を有しないことの確認を求める訴えは、当該他の共同相続人に相続欠格事由があるか否か等を審理判断し、遺産分割前の共有関係にある当該遺産につきその者が相続人の地位を有するか否かを既判力をもって確定することにより、〔中略〕共同相続人間の紛争解決に資することを目的とする。

3 確認の利益って？

　そもそも，訴えの利益の中で，確認の訴えの利益すなわち「確認の利益」だけが大きく採り上げられるのは何故か？

(1) 確認の訴えの利益の特質

　給付の訴えの利益については，**現在給付請求に係る訴えの場合，弁済期の到来した給付請求権を主張するだけで，訴えの利益が認められるのが原則である**[8]。**将来給付請求に係る訴えの場合，民訴法135条に規定された要件である「あらかじめその請求をする必要」を充たすことが，そのまま訴えの利益を包含している**[9]。

---

8) 例外として，給付訴訟で勝訴した（＝債務名義を獲得した）原告による再訴の場合がある。既判力ではなく訴えの利益で処理される（☞ Unit 7）。
9) 将来給付請求については，請求適格の問題が別にある（継続的不法行為事件につき，大阪国際空

形成の訴えの利益については，形成訴訟自体が法定のものである，すなわち法律上定められた一定の形成権または形成要件を訴訟上主張させて，その訴訟の確定判決によってのみ法律関係を変動させようとしている性質のものであるから，形成の利益が法律上織り込み済みと言える。したがって，原告が法律上定められた形成権または形成要件を主張して法律関係を変動させる形成判決を求めている限り，原則として形成の利益も認められる[10]。

　これに対し，確認の訴えの利益は，裁判所が裁判権を行使できる対象としていわゆる「法律上の争訟」（裁3条1項）にあたること，という最低限の外枠以外に，法律上の限定がない。しかし，「訴えの利益」要件自体が，国家の有限の司法資源をひとり不心得者に濫用させないためにあるのだとすれば，司法資源を利用する必要性は，「訴えの利益」要件の中に内在しているものと考えられる。そうだとすると，「確認訴訟を利用する必要性」は，もとより「確認の利益」要件にも織り込まれることになろう。

　給付判決には既判力の他に執行力，形成判決には既判力の他に形成力，という権利を強制的に貫徹する効力が認められているのに対し，確認判決には既判力しかない。にもかかわらず，いわば相対的に脆弱なはずの確認判決を求めて確認の訴えを利用する「必要性」は，どこにあるのだろうか。これまでの判例・学説によれば，既判力によって基本的な（＝そこからいろいろな具体的紛争が[11]

　港公害訴訟：最大判昭和56・12・16〔民集35巻10号1369頁・判時1025号39頁・判タ455号171頁，百選〔第5版〕22事件（長谷部由起子）〕，横田基地騒音公害訴訟：最判平成19・5・29〔裁判集民224号391頁・判時1978号7頁・判タ1248号117頁〕。継続的に生じる不当利得の返還請求事件につき，最判平成24・12・21〔裁判集民242号117頁・判時2175号20頁・判タ1386号179頁〕）。
10）　例外的に，形成の訴えの利益が欠ける場合はある。例えば，離婚訴訟の係属中に，協議離婚が成立した場合には，形成の訴えの利益が途中で消滅する。
11）　基本的な法律関係から派生した具体的紛争自体は，そのつど，給付訴訟を提起することで解決はいちおう可能であるが，前提となる基本的法律関係の存否は常に判決理由中の判断にすぎなくなって，既判力では確定されず，また別の紛争が派生するたびに対応しなければならなくなる。いっそ，派生的紛争のモトになっている基本的法律関係の存否自体を既判力で確定してしまえば，その後，派生するはずだった各種紛争を未然に抑え込むこと（紛争の予防的救済機能）が期待できる。
　なお，債務不存在確認訴訟の機能については，さしあたり出口雅久「債務不存在確認訴訟の訴訟物と判決効」争点〔第3版〕152頁参照。例えば，債務がないのに履行を迫る自称債権者の言いがかりに対し，権利がない以上給付訴訟はできないので，「債務不存在」確認訴訟で対処するしかない。ただし，債権者の訴訟準備が調わないうちに「先制攻撃」的に利用される債務不存在確認訴訟もある。給付訴訟の反対形相として，係争債権に関する証明責任は，給付訴訟だったら原告であったは

派生していくような）法律関係を確定することによって，給付訴訟や形成訴訟では実現できない，紛争の抜本的解決（未然に紛争発生を防止する法的安定性の確保，「紛争予防的機能」という表現もされる）を実現できる場合にのみ認められるものとされている。

(2) 「確認の利益」の判断要素

では，確認の訴えの利益があるかどうかについて判断がなされる際に，「紛争の抜本的解決につながる」というポイントはどのように勘案されるであろうか。

確認の訴えの利益は，一般の訴えの利益とパラレルに，その判断要素が分解される。すなわち，権利保護の資格として①**確認対象の適否**（確認対象適格），権利保護の利益として②**即時確定の利益**（現実的必要性，解決すべき紛争の成熟性），そして③**方法選択の適否**（給付訴訟や形成訴訟でなく確認訴訟によることの適否）の三つの要素である。③は上記(1)で述べたような確認の訴えの特質そのものの話であり争いはなく，主として，①と②についての判断が，しばしば議論が闘わされる主戦場である。

①**確認対象の適否**（確認対象適格）は，「確認対象として選んだ訴訟物が当事者間の紛争解決にとって有効適切か？」という判断基準であるが，一般に，現に争われている「ⓐ自己の」「ⓑ現在の」「ⓒ権利関係」の「ⓓ積極的確認」であれば，有効適切だとされるのが通例である。ただ注意が要るのは，ⓐ～ⓓの判断標識は，これらが揃わなければ絶対に有効適切と認められないという「要件」ではなく，確認対象が有効適切と認められる，いわば「典型例」を挙げているにすぎない，ということである。よく学生の答案で，「自己の現在の権利関係の積極的確認でないから，確認対象適格を欠き確認の利益がない」などと短絡的に決めつけたものを見かけるが，そんなことはないのである。

ずの債権者（債務不存在確認訴訟での被告）に有り続けるので，先制攻撃的に用いられると問題になる場合があり，この場面では確認の利益を厳しく考えざるをえない。
12) 坂田宏「確認の利益」争点 100 頁以下参照。
13) 重点講義（上）367 頁以下は，本書でいうⓑ～ⓓを「三つのドグマ」と呼んで，いずれのドグマも「一応のものにすぎず，絶対的なものと考えるべきではない」と適切に説明する。ⓐについても，三つのドグマとは別としつつ，やはり同じように，それに限定されない，と説明している。

まず@については，他人間の法律関係であっても，それによって被告との関係で原告の法的地位の安定が得られる場合（例えば，転借人による所有者・賃借人間の賃貸借契約の確認請求）には有効適切とされうるし，⑥に関しては，過去の法律関係であっても現に存する紛争の抜本的解決のために最も適切である場合には確認対象適格が認められる（次掲(3)参照）。

ただ，©の「権利関係」すなわち「権利または法律関係，法的地位」は，この中では硬い要素といえる。これはどういうことかというと，特別に明文で規定された「法律関係を証する書面」の成立の真否の確認を求める場合（134条）を除いて，「事実」の存否を確認対象とすることはできないのである。（最判昭和31・10・4〔民集10巻10号1229頁・判時89号14頁・判タ66号49頁〕）。なお，法律行為自体は「過去の事実」にすぎないが，法律行為の有効・無効は法的な価値判断を経る「法律関係」であって，（即時確定の利益が認められるかは別だが）確認対象適格は認められる。[15]

最後に⑥については，自己の権利の積極的確認（「ある」ことの確認。存在の確認）ができるときは，相手方の権利の消極的確認（「ない」ことの確認。不存在の確認）を選ぶべきではないのが原則であるとされる。そうするのが自己の法律関係から生じる紛争にとって，より有効・抜本的解決になるのが通常だからである。ただ，例えば，債務がないのに履行を迫る自称債権者の言いがかりに対処する必要がある場合には，権利がない以上給付訴訟はできないので，「債務不存在」（＝相手方の債権不存在）確認訴訟によるしかない。

②即時確定の利益（現実的必要性，解決すべき紛争の成熟性）は，「原告の権利・法的地位（＝確認対象）に危険・不安が現存しており，その除去のため相手方に対する確認判決によって即時に権利・法的地位を確定する必要があるか否か」と

---

14) 同最判は，「法令を適用することによって解決し得べき法律上の争訟について裁判をなし以て法の権威を維持しようとする司法の本質に由来する。すなわち法律関係の存否は法令を適用することによって判断し得るところであるに反し，事実関係の存否は経験則の適用によって確定されるのであり，経験則の確認，これが正当な適用というようなことは司法本来の使命とは直接的関係はなく法令適用の前提問題たるに過ぎないからである。」と判示する。
15) 中野貞一郎「確認訴訟の対象――『事実』はどこまで対象適格をもつか」同『民事訴訟法の論点Ⅱ』（判例タイムズ社，2001）45頁。

いう判断基準であるが、ここには二つの重要な意味が含まれている。

すなわち、①で適格が認められた「確認対象」について、「危険・不安が現存していること（被告との紛争がいま解決すべき程度まで成熟していること、あるいは、原告にいま保護に値する法的地位があること）」、その（相手方に起因する）危険・不安の除去のために確認対象を「いま、確認判決の既判力で確定する必要があること[16]」である。危険とか不安を除去するということは、将来派生的に生じそうな不利益な事象を生じないようにするということであるから、これがすなわち「抜本的解決」である。「紛争の抜本的解決」の観点は、この「即時確定の利益」基準に色濃く刻印されており、講学上も「狭義の確認の利益」とは即時確定の利益を指している。

この①確認対象の適否（確認対象適格）と②即時確定の利益の関係について、大きな影響を与えていると見られる最高裁判例がある。これを次にみてみよう。

(3) 最大判昭和 45・7・15 における大隅補足意見

確認の利益の理解にとって文字通り画期的な判決が、実母と主張する者が子の死亡後に親子関係の確認を求めた事件に関する最大判昭和 45・7・15（民集 24 巻 7 号 861 頁、判時 597 号 64 頁・判タ 251 号 160 頁、百選〔第 5 版〕A9 事件〔濱崎録〕）である。

多数意見は、いわゆる国籍訴訟（最大判昭和 32・7・20〔民集 11 巻 7 号 1314 頁・判時 119 号 7 頁〕）と同様、確定判決による戸籍訂正の必要性（戸籍 116 条参照）に言及するが、大隅補足意見は、

> 「現在の権利または法律関係の個別的な確定が必ずしも紛争の抜本的解決をもたらさず、かえって、それらの権利または法律関係の基礎にある過去の基本的な法律関係を確定することが、現に存する紛争の直接かつ抜本的な解決のため最も適切かつ必要と認められる場合」

過去の法律関係の存否も確認の訴えの対象となる、と明言した。

---

16) 判例は、必ずしも確認の利益を判断する「確認対象」と、訴訟物たる権利関係を一致させないことを認めているので、その場面では、訴訟物たる権利関係を既判力で確定することにより、確認対象たる権利関係を確定する、という言い方が精確となる。

学説の側は、この大隅補足意見から、**即時確定の利益**が認められるのであれば、**確認対象適格**は緩やかに解しても構わない、と判例は考えているのだと理解し、この「紛争の抜本的解決」を主たる規準として確認の利益を考えるという方向を支持した。給付訴訟にも形成訴訟にもない、確認訴訟の特質が、「紛争の抜本的解決」機能にこそ存するのだとすれば、大隅補足意見は至当であり、現に多くの教科書・演習書で引用されている。

4 「将来の権利関係」についての確認の利益

現在の法律関係だけではなく、過去の法律関係にも上記昭和45年最大判のように確認の利益が認められうる、とされるところまでは、現在の学説・判例ともに、争いがない。

依然、激しい議論が残っているのは、「将来の権利関係」について確認の利益が認められるか、という問題である。

というのも、「将来の権利関係」の存否の確認の訴えについては、確認対象適格と即時確定の利益の両面で、議論の余地が大きいからである。

(1) 将来の権利関係の確認の訴えの確認対象適格

まず、確認対象適格の点について考えてみよう。

そもそも「将来の権利関係」が確認訴訟をしている今「不存在」なのは当たり前であって、「将来の権利関係については、過去の権利関係におけるとは異り、確認訴訟の対象適格を積極的に肯定して確認の利益の問題に帰することを明確に説く見解が、どうも見当らないようである」と斯界の権威からも言われている。[17]

もっともこの点は、前述したように、「即時確定の利益」ないし確認判決が有する「紛争の抜本的解決」性が認められれば、確認対象適格は緩やかに認めら

---

[17] 中野貞一郎「将来の権利関係の確認」同『民事訴訟法の論点II』(判例タイムズ社、2001) 56頁以下。一方で、高田・前掲注7) 179頁は、平成11年1月最判は、「現在の権利または法律関係と構成できない『将来の法律関係』は、『確認の対象としての適格』に欠けることを前提としていると理解することが可能であろう」と指摘する。

れてよい，という現在の通説的な方向性を是認するとクリアできそうである。

(2) 将来の権利関係の確認の訴えにおける即時確定の利益

そこで次に，即時確定の利益についてみてみる。一般論としては，将来の権利関係なり法的地位なりは，将来その問題が本格化したときに訴訟をすれば充分であり，むしろ今確認してしまっても，将来，想定通りの問題となって現実化するかどうかなど，事態の展開が不確定であるから，それを現時点で確認する利益はなさそうである[18]。

それでは一切認められないのか，というと，かつては「一切認められない」派と「認められる場合もある」派が対立していた[19]。しかし現在では，範囲の広狭はあれど，「認められる場合もある」と考えるのが学説の多数となっている[20]。

では，いかなる場合に「将来の」権利関係や法的地位の確認を求める訴えに，即時確定の利益が認められるのだろうか。ケースバイケースにならざるを得ない，というのが，一般的な態度のようである[21]。

第一に，先に掲げた「遺言者生存中の遺言無効確認の訴え」（☞ Introduction）について，別角度から捉えるものが考えられる。平成11年6月最判と異なり，実質的な確認対象を，遺言という過去の法律行為の有効・無効と捉えるか，遺言の成立によって生じた受遺者の法的地位を現在の法律上の期待権と捉え，即時確定の利益も認めるものがある[22]一方，この確認対象を，遺言の発効によって生ずべき将来の権利または法律関係，と考えることも一応可能である。ただし，この場合，対象となる権利関係の存否は未必的，つまり権利が想定通りに発生するかは不確定だということになるので，即時確定の利益が認められるべき場

---

18) 重点講義（上）381頁。
19) 山本（和）・前掲注4) 71頁。
20) 条解民訴772頁以下〔竹下守夫〕，野村秀敏『予防的権利保護の研究——訴訟法学的側面から』（千倉書房，1995) 217頁以下，中野・前掲注17)，重点講義（上）381頁以下，伊藤183頁等。
21) 野村・前掲注20) 380頁以下。中野・前掲注17) 63頁は，抽象的・一般的な議論を重ねることは適当でない，とする。
22) 平成11年6月最判の原審たる大阪高判平成7・3・17（判時1527号107頁・判タ873号298頁）は，確認対象を必ずしもはっきりさせないまま，即時確定の利益を認めている。

合がほとんど考えられない，とされる[23]。

　第二に，これも前述した，「敷金返還請求権の確認を求める訴え」(☞2(2)) がある。ここでも，仮に，確認対象を，「賃貸借の終了によって成立する将来の敷金返還請求権」の存否（平成11年1月最判の第一審・東京地判平成6・9・9〔民集53巻1号6頁〕はこの理解）すなわち将来の権利関係と捉えると，即時確定の利益の問題となり，前掲平成11年1月最判の第一審はこれを否定した。けれども，平成11年1月最判自体は，確認対象を現在の権利関係の確認という枠に引き戻した上で即時確定の利益を認めており，両者の区別は微妙である[24]上，確認対象適格如何を問わず即時確定の利益の有無で「確認の利益」判断を決すべしという観点から見ると，「将来の権利関係の確認を容認したものと位置付けることもできるのではないだろうか」[25]とも言われる。

　第三に，正面から「将来の法律関係」について確認の利益を認めた裁判例がある。東京地判平成19・3・26[26]である。損保会社においてリスクアドバイザーなる職種の将来の廃止を提示され，雇用者の地位を失うことになる原告が，職種廃止の前に，損保会社側に廃止後も同職種での雇用者たる地位にあることの確認を求める訴えを提起した事案で，東京地裁は，

　　「将来の法律関係であっても，発生することが確実視できるような場合にまで，確認の訴えを否定するのは相当ではない。すなわち，権利又は法律的地位の侵害が発生する前であっても，<u>侵害の発生する危険が確実視できる程度に現実化</u>しており，かつ，<u>侵害の具体的発生を待っていたのでは回復困難な不利益をもたらすような場合</u>には，<u>将来の権利又は法律関係も，現在の権利又は法律関係の延長線上にあるもの</u>ということができ，かつ，当該権利又は法律的地位の確認を求めることが，原告の権利又は法律的地位に対する現実の不安・危険を除去し，現に存する紛争を直接かつ抜本的に解決するため必要かつ最も適切であると考えることができる。そのような場合には，<u>確認訴訟が有する紛争の予防的救済機能を有効かつ適切に果たす</u>ことができるといえるので，将来の権利又は法律関係であっても，確認の対象として許容す

---

23)　中野・前掲注17) 71頁参照。
24)　畑瑞穂「建物賃貸借契約継続中の敷金返還請求権存在確認請求の確認の利益（最高裁判決平成11.1.21)」法教229号（1999) 118頁。
25)　中野・前掲注17) 76頁。百選〔第5版〕28事件63頁〔野村秀敏〕，松本＝上野157頁も同旨を説く。
26)　判時1965号3頁・判タ1238号130頁，百選〔第5版〕28事件〔野村〕。

る余地があるというべきである。」

として，将来の法律関係にも確認対象適格を肯定しうる旨を述べた。その上で，

「現時点における被告の言動や態度から，原告らの権利者としての地位に対する危険が現実化することが確実であると認められる場合には，当該権利又は法律関係の存否につき判決により早急に確認する必要性があり，即時確定の利益を肯定するのが相当である。」

として，即時確定の利益も肯定した。

(3) 「現在の権利関係の延長線上」論

この東京地判平成19・3・26が確認対象適格を認めるために用いた前提条件が，二つある。

すなわち，

① 侵害発生の危険が確実視できるほどに現実化している

② 侵害の具体的発生を待っていたのでは回復困難な不利益が生じる

という条件である。

判示によれば，この①②の条件が充たされる場合には，「**将来の権利又は法律関係も，現在の権利又は法律関係の延長線上にある**」という。確かにタイムライン上，現在か将来かは（時系列の概念上はともかく）実際には必ずしも択一的ではない。例えば，コンサートの1分前において，我々は，そのコンサートは将来の事柄，と認識してはいないだろう。しかし，1分後の偶然の交通事故は，将来の事柄と認識するのではなかろうか。同じ1分前でも，次に起きる事柄が蓋然性をもって把握できるかどうかで「時」の意味が変わる。また，コンサートの1分前ではなく，1日前だったら，やはりそのコンサートは将来の事柄になるだろう。そうすると，将来と現在との区別が微妙な領域は，「現在と時間的に近接している将来」ということになる。こうして，将来生じるべき事象との**時間的近接性**と**事象発生の蓋然性・確実性**が重なると，「現在」の延長線上，という表現で，「現在」のカテゴリーに含め，現在の権利関係の確認のケースと同じ規律を妥当させることもできそうである。[27]

---

27) 将来の権利関係の「確認対象適格」としては，ここでの「現在の権利関係の延長線上」論に引き寄せて考える限り，「事象」との時間的近接性，「事象」発生の蓋然性が重要なのであって，確認訴

すると，①の条件は理解しやすいが，②の条件はどこから来るのだろうか。

判示は，①②の条件を充たした場合には，確認訴訟が紛争の抜本的解決に必要かつ最も適切だとし，そのような場合には，確認訴訟の持つ紛争の予防的救済機能を有効かつ適切に果たすことができるという。この「予防的救済機能」は，紛争の「抜本的解決」の持つ将来に向けての効能を言い換えたにすぎないが，この予防的救済機能が有効・適切に果たされる場合，「将来の権利又は法律関係であっても，確認の対象として許容する余地がある」というのである。

この判示の判断構造については，即時確定の利益が認められれば確認対象適格の判断は緩やかでよいという思考が，その背景にあるものと考えられる。②の条件は，本来は即時確定の利益で勘案すべき内容であり，確認対象適格の評価の段階で既に，「現に存する紛争を直接かつ抜本的に解決するため必要かつ最も適切である」とか「予防的救済機能を有効かつ適切に果たす」と言及しているところからすれば，「即時確定の利益」が認められれば確認対象適格が認められる，ということを言わんとしているように見えるためである。[28]

「紛争の抜本的解決」の視点を確認対象適格について判断する段階で用いたぶん，本来重心が置かれるべき「即時確定の利益」自体の検討はあっさりしていて，「地位に対する（具体的な）危険の現実化の確実性」が具体的にあるかどうかだけを述べている。「現在の権利関係の延長線上」論にかなりの部分織り込まれてしまっており，将来生じるべき「事象」との時間的近接性と当該「事象」発生の蓋然性・確実性があることを前提に（あるいは同時並行的に），その「事象」が具体的な不利益の発生であること（現在から見れば，これは「具体的な危険・不安」の将来における現実化）をあえて即時確定の利益として勘案しているにすぎないからである。

訟であるが故にその「事象」は「地位の不安・危険が現実化した不利益」を（現在か将来かの如何を問わず）指すことになるにすぎない。

28) 本来，「対象適格」の問題としては，将来の権利関係を現在確認する「対象とすることができる（＝広く対象とできないものではない）」かどうか，すなわち対象とすることが「不適切でない（不当でない）」かどうかの評価が必須かつ重要なのであり，積極的にそれが「適切である」とか「必要がある」とかまで評価する必要はない。「必要かつ最も適切である」かどうかは，「即時確定の利益」の判断の段階で評価すべき事柄である。

ともあれ,「現在の権利関係の延長線上」論であれば,「現在の権利関係」の確認との共通性があることは否定できず, 確認の利益を認める場合がありうることを否定すべき理由はないであろう。

問題は, 将来生じるべき「事象」との時間的近接性がなかったり, 当該「事象」発生の蓋然性・確実性がなかったりする, 純粋な（＝「現在の権利関係の延長線上」論が使えない)「将来の権利関係」についても, 即時確定の利益が認められる場合はありうるのか, ということである。正直に言うと, 私も確定的な結論に未だたどり着いていないのであるが, 現時点での暫定的な印象では,「将来の権利関係」の確認の訴えで確認の利益が認められる場合には, すべて「現在の権利関係の延長線上」論に包含されるのではないか, と思っている。仮に, 将来生じるべき「事象」との時間的近接性や当該「事象」発生の蓋然性・確実性がない場合にも確認対象適格を認めたとしても, 前述したように（☞ 4 (2)）, 時間的近接性がないなら「将来の法的地位なり法律関係なりは, 将来その問題が本格化したときに訴訟をすれば充分であり」, あるいは, 事象発生の蓋然性・確実性がないのだから「今確認してしまっても, 将来, 想定通りの問題となって現実化するか, 事態の展開が不確定」なわけで, したがって即時確定の利益はない, と考える一般論が, ダイレクトに妥当してしまうからである。

Unit 6

重複起訴の禁止と「確認の利益」喪失論

Die übersichtliche Einführung in das Zivilprozessrecht

Unit 6 重複起訴の禁止と「確認の利益」喪失論

🚪 Introduction
重複起訴の禁止についての多様な考え方

● ある日の教室にて ●

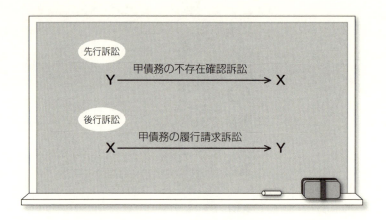

「XがYに貸し付けたと主張する200万円の債務（甲債務，と呼ぶ）について，Yが『Xの主張する甲債務が存在しないこと』の確認を求める訴え（先行訴訟）を提起した。
　この債務不存在確認の訴えの係属中に，先行訴訟の被告のXが今度は原告となって，Yに対して甲債務の履行を求める給付の訴え（後行訴訟）を提起した，とする。
　裁判所は，この両訴訟をどのように処理すべきか？」

——と，いわゆる重複起訴の禁止の問題で，典型的な「原被告逆転型」の訴訟が重複的に係属している事案について，私が教室で受講生に訊いたところ，以下のようなさまざまな意見が返ってきた。

A君：「民訴法142条の要件は，先行訴訟と後行訴訟が『同一の事件』であることですが，これは『当事者の同一』と『訴訟物の同一』で判断されます。当事者は，先行訴訟と後行訴訟で原被告が逆転しているとはいえ，同じXとYですので同一とみられますが，しかし，先行訴訟の訴訟物は消極的確認請求，後行訴訟では給

付請求ですので，訴訟物は異なります。したがって，民訴法142条の適用はなく，後行訴訟の受訴裁判所は，通常通り事件を処理すればよいと思います。」

Bさん：「確かに，A君の言うとおり厳密には訴訟物は確認請求と給付請求では異なりますが，訴訟物たる権利関係としては，両訴訟とも「甲債務（＝XのYに対する200万円の貸金返還請求権）の存否」で同じですから，審理の対象としても同じですし，既判力の生じる判断対象としても同じです。民訴法142条の趣旨は，判例によれば『審理の重複による無駄を避けるためと複数の判決において互いに矛盾した既判力ある判断がされるのを防止するためである』[1]とされていますから，この趣旨からすれば，本件も142条が適用されるというべきです。したがって，後行訴訟の受訴裁判所は『更に訴えを提起することができない』という条文通り，後の給付の訴えを不適法として却下すべきです。」

Cさん：「Bさんの言っていることもわかるのですが，後の給付の訴えを却下してしまうと，先行訴訟でXが勝訴しても，先行訴訟は確認訴訟でその確定判決には既判力しか生じなくて執行力がないので，Yが任意に支払ってくれなければ，また再びYに対して甲債務の履行を求める給付訴訟を提起しなければなりません。Xの後行訴訟が別訴でなされたのか反訴としてなされたのか設例でははっきりしていませんが，別訴で提起されたとすると確かに142条に抵触してしまいそうです。でも，反訴として提起されたなら，Bさんが示してくれたような142条の立法趣旨は実現できますから，Xとしては反訴として給付訴訟を提起していれば142条によって不適法却下されることを避けられると思います。別訴で提起された場合も，裁判所としては，両事件の弁論を併合するなどして，両事件を一緒に処理することで，給付訴訟の却下を避けるべきではないでしょうか。」

D君：「Cさんの言うとおりだと思います。ただ，後行訴訟が反訴として提起された場合，本訴請求（甲債務不存在確認請求）と反訴請求（甲債務の履行請求）について，同じ既判力を生じる判断内容の主文（本案判決）を掲げる必要があるでしょうか。確認判決の主文は不要で，給付命令が示される給付判決の主文だけを掲げれば，既判力と執行力とを生じるので必要にして充分ですから，先行の確認訴訟については，もはや確認の訴えの利益を欠くものとして却下判決（訴訟判決）にすれば充分なんじゃないでしょうか。」

皆，よく勉強している学生たちだが，どの意見を採るべきであろうか。

---

[1] 最判平成3・12・17（民集45巻9号1435頁，百選〔第5版〕38①事件〔内海博俊〕）。

1 「重複起訴(二重起訴)」の禁止か？「重複訴訟」の禁止か？

　基本書によって，民事訴訟法142条の問題を扱う箇所の表現で，「重複起訴(二重起訴)」の禁止と書いてあるのと，「重複訴訟」の禁止と書いてあるのと，二種類あることに気付く人もいるだろう。

(1) 民訴法142条＝重複する「訴えの提起」の禁止
　142条は「更に訴えを提起することができない」と規定しており，見出しも「重複する訴えの提起の禁止」となっているので，条文上は重複起訴が禁止されていることは明らかである。

　ここで，142条の要件である「事件の同一」性は，伝統的に「当事者の同一」と「訴訟物の同一」につき判断するものとされている。このとき，「当事者の同一」性は，形式的な同一性のみならず，訴訟担当者と被担当者(115条1項2号参照)のような実質的な(判決効を受ける者としての)同一性で判断されたり，原被告が逆転しても同一だと判断されたりしている。また，「訴訟物の同一」性も，「訴訟物たる権利関係」の同一性で判断されている。例えば，先行債務不存在「確認」訴訟と，同一の当事者間で同一の給付義務の履行を求める後行「給付」訴訟とは，確認請求と給付請求とで訴訟物として同一ではないが，しかし同一の給付義務の存否を既判力で確定するものとして，訴訟物たる権利関係は同一とみられる。

　こうした，やや周縁の広がった解釈によって，原被告逆転型とか対向型と言われる類型が142条の対象とされうることになる。Introduction の B さんの意見はこれであり，これはこれで理屈は通っている。

(2) 反訴(の提起)ならOK？　～重複「起訴」禁止から重複「訴訟」禁止へ
　しかし，従来の通説は，被告からの反訴も訴えの一種である(146条4項参照)以上，形式的には142条に触れるはずであるのに，反訴の提起なら142条の趣旨に反しないとしている。

(a) 142条の趣旨

ここで，142条が重複起訴を禁止する趣旨・根拠は，一般には，第一に「**相手方の応訴の煩**（同じ内容の訴えに何回も応訴させられる迷惑）の回避」，第二に「**訴訟経済**（または，同じ事件について審理が別々の裁判所で行われる**審理重複の非効率の回避**」，第三に「**判決の矛盾のおそれ**（別々の裁判所で同じ事件について矛盾した判断がされることは司法への信頼を害する）の回避」とされている。ただ第一の趣旨は，先行訴訟（例えば債務不存在確認の訴え）の原告が後行訴訟（例えば先行訴訟と同一の給付義務の履行を求める給付の訴え）で被告になる場合のように，原被告が逆転したケースでは通用しないものである。

Column 第三の趣旨：「判決矛盾のおそれ」について

「判決矛盾のおそれ」の回避という民訴法142条の第三の趣旨について，我が国では一般的に既判力矛盾のことを指すと解されているようであるが，既判力矛盾は，再審（338条1項10号）の解釈論（再審によって取り消されない限り後に確定した判決が優先する）によって既判力論内部で解決できる[2]。この点，再審にかけるコストをも避けようとすれば，根拠たり得ないわけではないが[3]，それだけでは根拠付けとして充分ではない。では，どのように考えればよいだろうか。判決矛盾の危険を回避する必要性という根拠については，勝訴当事者の勝訴の利益を無に帰するおそれがあることと**司法への信頼**を深刻に害するおそれがあることがその必要性をもたらしているという理解が重要である[4]。司法への信頼を害させない（そのために判決矛盾を回避する）という根拠論は，有限の司法資源の利用においては審理重複の非効率を避けるべしとする第二の趣旨と合わせ，公益的な理由であり，我が国でも，大正改正時に重複的訴訟係属を当事者からの「抗弁」によってはじめて顧慮する構成から「職権」により顧慮する構成へ変更したこととも整合的である。

---

2) 三木浩一『民事訴訟における手続運営の理論』（有斐閣，2013）335頁，353頁参照。
3) 重点講義（上）125頁。
4) 母法国ドイツの基本書やコンメンタールでは常に指摘されてきた根拠であり，例えば，ドイツの大学で最もよく使われている民訴のテキストブックでは，司法の威信（Ansehen）が害される，という表現で語られる（Jauernig/Hess, Zivilprozessrecht 30. Aufl. 2011, C. H. Beck, S. 166）。
　我が国の一般的な基本書で「司法への信頼」論を掲げるのは，上田144頁くらいか。往年の名コンメンタール，菊井維大＝村松俊夫『全訂民事訴訟法Ⅱ』（日本評論社，1989）149頁もこの点をきちんと掲げている。

既判力が矛盾することそれ自体は，上記の通り，既判力論内部で「時間的に後に生じた既判力を優先する」と考えることで解決可能である。すると，「既判力が矛盾すること」自体の問題のために，なぜ後行訴訟を却下しなければならないのか（しかも訴訟係属の段階では，両事件の確定判決の既判力が矛盾しないかもしれないのに，である），説明が付かない。このことから，我が国では「判決矛盾のおそれ」は重複起訴（重複訴訟）禁止の根拠にならない，とする考え方すら存在する。

しかし，たとえ「可能性がある」というレベルだとしても，既判力ある判断が矛盾するような判決がなされてしまうことがあるとすれば，「日本中どこの裁判所に訴えを提起しても，当事者の訴訟追行が同じならば同じ既判力ある判断がなされるはずである」という壮大なフィクションを前提に成り立っている司法への信頼が深刻に害されてしまう。それ故に，本案判決として既判力ある判断が矛盾するかもしれないという訴訟は，矛盾のおそれという「芽」のうちに摘んでおく必要があるとされたために，重複起訴は禁止されたものと考えられるのである。このように考えて初めて，「判決矛盾のおそれ」を回避するために重複起訴を禁止する，という点が趣旨に含まれることになる。それにもかかわらず，我が国のほとんどの教科書において，この点の叙述が薄いのはやや疑問である。[5]

(b) 反訴なら142条の趣旨は遵守できるからOK？

先行訴訟と表裏一体の（＝訴訟物たる権利関係が同じで原被告が逆転した）後行訴訟が，先行訴訟に対して別訴（ないし別訴における相殺の抗弁）ではなく反訴の形で訴求されると，基本的にはすでに係属している本訴の訴訟手続内で併合審理がなされる。したがって，142条の趣旨として挙げられる三つの弊害が回避できるから，反訴の形式を採れば後訴は許される，とされる（**Introduction** のCさんの意見はこれに基づいていて，従前は最もオーソドックスと見られていた見解である）。

つまり，①被告側からの反訴なので第一の弊害は考える必要がないし，併合審理をすれば，②審理の重複も，③判決矛盾のおそれもないと言えるから，である。[6]

---

5) なお，判決矛盾のおそれが，既判力というごく限られた枠内の矛盾の場合にだけ，司法への信頼を害するものと考えるべきかどうかは，議論がありうる。判決理由中の判断のように既判力の生じない部分については，改めて訴訟活動が可能であるから「深刻に」害するとまではいえないのだと考えれば，司法への信頼を「深刻に」害する既判力矛盾の場面だけを，142条が後行の訴え却下という規制に服させることを選択したという説明は可能であろう。

(c) 反訴なら OK というなら,「重複起訴の禁止」ではなく「重複訴訟の禁止」だ

　反訴の提起なら 142 条に反しない,というふうに考えられるならば,142 条の趣旨が禁じているのは,後行訴訟の提起自体ではなく,先行訴訟と後行訴訟が別々に係属することである,とも考えられる。そのため,142 条の背後にある法の趣旨は,重複「訴訟」(別々の法廷で訴訟係属が重複すること)の禁止であって,重複「起訴」の禁止ではない,と説く有力説がある。こうした考え方に立つ論者は,「重複起訴(二重起訴)の禁止」という用語を用いない(その他,民事訴訟においては「起訴」という用語が馴染まないとしてこれを避ける論者もいる)。

　こうした有力説は,142 条の趣旨として挙げられる三つの弊害のうち,既判力の矛盾よりも,審理の重複の非効率(訴訟不経済)を重視している。審理の重複の非効率や判決理由まで含めた広い意味での判決の矛盾は,訴訟物や訴訟物たる権利関係の一致する場合だけでなく,請求の基礎や主要な争点の共通する事件でも生じうるとして,この場合にも,「重複訴訟の禁止」が妥当すると主張する。現行 142 条が,「訴訟物の同一」ではなくあえて「事件」の同一性を条文上要求していることも,こうした考え方を後押しする。

　ただし,先行訴訟と後行訴訟で共通している部分(共通する請求の基礎や主要な争点)は,後行訴訟を却下してしまっても先行訴訟で目的は達成できるけれども,共通していない部分については,却下してしまうと裁判を受ける権利が守られないし,何より後行訴訟で消滅時効の中断効が得られず(民 149 条),都合が悪い。そこで,こうした有力説は,後行訴訟についての「重複訴訟の禁止」の効果として,142 条にいう「却下」だけでなく,手続の「中止」や先行訴訟への「弁論の併合」の義務づけを説く。ただし,先行訴訟の完結を待つための「中止」は,大正 15 年改正で削除されてしまっており,また,「弁論の併合」についても 152 条 1 項は裁判所の裁量として規定されていて,現行法の解釈論としては難しい面も残る。

---

6) 反訴でなら許されると明言した裁判例として,東京地判平成 13・8・31(判時 1772 号 60 頁・判タ 1076 号 293 頁)など。

7) もっとも裁量は恣意とは違うので,一定の合目的的かつ合理的な範囲で行使されねばならない。その枠で,一定の裁量権の行使が要請されることはありうる。加藤新太郎『手続裁量論』(弘文堂,1996)67 頁以下,最判昭和 56・9・24(民集 35 巻 6 号 1088 頁・判時 1019 号 68 頁・判タ 453 号 66 頁)参照。

(3) 反訴なら「常に」OK？

ところで，従来の学説や裁判例の多くは，反訴であれば併合審理されるから142条の趣旨のいずれにも反しない，と素朴に考えてきたかのようである。しかし，実は，反訴でも，予備的併合状態になる予備的反訴を除き，弁論の分離（152条1項）・一部判決（243条2項・3項）が可能と一般に解されているから，本訴と反訴で弁論を分離されてしまえば，併合審理は保たれない。

最判平成3・12・17（前掲注1））も，

「相殺の抗弁が提出された自働債権の存在又は不存在の判断が相殺をもって対抗した額について既判力を有するとされていること……，相殺の抗弁の場合にも自働債権の存否について矛盾する判決が生じ法的安定性を害しないようにする必要があるけれども理論上も実際上もこれを防止することが困難であること，等の点を考えると，同法二三一条（**現行142条**）の趣旨は，同一債権について重複して訴えが係属した場合のみならず，既に係属中の別訴において訴訟物となっている債権を他の訴訟において自働債権として相殺の抗弁を提出する場合にも同様に妥当するものであり，このことは右抗弁が控訴審の段階で初めて主張され，<u>両事件が併合審理された場合についても同様である。</u>」（太字・下線等，強調は筆者による，以下同じ）

と判示している。こうした場合に分離をする「裁量」を裁判所は有しない（解釈上の分離禁止），という解釈論を採らない限りは，「後行訴訟が反訴であれば常に142条の趣旨に反しない」ということはできないであろう。「別訴だと重複起訴禁止に触れるが反訴なら触れない」という所説には，あくまで反訴が本訴と同時に判決に至る（しかも本訴反訴で当事者が共通の訴訟活動をしている）場合に限るという暗黙の前提があったのではないかということ，つまり，そうした場合にだけ妥当する考え方ではなかったか，ということを，ここで確認しておく。

(4) むしろ本訴（先行訴訟）が不適法却下？

Introduction で D 君の述べていた見解は，ドイツでは通説・判例とされる考え方で，本書では，「**確認の利益」喪失論**，と名付けておく。我が国でも，この考え方を採用したとみられる最高裁判例があり，以降，下級審がこれに従った処

---

8) 民訴 VM 89頁〔勅使川原和彦〕。
9) 最判平成16・3・25（民集58巻3号753頁・判時1856号150頁・判タ1149号294頁・百選〔第5版〕29事件〔小林秀之〕）。この最判以前にも，大阪高判平成8・1・30（判タ919号215頁），福岡

理を始めている。

　この「確認の利益」喪失論は，同じ「給付義務」の存否について，確定判決が既判力しか導かない確認訴訟を，既判力に加え執行力まで生じる給付訴訟が包摂している関係にあると捉え，後行の給付訴訟が提起されることによって，表裏一体にある先行の消極的確認訴訟が確認の訴えの利益を喪失する，と考える。結果として，先行確認訴訟に訴訟判決（訴え却下判決）をすることで，（既判力が矛盾するおそれがある）本案判決が重複しなくなる。そのため，重複起訴の禁止の対象から外され，後行の給付訴訟を142条によって却下する必要がなくなる（口頭弁論終結時に，142条という消極的訴訟要件の不具備が判明すれば後行訴訟は142条による訴訟判決を免れる）ものである。

　142条による処理では，常に後行の訴えが却下されるのに対し，「確認の利益」喪失論による処理では，むしろ，先行していた本訴たる債務不存在確認訴訟（消極的確認訴訟）が，確認の利益を喪失したとして不適法却下されることに特徴がある。ただし，「確認の利益」喪失論の適用場面は狭く，先行訴訟が債務不存在確認訴訟・後行訴訟が同一債務の履行を求める給付訴訟，というケースにだけ，理論的な適用可能性がある。

　2でこのケースについて，詳しく検討してみよう。

Column 「重複訴訟」の禁止と，「重複訴訟」論～三木説のインパクト

　従来の，「重複起訴の禁止」と「重複訴訟の禁止」の論争に対し，パラダイムシフトを要求したのが，三木浩一教授の所説である[10]。

　三木教授は，既判力の矛盾抵触の防止を根拠に加えうるのは，142条の規定する「重複起訴の禁止」（三木説に言う狭義の「重複訴訟」の禁止）の枠内だけであり，重複「訴訟」論としては，142条の枠外の問題として，既判力の狭い枠を超える「判決内容の矛盾抵触」を論じるべきなのであり，その場合は後訴の却下という硬い効果は必要ではないとして，分離禁止や中止，前訴の却下といった，処理の多様化・柔軟化を主張する。「重複訴訟の禁止」にとどまらない「重複訴訟」論を構想し，そこで

　高判平成10・7・21（判時1695号94頁・判タ1000号296頁）があった。
10)　三木・前掲注2）265頁以下。

の柔軟な処理は，司法資源の効率的な利用という公益の要請によって根拠づけられるとして，現行法（142条）の解釈論の外側で，そうした公益と当事者の利益との衡量論を徹底する。審理の重複による非効率を避ける規制は，142条の直接解釈ではなく，裁判所の訴訟指揮権の範疇に属する事件管理（case management）の一環としてすべきことを説く。それは「有限な司法資源の適正管理，判決相互の抵触防止による裁判の信頼性の維持，当事者の裁判を受ける権利の保障などを根拠とする裁判所の生来的義務であり，個々の事件における紛争の性質，事件の進行状況，両訴の関係などに応じてタイミングと手段が選ばれるべき裁量性の高い行為である[11]」とされる。

　従来型の議論に，アメリカ法的な視点を導入し，142条のような消極的訴訟要件による処理だけではなく，公益性を根拠に裁判所の義務としての処理を説く犀利な考察は，「重複起訴の禁止」論・「重複訴訟の禁止」論に大きなインパクトを与えた。所説の方向性は原則的に支持すべきように思われるし，学界の支持も集めているように思う。しかし，「柔軟な処理」の根拠が実定法を離れた公益性なり裁判所の義務論に依る点が，想定される「義務」に違反した処理がなされた場合の対応の問題も含め，全面的な賛同に躊躇されている原因であるようにも思われる。

　なお，三木説によれば，冒頭の設例に対する回答は，先行訴訟の審理の進行状況にもよる（先行する債務不存在確認訴訟の審理がかなり進んでいれば前訴を却下するのは訴訟経済上好ましくないので，後訴に時効中断効を与えるために後訴の提起を許した上で，後訴をひとまず中止するか，弁論を併合した上で先行訴訟に判決をしてしまうといった処理になろうか）が，さほど審理が進んでいないのであれば，先行・債務不存在確認訴訟は後行・給付訴訟に実質的に包摂されるので，先行訴訟を却下する，ということになろうか。そしてこの結論は，後行・給付訴訟が別訴でなされようが反訴でなされようが，概ね変わらないことになろう。

2　「確認の利益」喪失論～債務不存在確認訴訟の「確認の利益」は，同一の給付義務の履行を求める給付の訴えの提起によって喪失するか

　Introductionで掲げたような，YのXに対する債務不存在確認請求（消極的確認請求）に係る訴え（訴訟①）の係属中に，Xが同一の債権債務（X→Y債権。Yか

---

11)　三木・前掲注2）318頁以下。

らみれば「債務」）についてYに対する給付請求に係る訴え（訴訟②）を提起した場合，後行訴訟である給付訴訟（訴訟②）をどのように処理すべきか，という問題は，原被告逆転型とか対向型といわれる範疇に含まれるものとして，従来いわゆる**重複起訴の禁止**（142条）の問題として論じられることが多かった。以下で，これについての裁判例の大きな流れを時代毎に大まかに説明してみよう。

(1) 重複起訴の禁止にあたらないとされていた時代（～昭和40年代）

戦前では，後行の訴訟②（給付訴訟）が別訴として提起された場合，別事件として重複起訴禁止の対象にならないとした大審院判例があり[12]，戦後も昭和40年代くらいまでは同様の処理が多かったようである[13]。確認訴訟①と給付訴訟②は，「訴訟物たる権利関係」の存否という点についてみれば，「X→Y債権（給付請求権）の存否」で同一であるが，「確認」請求と「給付」請求とでは厳密に言えば訴訟物は異なるためである。Introduction でのA君の回答は，これに従っているとみることができる。

(2) 重複起訴の禁止にあたるとされるようになった時代（昭和50年代～）

それが，昭和50年前後を境に，債務不存在確認請求訴訟と同一の債権の給付請求訴訟は，その係属の先後を問わず，後訴の提起が民訴法142条に触れ不適法却下される，という処理が一般化する[14]。学説上いわゆる前訴優先ルール（先着手主義）と呼ばれる142条の規律が，訴訟物としては厳密には異なるが「訴訟物たる権利関係」の存否としては同じであるこの場面でも，貫徹されたわけである。Introduction でのBさんの意見は，これに則っている。

(3) 後行給付訴訟②が別訴なら重複起訴の禁止，反訴なら①②訴訟とも本案判決，とする処理

ただし，その中でも，後行の訴訟②（給付訴訟）が反訴として訴求された場合

---

12) 大判昭和7・9・22（民集11巻1989頁）。
13) 東京地判昭和41・9・3（判時466号46頁・判タ196号170頁）等。
14) 例えば，最判昭和49・2・8（金判403号6頁），東京地判昭和55・9・29（判タ429号136頁），東京地判昭和60・8・29（判時1196号129頁・判タ594号119頁）。

には，平成以降も，下級審裁判例上は扱いが割れている。おそらく実務の主流は，「後行訴訟が別訴であれば重複起訴にあたり不適法だが，反訴であれば，重複起訴の禁止の『審理の重複による無駄を避けるためと複数の判決において互いに矛盾した既判力ある判断がされるのを防止するため』という趣旨に反しない」と解し，142条により後行の給付を求める反訴（訴訟②）を却下せず，①②両訴えに本案判決をする，というものだと思われる。IntroductionでのCさんの回答はこれに依っている。

　これに対し，反訴の提起も「訴え」の提起と変わらないのだから（146条4項参照），後に提起される以上重複起訴にあたり不適法却下とする裁判例もあった。

(4) 後行給付訴訟②が反訴なら，訴訟①は訴訟判決・訴訟②は本案判決とする処理〜「確認の利益」喪失論

　そうした中，後行の給付訴訟②が「反訴」で提起された場合には，先行する確認訴訟①については，確認の利益を喪失し訴訟判決をすることになるから，本案判決が二つ出ることに起因する「互いに矛盾した既判力ある判断がなされる」ということはなくなるため，重複訴訟の問題ではなくなる。このように，後行給付反訴②のほうではなく，先行する消極的確認の本訴①のほうが訴えの利益が喪失したとして不適法却下される（本案判決はむしろ後から反訴として提起された給付訴訟②についてしかしない。**「訴えの利益（確認の利益）」喪失論**）とする処理が登場し，そのような処理をした最高裁判例も現れた（IntroductionでのD君の回答は，これに従っている）。

　こうした処理は，常に後訴を却下するのではなくアメリカ流の先行訴訟と後行訴訟の利益衡量論により，より効率的な訴訟を残すべきという考え方にも似た面があるが，よりドイツの判例通説に近く，訴訟物たる給付義務の存否の共通性があることと，給付訴訟の方が（給付義務の存否の判断についての**既判力**に加

---

15) 最判平成3・12・17（民集45巻9号1435頁）。
16) 東京高判平成9・8・6（判時1620号84頁・判タ960号85頁）等。
17) 東京地判平成3・2・18（金法1298号28頁），東京地判平成3・8・29（判時1432号99頁）等。
18) 前掲注9）の最判平成16・3・25。
19) 三木・前掲注2）313頁は，審理の状況に応じ，前訴の却下のほかに弁論の併合や後訴手続の中止での対処を説く。

え)**執行力**を付与できる分だけ確認訴訟より紛争解決機能が大きいという関係にある(給付訴訟②が消極的確認訴訟①を**包摂・包含する関係**にある)[20]。そのことから,給付反訴②の提起により消極的確認の本訴①は確認の利益をもはや喪失する,という考え方により根拠付けられている[21]。

[20] 消極的確認訴訟に対して,同一義務の積極的確認を求める反訴が提起された事案で,反訴といえど後行訴訟の提起である以上,142条の適用を免れないとした上で,かつ反訴が給付訴訟でなく積極的確認訴訟では包摂・包含関係にないとして反訴を却下した裁判例として,神戸地尼崎支判平成17・9・22(労判906号25頁)がある。

[21] 松本博之「重複起訴の成否」中野貞一郎先生古稀祝賀『判例民事訴訟法の理論(上)』(有斐閣,1995)347頁以下,木川統一郎=中村英郎編『民事訴訟法〔新版〕』(青林書院,1998)180頁〔松村和德〕等。もっとも,後行の給付の訴えが別訴で提起された場合には,その後これを一方的に取り下げることができなくなるときまでに,先行する債務不存在確認訴訟がすでに裁判に熟しているときは,訴訟経済の観点,あるいは,敗訴必至の債権者からの濫用的な給付訴訟提起により先行する債務不存在確認訴訟が不適法却下とされてしまうことを避ける観点から,例外的に,債務不存在確認訴訟に確認の利益が存続することを認める。

古くは,「確認の利益」喪失論というより,給付の訴えは確認の訴えを包含する関係にあることを理由に,「先行・給付訴訟 – 後行・消極的確認訴訟」の場合には重複起訴禁止を適用し,「先行・消極的確認訴訟 – 後行・給付訴訟」の場合には重複起訴禁止を適用しないとする学説もあった(細野長良『民事訴訟法要義2巻〔訂正12版〕』〔巌松堂書店,1934〕222頁等)。

なお,「確認の利益」喪失論について懐疑的な見解として,永井博史「債務不存在確認訴訟の係属中になす給付命令のみを求める反訴」慶應義塾大学法学部編『慶應の法律学〈民事手続法〉(慶應義塾創立一五〇周年記念法学部論文集)』(慶應義塾大学出版会,2008)133頁。

(5) 後行給付訴訟②が，別訴の場合にも，「確認の利益」喪失論は妥当するか？
(a) 「確認の利益」喪失論の適用範囲

　上記の「確認の利益」喪失という処理を認める見解は，後行給付訴訟②が反訴でなく，別訴として提起された場合にも，同じように「確認の利益」喪失を認めるかのようである。

　例えば，手形金債務不存在確認請求訴訟の係属中に，手形訴訟としての手形金請求訴訟を提起する場合を考えてみたい。後者は迅速性（簡易迅速な債務名義獲得）を要請されている手形訴訟であるから，その趣旨からすると後者を却下して，前者の確定を待たせたうえで再訴をさせるのは妥当性を欠きそうである。しかし後者は，前者の反訴としては提起できない（同種の訴訟手続といえないからである。民訴136条）[22]。そのため，142条によって後行手形訴訟（給付訴訟）が却下されるのを防ぐには，142条の趣旨はすべて該当することを甘受しつつ手形訴訟の制度的特質を活かすために却下しない（両訴訟並行），と強行突破するか[23]，前述した利益衡量論（三木説）によるか，「確認の利益」喪失論によるか，しか選択肢がなさそうである。

　後行給付訴訟②が「反訴」でなされた場合については，「確認の利益」喪失論は，わが国でも近年最高裁によって採用されたこともあり，学説上も急速に支持を得ていると思われるが[24]，ここでは，「確認の利益」喪失論が，後行給付訴訟が別訴でなされた場合にも妥当しうるかを検討しておきたい。

(b) 「確認の利益」喪失論の前提

　そもそも，なぜ後行給付訴訟②の提起によって，先行消極的確認訴訟①の「確認の利益」が失われるのか。

　先行消極的確認訴訟①も後行給付訴訟②も，同一の給付義務の存否を審理対

---

[22]　勅使川原・前掲注8) 86頁。
[23]　東京地判平成7・12・25（判タ919号238頁）。つとに同旨を説くものに，大阪高判昭和62・7・16（判時1258号130頁・判タ664号232頁・百選〔第5版〕37事件〔北村賢哲〕）がある。「強行突破」は言葉のアヤで，手形債権の迅速な実現のために設置された手形訴訟の趣旨に鑑みれば，通常訴訟である確認訴訟に優先して処理されることを民事訴訟法自体が要請している，と見ることは不可能ではなかろう。
[24]　重点講義（上）131頁以下，百選〔第5版〕29事件64頁〔小林秀之〕など。

象としており，既判力もそれについての判断に生じるが，確認訴訟①では既判力しか生じないのに対し，給付訴訟②ならば既判力に加え執行力まで生じうる。このような紛争解決機能の大きさ，換言すれば，給付訴訟②の判決効の範囲が，確認訴訟①の判決効の範囲を全面的にカバーしている，すなわち完全に包摂している関係にあることが，確認訴訟を残存させる意味がもはやないこと＝確認の利益が喪失していることを根拠づけている。

　この包摂関係は，暗黙に，**同一の給付義務の存否について，①②の両訴訟で矛盾のない判断がなされることを前提にしている**ものと考えられる。後行給付訴訟②において，先行確認訴訟①での給付義務の存否の判断と「矛盾のない判断」がなされ既判力が生じうるからこそ，先行確認訴訟①で同一の給付義務について本案判決をする必要性が，判決がなされる前であるにもかかわらず，喪われるのである。[25]

　では，どのような場合であれば，同一の給付義務の存否について，①②の両訴訟で矛盾のない判断がなされることが担保されるか。

　そのためには，「同一の裁判体によって同一の期日で両事件が審理される」必要がある。これによって，自由心証主義に基づく事実認定が事実上同じになるという前提ができるからである。

　ここで「確認の利益」喪失論は，先行消極的確認訴訟①が裁判をなすに熟した段階で，その確認の利益を喪失させ訴訟を引き延ばすことを目的として，後行給付訴訟②が反訴として提起された場合については，訴訟経済の観点等を根拠に，例外的に先行確認訴訟①は確認の利益を喪失しない，とする。この場合，同一裁判体で訴訟①も訴訟②も審理されることはされるが，裁判をなすに熟し

---

[25] 債務不存在確認訴訟の「目的」が，給付訴訟を誘発することにだけあるのだとすれば，給付訴訟が（別訴としてでも）後行提起されれば，「目的」達成とみて，確認の利益が喪われる，という論理構成も可能であろうが，「目的」はそれのみには限られないであろう。
　ある義務の不存在確認訴訟が先行提起されている場合に，別訴の同一義務の履行請求訴訟でそれと異なる結論が出る（おそれがある）ことこそ，司法への信頼の観点からは142条の規制対象になるはずである。それにもかかわらずこれが142条の問題にならないとされる場面は，まさに同一の判断内容になることが担保される場合になるはずである。そのうえで，訴訟物たる権利関係としての「義務」の存否について同一内容の判断がされることが，「包摂」関係にあることの前提，すなわち同じ判断なら執行力を有しない確認判決しかすることができない確認訴訟の訴えの利益を喪失させることの前提となるものと考えられる。

た先行確認訴訟①は，先に判決がなされることになろうから，期日自体は，本訴（訴訟①）と反訴（訴訟②）とで，ズレが生じることになる。すると，先行する消極的確認訴訟では，消滅時効の主張をしなくても給付義務の不存在を勝ち取れると考えていたのに，判決を見たら敗訴していたという場合，Yが，後行の訴訟②（反訴）では，消滅時効の抗弁を提出して勝訴を勝ち取る，ということはありうるだろう[26]。そうであれば，やはり反訴の場合であっても，同一期日で審理され，訴訟①②について同時に弁論終結に至り本案判決もなされる場合でないと[27]，同一の給付義務の存否について，①②の両訴訟で矛盾のない判断がなされることが担保されないことになる。このように，反訴であっても分離されたりするわけだが，ましてや別訴の場合には，「同一裁判体」も「同一期日」も充足しないことから，同一の給付義務の存否について，①②の両訴訟で矛盾のない判断がなされることが担保されないといえる。

　結局，「確認の利益」喪失論は，まずは後行給付訴訟②が反訴として提起されるのが前提で，さらに訴訟①（本訴）・訴訟②（反訴）が，実際に，同一期日で審理され，共通して弁論終結ないし判決まで至った場合を想定しての理論であり[28]，

---

26) これが，時機に後れた攻撃防御方法にあたらないことはもちろんである。先行確認訴訟①（本訴）はすでに判決がなされており，これに対する消滅時効の主張でないことは明らかであり，後行給付訴訟②（反訴）の審理の初期段階で消滅時効の抗弁を出していれば，当該訴訟中で「時機に後れ」てはいない。
27) 訴訟①②が，審判対象を同一にし，当事者も（原被告の立場こそ入れ変わるが）同一である以上，一方だけ訴訟要件を欠いているという判断がされる，ということは考えがたいであろう。
28) 下級審ではこのことを明言する裁判例が少なくない（以下，下線部筆者）。
　神戸地判平成8・5・24（交民集29巻3号771頁）は，最も明確に，「債務不存在確認請求訴訟に対して損害賠償の給付を求める反訴が提起された場合，反訴の提起があつたからといつて，直ちに債務不存在確認請求訴訟の確認の利益がなくなるわけではないが，少なくとも，弁論が終結し，判決を言渡す段階に至つた場合には，本訴と反訴が同一の訴訟物に関するものであつて，反訴に対して本案判決がされる限り，反訴に対する判断によつて，右債務の存在を前提としてより直接的にその債権の履行が命ぜられ，あるいは，その債権の不存在が確定されるものであるから，本訴については，確認の利益を後発的に喪失したというべきである。」とする。
　その他，福岡高判平成10・7・21（判時1695号94頁・判タ1000号296頁）は，「…本訴請求は，裁判所が右反訴請求について本案判決をすることにより，確認の利益を失うことになるので，却下を免れない。」とし，最近のものでも，例えば，東京地判平成24・3・28（LEX/DB文献番号25493319）は，「…被告の原告に対する本件債権に基づく反訴が提起され，これに対し本判決がされている以上，もはや確認の利益を認めることはできないから，不適法として却下を免れない。」とし，東京地判平成24・12・18（LEX/DB文献番号25499349）は，「…被告がその給付を求める反訴を提起し，反訴に対し本案判決がなされる以上，本訴請求に係る訴えは確認の利益がないから却下」とし，

かつ実務上も本訴と反訴を同時に判決する場合のみを想定する考え方であったと言わざるを得ない。[29]

東京地判平成 25・9・25（LEX/DB 文献番号 25514651）は，「…本件債務不存在確認請求と同一内容の積極的な給付請求の反訴各請求が維持されたまま弁論を終結した本件においては，原告らの本件債務不存在確認請求はもはや訴えの利益がないものといわざるを得ない」とする。
29） もちろんこれは純理論的な帰結であり，現実論として，別訴であっても，当事者が共通の訴訟資料を提出し，同じ資料が法廷に顕出されれば，別裁判体でも実際には同じ判断がなされる，ということが事実上起こりえないわけではない。ただし，そうした事実上の「シンクロ」をもって，「包摂関係」として正当化できるかどうかについては，なお検証する必要があろう。

Advanced
「確認の利益」喪失論に関わる最近の裁判例

　最近，別訴のケースでも，「確認の利益」喪失論を用いた（ないし容認した）とも見られる裁判例が登場したので，これについても検討しておきたい。国際民事訴訟法の領域の事件でもあるが，「確認の利益」喪失論は，実は，母法国ドイツでは，重複起訴の禁止の「国際民訴」版といえる「国際的訴訟競合」の処理にも応用可能とされている。そこで，我が国でも，将来を見据えて採り上げておく価値はあるだろう。東京地判平成25・2・19（判タ1391号341頁）がそれである。

(1) **東京地判平成25・2・19の事案の概要と背景**
　概要を大雑把にいうと，日本企業に対して韓国企業が提起した韓国での特許権移転登録手続請求訴訟で請求認容判決（ソウル高等法院〔韓国の「高裁」〕判決）が確定し（韓国大法院〔韓国の「最高裁」〕による上告棄却），その執行判決請求が我が国でなされたが，その前に我が国で，当該日本企業が同じ韓国企業を相手取って，特許権移転登録手続請求権不存在確認の訴えを提起し，その訴訟が係属中であった，という事案である。
　我が国で日本企業が提起した消極的確認訴訟は，内国で消極的確認判決を早期に確定させてその既判力によって，外国給付判決の承認・執行を，公序要件（118条3号）に触れるとして斥けようという，国際民事訴訟法でいわゆる「対抗訴訟」であると思われる。すると当初は，純然たる国際的訴訟競合の事案であったものが，韓国で給付請求認容判決が確定したために，我が国では，「先行債務不存在確認訴訟の係属中に，後行執行判決請求訴訟が提起された事案」となったわけである。

(2) **執行判決請求の特殊性と，給付訴訟近似性，国際民事訴訟事件ゆえの特質**
　執行判決請求訴訟は，法的性質論としては「形成訴訟」であるとする説が通

説的見解と思われる。本件東京地判は，我が国での執行判決請求訴訟は，

> 「外国裁判所の判決が確定したこと及び民事訴訟法 118 条各号所定の要件を具備することについて審理をし（民事執行法 24 条 3 項），その裁判の当否を調査することなく，執行判決をしなければならないこと（同条 2 項），執行判決が確定した場合には，当該外国裁判所の判決は執行判決と合体して債務名義となること（同法 22 条 6 号）に照らすならば」

実質上韓国での給付訴訟の「事後的継続」である，と判示した[30)]。さらに，債務名義の取得という観点からすれば，後行執行判決請求訴訟と先行債務不存在確認訴訟との関係は，「実質上，給付の訴えと消極的確認の訴えの関係にあるものということができる」として，その他渉外訴訟ゆえの理由も掲げつつ[31)]，確認の利益を欠くとした。

(3) 「確認の利益」喪失論の別訴事案への適用

他に種々の理由が挙げられて総合判断のかたちで結論付けているので[32)]，純然たる「確認の利益」喪失論によった裁判例とも断じ難い[33)]。また，そもそも同一の給付義務（請求権）の存否について矛盾なく判断が出るかといえば，執行判決請求訴訟では，承認要件（民訴 118 条）を充たさないために棄却されるということもありうるわけであるから，判断の（国際的な）矛盾が生じる可能性はある。

---

30) 中野貞一郎『民事執行法〔増補新訂六版〕』（青林書院，2010）196 頁にある表現である。
31) 国際裁判管轄についての直接管轄と間接管轄の表裏一体性，日本での執行判決請求訴訟と債務不存在確認請求訴訟とが「実質上，給付の訴えと消極的確認の訴えの関係にあるものということができる」と考えられること，さらには「révision au fond の禁止〔実質的再審査禁止，と呼ばれる。民執 24 条 2 項〕」の趣旨に反すること，等の理由が挙げられている。
32) 日本での執行判決請求訴訟と債務不存在確認請求訴訟とが「実質上，給付の訴えと消極的確認の訴えの関係にあるものということができる」という判示から，いちおう存在していたとみられる確認の利益が給付の訴えの提起によって喪失する，という「確認の利益」による処理は導かれうる。しかし，そうした整理とは独立に，本件判示は，そもそも本件債務不存在確認訴訟が確認の利益を有しているかについても検討している。

「仮に外国裁判所の確定判決の執行判決を求める訴えに係る請求が認容され，その判決が確定した場合には，同一の請求権について消極的確認請求を認容する判決が確定したとしても，当該判決には，前に確定した判決（外国裁判所の確定判決）と抵触する再審事由（民事訴訟法 338 条 1 項 10 号）が存することとなり」，他方で，「外国裁判所の確定判決の執行判決を求める訴えに係る請求が棄却され，当該判決が確定した場合には，日本において同一の請求権に基づく給付の訴えが提起される可能性があり，その場合には，同一の請求権についての消極的確認の訴えは訴えの利益を欠く関係にあるから，いずれの事態も消極的確認の訴えにより紛争の解決に直結するものとは認め難い。」との判示である。

さらに、後行執行判決請求訴訟は、先行債務不存在確認訴訟とは別訴であるから、同一の裁判体でも同一の期日での審理でもないので、先行債務不存在確認訴訟と後行執行判決請求訴訟とで、「特許権移転登録請求権」の存否について矛盾のない判断がなされる保障はない。したがって、本件については、「確認の利益」喪失論を用いることはそもそもできない、といえる。

仮に、本件債務不存在確認訴訟の提起後に、韓国ではなく我が国で裏返しの給付請求訴訟が別訴でなされたとしても、本 Unit で検討したように、「確認の利益」喪失論による処理はできない事案であったといえる（反訴でなされ、かつ本訴・反訴が同時に判決に至る場合にのみ「確認の利益」喪失論を用いることができる）。

しかし、上記判示の前段は、確定する順番が逆であったとしたら、すなわち、先に本件消極的確認請求の認容判決が確定したら、公序（民訴 118 条 3 号）に反するとして承認執行がなされないことになる（もちろん本件消極的確認訴訟はそれを狙っている）ので、確認の利益がないとは言い切れない。かつまた、後段は、法廷地の引き戻しを狙う我が国当事者にとっては、まさに望むところであって、そもそも韓国ではなく我が国で特許権移転登録手続請求訴訟が提起されていれば、本件債務不存在確認訴訟を提起する必要がなかったのだから、「確認の利益」喪失論による処理をされたところで、我が国で給付訴訟が提起されれば目的を達する。判示の後段は、途中で「確認の利益」を喪失しうることを言っているに過ぎず、最初から本件消極的確認訴訟に確認の利益がない、ということを演繹しない。

33） 前注の判示後段を見る限り、給付訴訟と債務不存在確認訴訟が別訴の場合でも、「確認の利益」喪失論を用いることを前提にしていたようではある。

Unit 7

「既判力」の使い方

その1　既判力の本質と作用

Die übersichtliche Einführung in das Zivilprozessrecht

Introduction
既判力は、どういう理由でそういう内容の効力になっているのか

　我が国の通説的な説明や判例では、ときどき「○○という権利関係の存在について既判力が生じると、実体法上あたかもその権利が処分されたのと同様の規律を当事者にもたらす」という表現が用いられることがある。なぜ、既判力によってその権利が処分された、とはっきり言わないのだろうか、あるいはそう表現してしまうと間違いになってしまうのだろうか。

　この疑問には、既判力の本質論をきちんと理解していないと、答えられない。
　いまや「余り役に立たず、解釈論的には実益のある議論と言い難い[1]」とされて、我が国ではさっぱり人気のない「既判力の本質」論であるが、既判力の理解のためにはやはり、しっかり内容を把握しておく必要があると思われる。ドイツでは、依然として、司法修習生をも読者対象とするテキストにも、複数の例題と共に、多くの頁を割いて「既判力の本質」論の解説がなされている[2]。

　我が国の通説的な定義によれば、既判力とは、「**終局判決が確定すると**（判決が形式的に確定すると＝「形式的確定力」を持つと）、**その判決内容は当事者間の関係を律する基準として拘束力を持ち、当事者はもはやこれに反する主張をすることが許されず、裁判所もまたこれと矛盾抵触する判断をすることが許されない。**」という実質的確定力である、とされる。

---

1)　重点講義（上）588頁。
2)　私が手元で愛読しているのは、Baumgärtel/Prütting, Einführung in das Zivilprozeßrecht, 8., neub. Aufl. (JA-Sonderheft 5), Luchterhand, 1994 であるが、この基礎的なテキストブックでは、司法修習生向け、と銘打った例題や解説・補足説明が多く付されていて、実践的だが、残念ながら現在では絶版である。本Unitでの「既判力本質論」の説明は、その基礎の多くを同書（82頁以下）に依っている。我が国の基本書では、同書ほど（私にとって）明快な説明が得られなかったためである。

問題は，なぜ，後の裁判所が前訴確定判断に拘束されたり矛盾抵触する判断ができなくなるのか，当事者が確定判断に反する主張をできなくなるのか，という点である。これが「既判力の本質」論の具体的な中身である。以下で，内容をみてみよう。

Unit 7 「既判力」の使い方（その1）

1 既判力の本質論

大きく分けて，実体法説と訴訟法説の二つがあり，訴訟法説の中に一事不再理説と拘束力説がある。

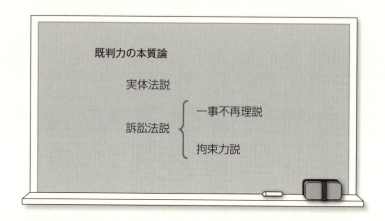

(1) 実体法説

実体法説というのは，例えば，神様の目から見て実体法的には「△△△」という権利関係が存在していたとしても，判決で「○○○」と判断されそれが確定すると，そのように実体法上の権利関係も変えてしまう，と考えるものである。後訴の裁判所は，その変えられてしまった実体法上の権利状態（「○○○」）を見て判決を書くことになるから，後の裁判所も「○○○」という判決をすることになる。これが既判力の本質なのだ，と説明する見解が実体法説である。

実体法説によると，神様の目から見れば「△△△」が実体法上の正しい権利状態であり，裁判所の判断の方が間違っていたとしても，実体状態を判決内容通りに変えてしまう。つまり，不当判決でもその内容に従った実体法上の権利状態を形成するので，誤判というものが存在しなくなってしまうことになる。

---

3) 実際には，前訴確定判決の判断内容通りに実体的な法律状態も変わっていると考えるから，いちいち実体状態を見なくても，前訴確定判決を見れば足りることになる。

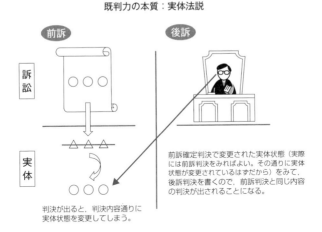

母法国ドイツでも初期の通説であったが，重大な弱点を有していて，現在では支持者はいない。

この実体法説の重大な弱点は，実体法上は対世効を持っているはずの権利（例えばA氏の所有権）を確認する判決が確定し，それが神様の目からは不当判決だった（真の所有者はB氏）としても，実体法説では，その通りに法律状態（A氏の所有権）を実体的に作出する，と考えることになってしまう点に潜んでいる。真の所有者であるはずのB氏は，当該訴訟手続に関与することなく，所有権を失ってしまうことになり，明らかにおかしい。もとより，民事訴訟法は，既判力が当事者間にしか及ばないことを原則としているが（相対効の原則。115条1項1号），絶対権が問題となる場合に，実体法説ではこの規律との整合がとれない。さらに，実体判断のされない「訴訟判決」にも既判力が認められることも，[4] 実体法説では説明がつかない。

(2) **訴訟法説**

そのため通説化したのは，**訴訟法説**である。確定判決の確定効は，訴訟物に

---

[4] 明示的に訴訟判決に既判力を認めた判例として，最判平成22・7・16（民集64巻5号1450頁・判時2098号42頁・判タ1337号119頁）。

Unit 7 「既判力」の使い方(その1)

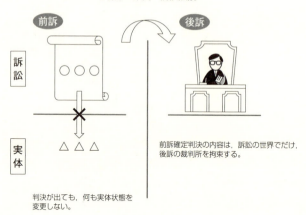

既判力の本質:訴訟法説

前訴確定判決の内容は、訴訟の世界でだけ、後訴の裁判所を拘束する。

判決が出ても、何も実体状態を変更しない。

関する法的平和（法的安定性）を終局的に作り出す目的をもつが、この確定効は、後訴の手続においてのみ意義を有するのであり、実体的な法律状態には何も手をつけない、とする。実体の世界では、確定判決があっても、（執行力により強制執行が行われたり、形成力により権利変動を伴う手続が行われたりしない限り）既判力によっては法的な作用を受けないので、（後述のような事実上の効果はともかく）本Unit の冒頭で掲げたように「既判力によって実体権が処分される」という表現を用いることはできない。ただし、確定判決通りに当事者が自主的に規律されようとする事実上の効果もあろうし、何より、再び訴訟に持ち出されたときは、その後訴の受訴裁判所が前訴確定判決の判断に拘束される（あるいは、再審理を行わないものとする）ことで当事者の矛盾主張を排斥するという効果がある。その意味で、既判力によって「実体権が処分されたのと同様の規律を当事者にもたらす」、といった表現になるのである。

Column　既判力本質論と「反射効」概念との関係

　既判力の本質論でいう実体法説では、前訴確定判断（前訴確定判決上で既判力を生じる判断）により実体法上の権利状態（実体上の法律状態）が変動されている、と考える。だから、例えば、主債務者に対する債務の履行請求訴訟で請求棄却判決が確定したという場合には、主債務の不存在が実体法上も確定し、主債務が存在しない

以上は，附従性（民448条）から保証債務も存在しない，という法律状態に，実体上変動していることになる。この実体上の法律状態を，後に提起された保証債務の履行請求訴訟（後訴）の裁判官が見て，後訴についての判断を形成するから，前訴の確定判決としては「主債務の不存在」であるけれども，後訴にその判断が拡張されて（実体上「主債務が不存在」→「保証債務も不存在」），後訴の裁判官は，保証債務の不存在という判断（後訴の保証債務履行請求について，請求棄却判決）をすることになる。ここでいう保証債務の附従性を，権利義務の担い手の視点で言い換えると，主債務者と保証人の間には，当事者間の実体法上の依存関係や従属関係がある，という言い方になる。実体法説では，こうした実体法上の依存関係・従属関係に依拠して，反射効を「既判力の拡張」の一種として説明することが可能である。

ところが，通説たる訴訟法説では，前訴確定判決は実体的な法律状態を変動させるものではない，と考えるので，いくら主債務履行請求訴訟で請求棄却の判決を得て確定しても，それにより実体上「主債務が不存在」という法律状態になった，とは考えない。したがって，訴訟法上の効力に過ぎない「既判力」とは別に，下記のような必要性から，実体法上の効力として「反射効」概念を案出する必要に迫られたのが，反射効概念の出発点とされている。

「反射効」概念は，「当事者間に既判力の拘束のあることが，当事者と実体法上特殊な関係すなわち従属関係ないし依存関係にある第三者に，反射的に有利または不利な影響を及ぼす」こととされる[5]。

反射効の必要性自体は，次のような疑問に基づいている。第一に，例えば，前訴で債権者が主たる債務者に債権の履行請求をしたが棄却されたとき，債権者が保証人に保証債務の履行請求をした後訴で勝訴するのはおかしいではないかという疑問。第二に，後訴請求認容判決に従って保証人が弁済した場合，前訴で勝訴したはずの主債務者が保証人から求償請求を受けてそれが認められると勝訴の利益を吐き出さなければならなくなってしまい，さらに求償が認められた後で主債務者が債権者に不当利得返還請求をすることになるはず，という「求償の永久循環」が起きてしまうではないか，という疑問である。この「求償の永久循環」を認めて反射効の必要を肯定するか否か（「求償の永久循環」は起きないとする考え方がむしろ通説的か），必要性を認めるとして，実体法上の効果として反射効を構成するか，既判力の拡張として反射効と同じ効果を導き出すか，で争いがある（判例は，一部に微妙な表現はあるが，全体として反射効を否定していると見られる[6]）。

---

5) 重点講義（上）748頁。

(a) 訴訟法説 (その1)～「拘束力説」

　さて，この訴訟法説には二つのバリエーションがある。一つ目は，**拘束力説**と呼ばれ，我が国では通説的地位を占めている（今日の実務もこの見解に従っているものと思われる）。拘束力説によれば，後訴の受訴裁判所は，前訴確定判決の判断内容に（たとえそれが不当判決であったとしても）訴訟法上拘束される。後訴裁判所に対するこの拘束力（**既判力の積極的作用**，と呼ばれる）が既判力の本質であって，その結果として，当事者が前訴確定判決の内容に矛盾した主張をしても「無視される」ことになる（**既判力の消極的作用**，と呼ばれる[7]）。実は，前述した既判力の定義は，「拘束力」という言葉を使っていることからも推測されるように，この拘束力説による定義である。

　拘束力説によると，訴えの利益がない場合[8]を除き，既判力に触れる（どういう場合に既判力が作用するかは，後述ないしUnit 9参照）ような訴えであったとしても，訴え提起自体や訴え自体が許されないわけではない。訴え自体は適法であり，その訴訟の中で，裁判所が前訴確定判決の基準時（当事者から事実に関して訴訟資料が提出される時間的な終端である「事実審口頭弁論終結時」）の判断内容に拘束され，当事者の前訴確定判決の判断内容に矛盾抵触する主張が既判力によって遮断される。そのため，既判力の生じる判断時点（基準時）より後に生じ，かつ前訴確定判決の判断内容に矛盾しない，新たな事由（「**基準時後の新事由**」）についての主張については，新たに存否の判断をつけ加えて，本案判決（請求認容判決または

---

6) 最判昭和31・7・20（民集10巻8号965頁），最判昭和53・3・23（裁判集民123号273頁・判時886号35頁）は反射効を明確に否定する。最判昭和51・10・21（民集30巻9号903頁・判時836号49頁・判タ344号181頁）は，「保証人が主債務者勝訴の確定判決を援用することが許されるにしても，これは，右確定判決の既判力が保証人に拡張されることに基づくものではないと解すべき」として，既判力拡張ではない反射効は認められるかのような口吻を示していた（本件の調査官解説〔最判解民事篇昭和51年度378頁以下〔川口冨男〕〕は，「反射効を認めるか否かについての本判決の態度は未定とみるべき」とする〔同383頁〕）。

7) 既判力の定義において「当事者は，前訴確定判決の判断内容と矛盾する主張をすることが許されない」と言われるものであるが，学生に，「では，許されない主張を当事者がしたら，具体的にどうなるか？」と訊くと，曖昧な返事しか返ってこないことが多い。「許されない」といっても，それに反したからといって，過料の納付が命じられたり，何らかのサンクションが科されたり，というわけではない。そうした主張は「主張しても無視される」（裁判所は無視しなければならない。なお裁判官によっては，判決文の中で，わざわざ当該主張を「却下」する場合もある）というのが「正解」である。

8) 後掲注14) 参照。

請求棄却判決）をすることになる。

(b) 訴訟法説（その 2）〜一事不再理説

訴訟法説に属する二つ目の，**一事不再理説**は，同一の訴訟物に関する後訴の裁判は，不適法である，とするものであり，ドイツでは今日の通説とされている。既判力に触れることが消極的訴訟要件となり（訴え提起自体が許されないのではなく，本案判決をすることが許されず，訴えが不適法として却下される訴訟判決をすることになる），既判力に触れるような後訴は，その訴え自体が不適法却下になる。一事不再理説は，現在の我が国では少数説になっていると思われるが，その理由はおそらく，次の 2 点で拘束力説がより支持されたことにあろう。

すなわち，① 先決関係（後述）の場合に，先決問題の判断部分について一事不再理説では本来は後訴の裁判所が審理を妨げられるはずなのに，それでは（先決問題を含む）後訴請求全体について裁判所が判断できなくなってしまうので，先決関係の問題においては拘束力説に従い，拘束力説と同じ結論に至る[10]，という点，② 一事不再理説では，後訴を不適法却下として処理する場面で[11]，本案判決が前訴のものしかなくなるので，基準時が前訴の口頭弁論終結時となる既判力しか残らないが，拘束力説では後訴でも本案判決に至るため，基準時が後訴の口頭弁論終結時に移動して，実体関係の変動を反映させた，より現在の権利関係に近い基準時の既判力が獲得できる，という点[12]，である。

私も，現在の通説同様，拘束力説でよいと考えている。

---

9) 通常の訴訟要件は，それを具備していないと訴えが不適法となる要件であるが，「消極的」訴訟要件は，それを具備すると，訴えが不適法になってしまうものをいう。他に，142 条に触れる場合などが，これに属する。
10) 日本の基本書でこれを明言するものは多くないが，注 2) で掲げた Baumgärtel と Prütting によるテキストブックの 84 頁が指摘している点である。
11) なお，一事不再理説にもバリエーションがある。特に，不適法却下の処理をする場面については，一事不再理説の中でも見解が分かれている。
12) 松本＝上野 618 頁，重点講義（上）594 頁参照。なお，松本＝上野 613 頁以下は，拘束力説と一事不再理説はいずれも既判力の作用を完全に説明しきれず，両説の相互補完（同一関係・矛盾関係では一事不再理的な処理，先決関係では拘束力説的な処理）を説く。拘束力説（請求棄却説）への批判については，松本＝上野 618 頁以下参照。

2 既判力の作用場面

 歴史的に民事訴訟制度において確立された評価として，既判力が作用するのは，以下の三つの類型においてのみである。すなわち，後訴が提起された場合に，前訴判決において既判力を生じる範囲の判断（114条1項：確定判決の主文中の判断），言い換えれば，訴訟物に対する確定判断に抵触するものとして，後訴での請求が，排斥されるべき「蒸し返し」だと考えられている三類型である。

(1) 同一関係

 第一に，前訴における訴訟物（たる権利関係）と後訴における訴訟物（たる権利関係）が同一の場合，である（**同一関係**）。同じ権利関係の存否について，前訴で，既判力を生じさせた判断内容と矛盾する主張を再度の訴訟で許しては，何のために三審級もかけて判断を確定させたのか，前訴の審理判決が無意味となってしまい，不都合である。この場合を既判力で対処すべきことは納得しやすいであろう。[14]

---

13) 同一当事者間での，債権の履行請求（給付請求）の前訴と，同一の債権についての前訴被告の債務不存在確認請求の後訴も，同一関係（「給付」請求と「確認」請求で厳密には訴訟物は異なるが，前訴も後訴も同じ「前訴原告の債権（請求権）の存否」が訴訟物たる権利関係）と考えられているので，正確には「訴訟物の同一」ではなく「訴訟物たる権利関係の同一」関係であるが，慣用的に，訴訟物の同一関係という表現がなされている。

14) 注8）に対応する本文部分でも述べたように，給付訴訟において勝訴した原告が判決確定後に再訴するケース（いわゆる「給付訴訟の勝訴者の再訴」ケース）は，既判力で処理するとすれば同一関係だが，既判力によって処理をする以前に，再訴を「訴えの利益がない」として不適法却下の処理をするのが原則とされる。給付訴訟の勝訴原告は，判決確定により請求認容部分について確定給付判決という債務名義（民執22条1号）を獲得しており，それに基づいて強制執行すれば目的を達するので，既に勝訴が確定している範囲では再度給付の訴えを提起させて同一債務名義を獲得させる利益（給付の訴えの利益）は認められないからである。
　例外的に，判決原本が滅失して執行正本が得られない場合とか，時効中断のために訴え提起（民147条・149条）以外に適当な手段がない（相手が所在不明でも公示送達により訴え提起は可能）とされる場合には，勝訴原告の再訴にも訴えの利益が認められる（その場合には，同一関係として既判力が作用する）。ただ，債務名義の滅失の場合以外は，再度債務名義を得させる理由がないことは確かなので，給付の訴えではなく確認の訴えを提起させれば充分である，という考え方もある（そう判示した裁判例もある。佐賀地判平成6・8・26〔判タ872号292頁〕）。

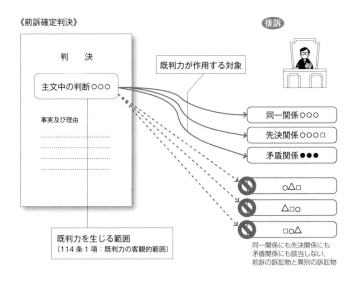

(2) 先決関係

第二に，前訴における訴訟物（たる権利関係）が後訴における訴訟物（たる権利関係）の前提問題（先決問題）になっている場合，である（**先決関係**）。ある権利関係の存否について，前訴で三審級を保障して既判力を生じさせた判断内容を前提とするような後訴請求で，前提判断が前訴と矛盾するような主張を許して再審理が必要になっては，やはり前訴での訴訟追行や審理・判決が無駄になってしまう。例えば，前訴が「A 土地の所有権確認請求」，後訴が「A 土地の所有権に基づく明渡請求」という場合が挙げられる。この場合，前訴の訴訟物たる権利関係（＝"A 土地の所有権の存否"）は判決がされて確定すれば既判力が生じるものであり，かつ後訴の訴訟物たる権利関係（＝"A 土地の所有権に基づく明渡請求権の存否"）の**前提**となっている。

ここで注意が必要なのは，「後決」問題とか「後決」関係は既判力の作用する対象ではない，ということである。

上の例で前訴と後訴の順序を逆にして考えてみてほしい。前訴が「A 土地の所有権に基づく明渡請求」であった場合，既判力が生じる事項は，訴訟物たる権利関係である"A 土地の所有権に基づく明渡請求権の存否"についての判断ということになる。"A 土地の所有権の存否"についての判断は判決理由中の

判断に過ぎず，そもそも既判力は生じない（したがってこの部分の判断は後訴に作用しようがない）。"A土地の所有権の存否"の点には，既判力が生じない以上，この点についての再審理をもともと既判力は許容していて，既判力の観点からはこの点についての後訴での主張は「蒸し返し」扱いされないのである（これは，既判力の客観的範囲を主文中の判断に限定した〔114条1項〕帰結である。ここで既判力を求める当事者のために，中間確認の訴え〔145条〕の制度が提供されている）。

(3) 矛盾関係

第三に，前訴における訴訟物（たる権利関係）と，後訴における訴訟物（たる権利関係）とが，**実体法上論理的に正反対の関係に立っている**[15]と評価される場合，である（矛盾関係）。

> Column 「矛盾」関係の定義の難しさ
>
> 　実体法上論理的に正反対の関係に立っている，といわれてもあまりピンと来ないかもしれない。例えば，給付判決に対し当該給付を不当利得として**不当利得返還請求**を後訴でする場合，前訴での給付請求権と後訴での不当利得返還請求権は，実体法上論理的に「正反対」の請求とみることができる。不当利得返還請求権においては，不当利得の対象物が原物で存すればそれを返すのが原則であるから，前訴請求と後訴請求は同一物について「行ったり来たり」の正反対の請求とみられるからである。したがって，この場合を矛盾関係とみることは可能である（必ずしも矛盾関係の範疇に入るとは限らず，先決関係とも評価しうることにつき，後掲注20）参照）。
> 　これに対し，前訴の訴訟自体が判決の騙取として不法行為にあたる，として後訴で**不法行為に基づく損害賠償請求**を求める場合は，矛盾関係にはあたらない。この場合は，前訴の請求自体は何でもよく，不法行為に基づく損害賠償請求では金銭賠償の原則で「金銭」に常に転化するので，前訴の訴訟物たる請求と後訴の訴訟物たる請求は，実体法上論理的に「正反対」の関係には立たない。前訴判決の既判力を実質的には無にするような後訴ではあるけれども，既判力に直接は抵触しないのである。この場合を矛盾関係に含める見解もあるが，判例も既判力の作用対象とはし[16]

---

15) ドイツ法ではよく，「Gegenanspruch（反対請求）」に立つ場合とか，判決で確定された判断と後訴請求とが「両立しない（unvereinbar）」場合と表現されている。

ていない。[17]

　ここで典型例として挙げられるのが、前訴が原告の所有権確認請求で、その所有権の対象である同一物について、後訴が前訴被告の所有権確認請求を（前訴原告に対して）する場合である。

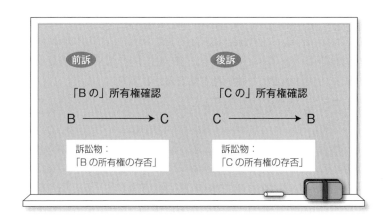

　前訴と後訴の訴訟物は同一ではなく、先決関係にも立たない。しかし、既判力を及ぼすべき必要性はかねてから認められており、「一物一権主義を媒介に」既判力が及ぶ、とされるようになった。[18]

16）　重点講義（上）595頁。
17）　最判平成22・4・13（裁判集民234号31頁・裁時1505号12頁）は、前訴において相手方が虚偽の事実を主張して裁判所を欺罔し勝訴の確定判決を取得したことを理由とする不法行為に基づく損害賠償請求の事例について、「前訴判決の既判力ある判断と実質的に矛盾する損害賠償請求をするものである」として、「確定判決の既判力による法的安定を著しく害する結果となるから、原則として許されるべきではな」いと判示した。既判力そのものによる処理ではなく、不法行為の要件のかさ上げによる処理をしている（☞ Unit 8）。
　　なお、このケースを先決関係とみる見解もあるが、これも妥当ではないと思われる。先決関係は、前訴の確定判決が確定した実体判断（本案の判断）について、後訴の前提問題としての拘束を後訴裁判所に及ぼすものであるが、このケースでは、まさに前訴の手続過程全体が不法行為にあたるか否かは後訴裁判所が判断すべき事項で、前訴では何も判断されていないからである。
18）　ドイツ法でも古くから現在でいう矛盾関係に該当する事例についても既判力が及ぶこと自体は承認されていたが、現在でいう矛盾関係の類型が明瞭に意識されたのは、かなり後年であった。我が国でも同様に、矛盾関係が、同一関係や先決関係とは独立した類型として明瞭に意識され、一般的に基本書に書かれるようになったのは1970〜80年代頃であると思われる。なお、越山和広「矛盾

通説によれば，前訴で請求認容判決がなされた場合にのみ，矛盾関係に立つ，とされる。前訴原告Bの所有権を確認した前訴確定判決の既判力を生じる判断内容（＝前訴原告Bに所有権あり）に対して，後訴請求（＝前訴基準時に前訴被告Cに所有権あり，との主張）は，「一物一権主義を媒介に」すると矛盾するから，この点の再審理を許せば実質的に前訴での訴訟追行や審理・判決を無駄にしてしまうとして，前訴・後訴で訴訟物自体はまったく異別であるが，例外的に既判力の作用対象と考えることにしたのである。

> **Column 「実体法上の一物一権主義を媒介として」**
>
> 　通説は「一物一権主義を媒介として」といい，決して「一物一権主義により」とは表現しない。それは，**既判力の本質論で訴訟法説に立っているから**で，実体法説によらない限り，既判力を生じたからといって「一物一権主義」の対象となるような所有権（対世効を有する絶対権）を実体法上作出するとは考えられないことによる。反面で，実体法上（神様の目から見ると）真の所有権者はBでもCでもなくD氏だったとしても，訴訟法上は，B－C間の訴訟で「B氏に所有権あり」と判断され既判力を生じると，同一当事者（B－C）間の後訴では，その判断が後訴裁判所を拘束し，「前訴確定判決でBに所有権が認められた以上，前訴基準時にCに所有権は存在しない」という帰結を導く。それは，あくまで同一当事者（B－C）間で，実体法上の「一物一権主義」の論理（Bに所有権があればCにはない）を介在させているからである（実体法上は，相対的効力の「一物一権」，というのは，本来，語義矛盾であるが）。それが，「一物一権主義を媒介として」矛盾関係に立つ，という微妙な表現につながっている。

関係論による既判力の客観的範囲の画定について」法学政治学論究〔慶應義塾大学〕7号（1990）389頁以下参照。
　なお本書と同様，既判力が作用するのは同一・先決・矛盾の3つの類型のみである，とするものに，リーガルクエスト民訴437頁〔垣内秀介〕，淺生重機「土地建物の占有と建物買取請求権」明治大学法科大学院論集10号（2012）319頁，名津井吉裕ほか『事例で考える民事訴訟法』（有斐閣，2021）207頁〔八田卓也〕等があり，後二者は，本書と同様，同一・先決・矛盾関係にあたるかどうかの審査を最初にして，既判力が作用するかどうかを判断せよ，とする。

🏃 Advanced
矛盾関係をどのように理解すべきか

(1) 矛盾関係についての通説的理解

もう一度，先ほど矛盾関係の典型例として掲げた事案をとりだしてみよう。

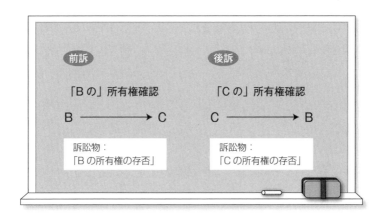

通説によれば，前訴確定判決が，前訴原告Bの所有権を否定した場合には，「Bに所有権なし」との判断に既判力が生じるだけなので，同一物について後訴で前訴被告CがBに対し「Cに所有権あり」との確認請求をすることは矛盾関係に立たない（＝既判力が及ばない・作用しない）とされている。

このように，通説は，前訴確定判決の判断内容が請求認容（あるいは請求棄却か，のいずれか）の場合にだけ[19]，後訴に対して矛盾関係として既判力が作用す[20]

---

19) 前訴が積極的確認訴訟（所有権確認）であれば請求認容の場合となるが，消極的確認訴訟（所有権不存在確認）では，請求棄却された場合に，一方当事者への所有権の帰属が確定する。これにより，「一物一権主義を媒介に」すると他方当事者への所有権の帰属はありえない，という論理関係が成立する，とするわけである。
20) 給付判決に対し当該給付を不当利得として不当利得返還請求を後訴でする場合，ドイツの通説と我が国の松本＝上野 621 頁は，これを先決関係（前訴での給付義務の存否は，後訴請求での「法律上の原因」〔民 703 条〕の有無という先決問題に該当する，とみる）とするが，重点講義（上）595

ると解している。同一関係や先決関係では，前訴で請求認容の場合も請求棄却の場合も，いずれの場合でも既判力は後訴に及ぶ（作用する）と考えられていることと対照的である。

　このことについて，高橋宏志教授は，前訴・後訴の「訴訟物」が同一関係か先決関係か矛盾関係かで説明するのは本末を転倒しており，本来は「前訴の訴訟物（判決）に既判力が生じているから訴訟物同一，矛盾，先決の後訴に既判力が作用していく」と理解すべきである，と説かれる。これ自体はまったくその通りなのであるが[21]，しかし，所説は，同一関係・先決関係については「訴訟物同士の比較」でも大過ないことは認めている[22]。問題は矛盾関係の場合で，前訴判決が請求認容か請求棄却かのいずれか片面的な場合にしか矛盾関係は成立しない，ということを前提にしているために，判決以前に「訴訟物同士」を比較して「矛盾関係」に立つ，という説明ができないことにある。あくまで前訴判決が出て，一方当事者に権利が帰属することが訴訟法上確定したから，他方当事者は権利の担い手にはならない，という矛盾関係が初めて成立する，と考えるのである。そのために，前訴と後訴の訴訟物同士ではなく，前訴確定判決の判断内容と後訴の訴訟物とを比較して，同一・先決・矛盾関係にあるかを論ぜよ，と説くわけである。

(2) 矛盾関係についての通説に対する疑問

　では，先ほどの例で，前訴請求認容の場合にだけ矛盾関係が成立し，既判力が後訴に作用する，という考え方は，本当に正しいのであろうか。

　この考え方によると，前訴で原告Bの所有権確認請求が棄却された場合，同一物についての後訴での前訴被告Cの所有権確認請求は矛盾関係に立たない（そもそもBに所有権が認められていないので，他の誰が所有権を主張しようと矛盾し

　頁・伊藤526頁は，これを矛盾関係とみる。
21）　重点講義（上）596頁注（15）。
22）　特に，例外的に相殺の抗弁についての判断に既判力が生じること（114条2項）についても，相殺の抗弁自体は，抗弁であって「訴訟物」ではないから，それを説明するにはこうした定義付けの仕方は便宜である。ただし，相殺の抗弁についての判断に既判力が生じるとされているのも，そもそも「例外」であるから，「例外」的にいわば訴訟物扱いして既判力の作用を考える，という説明も不可能ではないだろう。

ようがない)から，既判力は後訴請求に作用しない。したがって，後訴でのBの主張も何ら既判力によって制約を受けない。すると，後訴で，Bが「前訴基準時にはやはりBに所有権があった」と主張しても，何ら既判力によって遮断されないということになる。同じB−C間の同一物の所有権に関する訴訟である前訴で「基準時にBに所有権なし」という判断に既判力が生じているにもかかわらず，である。

これに対して，通説的見解は，信義則や争点効によって，このBの主張を遮断していこうとするのではないかと考えられるが，信義則や争点効による処理は，前訴の訴訟追行状況に判断が左右される可能性も残るし，既判力によらず信義則や争点効に頼るのは，同一当事者間の前訴で「前訴基準時にBに所有権なし」という判断に既判力が生じていることを等閑視しているようにも思われる。さらに，既判力の作用は，蒸し返しと評価されかねない権利関係を含む後訴を提起した後訴原告だけに及ぶのみならず，前訴確定判断に抵触する後訴被告の主張をも遮断する。このことから，「後訴原告の請求が前訴確定判断と矛盾すること」が後訴被告の主張を遮断する前提要件になってしまう(その場合にのみ「矛盾関係」成立とする)[23] 通説の考え方には，やや釈然としないものが残る。

(3) 矛盾関係の理解についての試論

私は，矛盾関係を既判力の作用対象に含めた以上，やはり前訴と後訴の訴訟物同士を比較して(前訴判決が請求認容か棄却かにかかわらず)矛盾関係にあたるか否かを判断してよいのではないかと考えている。上記の例で，仮に前訴で原告Bの所有権確認請求が棄却され，判決確定後に同一物について前訴被告Cの所有権確認を求める訴えが提起された場合でも，やはり「矛盾関係」に立ち，前訴確定判決の**既判力は後訴に及んでいる**，と考えることができる。ただ，前訴被告Cが後訴でこうした請求内容を主張することは，前訴確定判決の既判力ある判断内容に矛盾しないから**遮断されないだけ**[24]，とみるのである。他方この後[25]

---

23) 逆に言えば，後訴原告の請求が前訴「確定判断」と矛盾しなければ，矛盾関係が成立しないとされて後訴被告の矛盾主張は既判力により遮断されなくなってしまう。
24) 拘束力説によれば，原則として訴え提起自体がそもそも既判力によって許されない(=不適法却下)，とはされない。

訴で，前訴原告（後訴被告）Bが，「前訴基準時にBに所有権あり」との主張をすることは，前訴判決の既判力が作用し遮断される，と考えるべきである。そうでなければ，矛盾関係も既判力の作用対象であるとした趣旨は，半分しか活かされていないことになろう。

もっとも，この例で，後訴原告（前訴被告）Cは，自分の所有権の確認請求をするにあたり，いずれにしても自らの所有権取得原因事実を主張立証しなければならないことは確かであり，後訴被告（前訴原告）Bの主張を遮断したところで，（仮にいくら前訴でCの所有権を主張してそれゆえにBの請求を棄却に導くことができたとしても）後訴での新たな訴訟追行と審理それ自体は免れない。再審理により，前訴での訴訟追行や審理が無駄になる，ということを避けるのが既判力を及ぼす趣旨だと考える観点からすれば，弊害の度合いは小さく，それ故に，通説はこの場面で既判力を及ぼす必要性もないと考えているのであろう[26]。しかし，その場合でも，例えば後訴でのBの主張（「前訴基準時にBに所有権あり」）が所有権喪失の抗弁と構成される場面では，「再審理により，前訴での訴訟追行や審理が無駄になる」という側面があることは否定できない。この点を既判力の作用で遮断するか，別の道具立てで遮断するか，あるいは全く遮断しないかは，既判力の機能にどれほどの期待を抱いているかの価値判断に左右されるようにも思われる。

矛盾関係は，歴史的には後から明瞭にカテゴライズされた「既判力の作用」類型であり，議論の多いところである。私自身も引き続き，よく考えてみたい点である。

---

[25] その意味で，既判力が及ぶことと，それが実際に作用して遮断効を働かせることは，厳密には同じではない。当然のことながら，同一関係・先決関係・矛盾関係に立っているとして後訴に前訴判決の既判力が及んでいたとしても，後訴で当事者が，既判力の生じている判断に矛盾した主張をしなければ，遮断されることはない。
[26] 私見は，別に新たな創見というわけではなく，川面に浮かぶ泡のように今までも浮かんでは消えてきた考え方であると思われる。しかし，こうした考え方が消えたのは，矛盾関係の定義付けの錯綜もさることながら，まさにここで述べたような見方に理由があったのではなかろうか。

Unit 8

「既判力」の使い方

その2 「生じる」と「及ぶ」,
「及ばない」場合の処理

*Die übersichtliche
Einführung
in das
Zivilprozessrecht*

Unit 8 「既判力」の使い方 (その2)

🚪 Introduction
答案でよく見る誤答の数々

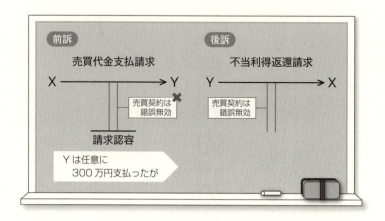

【事例】Xは，Yに対し，300万円の中古車の売買代金の支払を求め裁判所に訴え（前訴）を提起したところ，Yはこの売買契約は錯誤によるもので無効だとして争ったが，受訴裁判所はXの請求を全部認容し，主文で「YはXに300万円を支払え」という旨の判決をした。Yの上訴も奏功せず，この判決は確定した。Yは，強制執行は世間体が悪いからと任意に300万円をXに支払ったが，この判決は客観的真実としては誤っていて，Yは決して納得していなかった。そこで，上記売買契約は錯誤により無効でありXの受け取った300万円は不当利得であるとして，Xにこの300万円の返還を求めて訴え（後訴）を提起した。

　この事例で，「後訴の受訴裁判所は，このYの訴えや主張をどのように処理すべきか」と学生たちが定期試験で問われた，とする。
　前訴判決をあえて，神様の目から見て「誤判」，としたのは，後訴に既判力が及ぶことを避ける意識を潜在的に持たせるための出題者のワナである。
　また，Yに，前訴で通らなかった同じ主張を後訴で繰り返させたのも，解答者に「蒸し返し」を意識させて，Yの主張を却下したいという気にさせようとする，反対

のワナである。

　さて，この定期試験で出てくる誤答の数々を，**既判力**に関する部分について抜き出して見てみよう。どうして，これが誤答（論証不足や正確さを欠く表現を含む）なのかをすべて説明できるなら，この Unit はもう卒業なので，読み飛ばしてくれて構わない。

> 誤答①　Yの主張する後訴の訴訟物は「YのXに対する不当利得返還請求権」であるが，前訴の既判力は，「XのYに対する売買代金請求権」が存在することに及んでおり，同一当事者間でこの主文中の判断に矛盾する主張をYがすることは，既判力の消極的効力により遮断される。後訴でのYの「売買契約は錯誤無効」との主張は，前訴の既判力ある判断に矛盾するから，許されず却下される。
>
> 誤答②　前訴判決の既判力は，判決主文に及ぶので，判決理由である「売買契約が錯誤により無効であるか否か」には及ばない。したがって，後訴でのYの主張に既判力は及ばない。
>
> 誤答③　前訴の訴訟物は「XのYに対する売買代金請求権（の存否）」であり，後訴の訴訟物は「YのXに対する不当利得返還請求権（の存否）」で訴訟物を異にするから前訴の既判力は後訴に及ばない。
>
> 誤答④　（誤答②・③のように既判力が後訴に及ぶことを否定しつつ）しかし，Yが前訴判決で否定された「売買契約は錯誤無効」との主張を繰り返すのは，蒸し返しであり，前訴でも同じ争点として審理されたから手続保障も充分にある。
>
> 　　　　だから…
>
> （④-ⅰ）　Yの主張は<u>遮断される</u>。
>
> （④-ⅱ）　<u>信義則違反</u>として，Yの右主張を却下すべきである。
>
> （④-ⅲ）　既判力の趣旨は蒸し返しを許さないことであるし，既判力の正当化根拠は，当事者に手続保障が与えられていたことであるから，<u>例外的に既判力を拡張</u>して，Yの主張は許されないものとすべきである。

1 既判力が「生じる」ことと「及ぶ」こと

(1) 「生じ」てから「及ぶ」

　民訴が苦手な学生（ひいては法律学が苦手な学生）は、多くが、用語をいいかげんに、フィーリングで、自己流の理解で、用いる。例えば、既判力が「生じる」とか、既判力が「及ぶ」とか、あまり考えることなく両者を混同して用いる。

　既判力は、判決が確定すれば常に「生じる」が、後訴においてその効力が常に「及ぶ」とは限らないし、蒸し返しにあたるような後訴が提起されなければ、既判力は生じたままでどこにも作用していない状態（むしろこれは健全な状態だが）も続きうる。

　私は、講義では、

「仮面ライダーに変身することと、変身後の仮面ライダーがライダーキック[1]を誰彼構わずお見舞いしまくることを、同じだと考えていないか？」

となんともビミョーな喩えで説明して学生に呆れられているが、既判力が「生じる」（仮面ライダーに変身する）ことと、既判力が「及ぶ」（ライダーキックをお見舞いする）ことは違うのである。仮面ライダーがライダーキックをお見舞いするのは、ショッカーに対してだけであり、既判力においては、前訴と後訴の訴訟物が「同一関係」「先決関係」「矛盾関係」のいずれかにある場合にだけ作用する（＝効力が「及ぶ」）とされているのである。

　しかし、学生の答案では、とにかく無辜の一般市民にライダーキックをお見舞いしまくるものが意外に多いのである。

　誤答①は、その典型例である。前訴の訴訟物と後訴の訴訟物との関係が、「同一関係」「先決関係」「矛盾関係」のいずれかに該当することを論じてから（相手がショッカーであることを確認してから）、既判力が及ぶことを言えばいいのであるが、とにかく前訴確定判決に既判力が生じている（仮面ライダーに変身してい

---

[1] 仮面ライダーを知らない方のために簡単に補足すると、仮面ライダーは人類を守る正義のヒーローで主人公が変身して超人的な能力を得た姿であり、ライダーキックはその必殺技。ショッカーは地球征服をたくらむ悪の組織とその戦闘員である（原作漫画：石ノ森章太郎、©石森プロ・毎日放送・東映）。

る)ことだけを述べ,後訴が既判力の及ぶ対象なのかをまったく検討せずに,いきなり相手構わず既判力が作用して主張が遮断される(相手が誰かを確認せずにとにかくライダーキックをお見舞いする)ことを導き出そうとする。誤答①は,相手も確かめずライダーキックをお見舞いしたら相手がたまたまショッカーであったに過ぎない,という,正解として点数を与えがたい答案である。

よく基本書で,「既判力の作用」とか「既判力の効力」などと表現されているのは,既判力の「後訴」での作用とか効力のことであり,もっと言えば,後訴が提起されて後訴の訴訟物が前訴の訴訟物と「同一関係」「先決関係」「矛盾関係」のいずれかにあたっている場合での作用・効力のことである。つまり,後訴について既判力が及んでいる場合に初めて,既判力の効力なり作用なりが論理的に登場できるのである。[2]

Unit 7 でも少し説明したように,裁判所に対する効力を「拘束力」と言い,後訴裁判所が前訴確定判決での既判事項についての判断に拘束されることを指して,[3]**積極的作用**とも呼ばれる。他方,当事者に対する効力を「遮断効」と言い,後訴当事者が,前訴既判事項(主文中の判断)に矛盾する主張をすることが許されないとして,[4]主張が遮断されることを指して,**消極的作用**と呼ばれる。重要なのは,これらの効力は,前訴確定判決の既判力が「及ぶ」関係にある後訴で,初めて作用する,ということである。既判力が及ばないところで,後訴当事者の主張を遮断したくて仕方がない方は,それがいったい何の作用なのか,再度お示しいただきたい。いわゆる「遮断効」[5]は,既判力の効力であり,それが後訴に及んで発現することが既判力の作用である。

(2) 「生じ」ていないと「及」ばない,「生じ」ていたらショッカーには「及ぶ」

誤答②は,既判力が「及ぶ」という表現を用いたがために陥った誤りではな

---

2) もっとも,遮断効が既判力の効力・作用ではない,という説も理論的にはありうるが,我が国では遮断効は既判力の作用と一般に考えられている。重点講義(上) 604 頁注 (22)。
3) いわゆる「既判力の本質」論で,訴訟法説に立ち,しかもわが国の通説見解である「拘束力説」に立った場合の説明である (☞ Unit 7)。
4) 改めて,矛盾する主張が「許されない」とはどういうことかについては,Unit 7 注 7) 参照。
5) 余談であるが,この「遮断効」が書けない学生が,ここ数年増加していて,「しゃ断」「庶断」などと書いて恥じない答案が目立つようになってきたように感じている。

Unit 8 「既判力」の使い方 (その2)

いかと感じている。すなわち，既判力の客観的範囲（既判力が生じる客体の範囲，既判力が判決のどこの部分に生じるか）について，「既判力は，判決主文中の判断にだけ生じ，判決理由には**及ばない**」という表現を用いることは，確かに可能ではあるのだが，後訴に及ぶか及ばないかの問題と混乱しやすい。前述の通り，既判力は，確定判決単体で常に生じているのだが，作用する（＝及ぶ）のは，「ショッカー」に相当する後訴が提起された場合だけである。すなわち，前訴確定判決に「生じた」既判力が，後訴（の裁判所・当事者）に「及ぶ」（作用する）ので，既判力の客観的範囲は，前訴確定判決の判決文の中のどこに既判力が「生じた」かを述べているにすぎない。

実は，Introduction の事例は，「先決関係」または「矛盾関係」として前訴確定判決の既判力が後訴に及ぶ，と考えられているケースである[6]。したがって，前訴基準時に「XにはYに対する売買代金請求権が存する」という前訴判決の主文中の判断[7]に既判力が生じていて，それは後訴である「YのXに対する不当利得返還請求訴訟」に及び，前訴の既判事項に矛盾する主張が，後訴では遮断される。つまり，「XにはYに対する売買代金請求権が存する」という判断に矛盾する「XY間の売買契約は錯誤により無効」との主張は，遮断される。これは，前訴判決理由中でたまたま「XY間の売買契約は錯誤無効ではない」と判断されていても，そこに既判力が生じていてそれに矛盾するから後訴での主張が遮断される，のではない。あくまで**前訴判決の主文中の判断に矛盾するから遮断さ**

---

[6] ドイツの通説であり，我が国では，松本＝上野 621 頁が採るのが「先決関係」説（民 703 条「法律上の原因」があるかないか，すなわち前訴での請求の存否の判断が法律上の原因の有無として，後訴にとっての先決問題であるとする考え方），重点講義（上）595 頁・伊藤 526 頁が採るのが「矛盾関係」説（前訴で移動した金銭をそのまま逆向きに戻せという後訴請求は，前訴請求に正面から矛盾する反対請求であるとする考え方）である。いずれにしても，前訴確定判決の既判力が後訴に及ぶ場合である，とされている点では争いはない（☞ Unit 7 注 20））。

[7] 条文では，既判力は「主文に包含するもの」に生じると言い，学説はそれを「主文中の判断」に生じるとパラフレーズする。「**主文の判断**」に生じる，とは言わない。判決の「主文」で示される記載は，例えば「○○円を支払え」とだけ書いてあって，「**売買代金として○○円を支払え**」というような給付の法的な性格や理由付けを含んでは書かれない。そのため，この場合，主文で示されるのは訴訟物についての判断であるが，訴訟物が何であったか（売買代金請求権か，貸金返還請求権か，不法行為に基づく損害賠償請求権か等々）は判決理由を読まないとわからない。日本語の語感のとらえ方に左右される事柄ではあるが，主文の判断，ではなく，主文中の判断，というほうが，主文の記載の**中で示されている訴訟物についての判断**，という概念を正確に表現できる，と考えたからではないか。

れるのである。[8] 前訴判決では理由中の判断事項にあたるような主張でも，後訴では前訴確定判決の主文中の判断に矛盾しうる主張として遮断されうるのである。

　したがって，前訴の判決理由中の判断に既判力が生じないことは，後訴での主張の遮断の有無とは無関係なので，論じても無意味である。そのことをわざわざ論じた結果として，誤答②のように「判決理由中の判断には既判力が及ばないから後訴にも及ばず，後訴での当該主張も遮断されない」などという誤答まで生むとすれば，むしろ有害ですらある。この問いでは，後訴での主張が既判力（の遮断効）により遮断されるかどうかを判断するに際して意味があるのは，まず後訴が「ショッカー」にあたるのかどうか（同一関係・先決関係・矛盾関係のいずれかに該当するか否か），の検討だけである。後訴が「ショッカー」だと認定されたら初めて，遮断効により遮断されるべき主張（ショッカーから繰り出されてくる攻撃。ライダーキックをお見舞いする対象となる行為）を決めるために，前訴の主文中の判断に矛盾抵触するかどうかのみを考えればよいのである。

(3) 訴訟物が違うから，既判力が及ばない？
　誤答③は，後訴に既判力が及ばないとしている点で既に誤りである（先決関係ないし矛盾関係にあたるから前訴判決の既判力は後訴に及ぶ）ことはもうおわかりかと思うが，よく目にする誤答なので，クドクド念押ししておく。
　既判力が後訴に及ぶ場合は，「同一関係」「先決関係」「矛盾関係」だけである（これら三つの蒸し返しの場合だけを「ショッカー」として，ライダーキックをお見舞いする対象と認定する）。このうち，「同一関係」以外の二つは，前訴と後訴で訴訟物を異にする場合である。したがって，「訴訟物を異にするから既判力は及ばない」というのは，「同一関係」にはあたらないと言っているに過ぎず，それだけでは「既判力が及ばない」とする論証としては，完全なものとはいえない。「先決関係」は，前訴の訴訟物についての判断が後訴の訴訟物の前提問題になっていて，後訴の判断を必ず左右する関係にあるので，前訴と後訴の訴訟物が同じでなくても，いわば重なっている部分について，前訴既判力の拘束を後訴に及ぼす必要が認め

---

8) XY 間の売買契約が錯誤により無効なら，前訴基準時で X に売買代金請求権は存在しないことになってしまう。したがって，この「錯誤無効」の主張は，前訴確定判決の主文中の判断に矛盾する（だから，遮断される）。

Unit 8 「既判力」の使い方（その2）

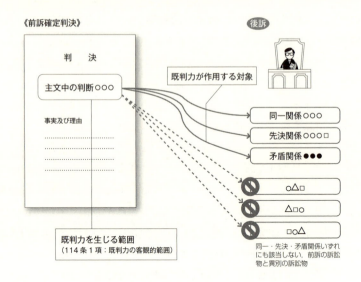

られたのである。「矛盾関係」は，もとより前訴と後訴で訴訟物はまったく別であるが，前訴での請求と実体法上両立せず矛盾する反対権の権利主張（請求）が真反対から後訴でされている場合なので，同じ当事者間で三審級をかけてなされた前訴判決の確定的判断を無にしないために，既判力の拘束を後訴に及ぼす必要が認められたのである。

　事案によっては，そしてまた，試験等でまさに既判力が及ぶ場合か否かを問われている場合には，一目して明らかな場合はともかくとして，ただ単に「前訴と後訴で訴訟物を異にするから」だけでなく，「先決関係」にも「矛盾関係」にもあたらない，ということまで論じないと，誤答③のような誤りに陥ってしまう。

　そこで，学生諸君への私の提案は，とりあえず「既判力が生じる」という表現は，前訴確定判決についてだけ用い，後訴との関係でだけ，後訴に「既判力が及ぶ」と言おう，というものである。仮面ライダーに変身することと，ライダーキックをお見舞いすることとで，表現を切り替えよう，ということである。

---

9) もちろん，後訴判決だって，後訴判決が確定すればそこには既判力が「生じる」わけであるが，後訴判決が出て確定する前において，後訴の受訴裁判所の処理を訊かれている場面では，という意味である。

Column 既判力が「生じる」と「及ぶ」〜当事者以外への拡張の場合

　舌の根も乾かぬうちで恐縮だが，実は，既判力の主観的範囲の場合には，「及ぶ」ことと「生じる」こととの区別がそもそも微妙であって，混用が避けられない。何故かというと，前訴・後訴で事件をまたがって前訴確定判決の既判力が後訴に「及ぶ」と表現するように，人をまたがる場合にも既判力が「及ぶ」という表現を用いざるをえないからである。既判力の主観的範囲が，当事者以外の者へ拡張されている民訴法115条1項2号ないし4号所定の者は，条文の見出しでは「確定判決等の効力が及ぶ者の範囲」とされているが，1項柱書は「確定判決は，次に掲げる者に対してその効力を有する」となっている。ここで「及ぶ」というのは，当事者間で追行された訴訟の判決の効力が，当事者以外の者にも「及ぶ」ということだが，当事者以外の者にも「生じる」と表現することもできよう（当事者間で「生じた」既判力が，同時に当事者以外の者にも「及ぶ」）。ここでは，後訴当事者が登場する前の段階で，既判力がそもそも誰に発生しているか，ということが問題なのであって，後訴が提起されて後訴当事者に前訴判決の既判力が「及ぶ」かどうか（これが本Unitで見た「及ぶ」の問題）とは，時間的なフェーズが異なるからである。

　当事者以外の者への拡張の例を一つ取りあげておこう。債権者代位訴訟（前訴）で請求棄却判決が出て確定したとして，前訴に登場しなかった債務者が第三債務者に対して，前訴で訴求された自己の債権の履行を求める訴え（後訴）を提起した場合，一般には，前訴で当事者にならなかった債務者にも前訴確定判決の既判力は「及ぶ」とされる（民訴115条1項2号）。しかし仮に後訴の受訴裁判所が，前訴の代位債権者の被保全債権は不存在だと判断した場合，そもそも既判力が債務者に拡張される基礎を欠く（当事者適格を有するはずの訴訟担当者による訴訟追行によって，代位債権者が債務者に代わって債務者の有する債権を実現してくれるはずという「代替的手続保障」があることを理由に既判力が拡張されるのに，代位債権者〔訴訟担当者〕にあるはずの当事者適格を欠く）ので，既判力は債務者には「及ばない」，と一般に説かれる。

　この場合の，債務者に既判力は「及ばない」というのは，後訴での債務者に既判力が「及ばない」（本来の「及ぶ」「及ばない」）という意味と，そもそも前訴判決確定の時点で，代位債権者の受けた判決の

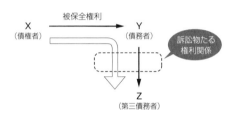

既判力が債務者に生じない (拡張されない) という意味での「及ばない」が一緒くたになって用いられていることになる。

2 既判力と信義則〜「信義則により既判力を認めるべき」?

(1) 既判力と信義則はあくまで別の手段

　信義則のような一般法理は，個別の実定法規の解釈・適用の限界を補完するものであり，既存の法制度・法解釈では対応しきれない場面でのみ発動しうる。したがって，個別の法解釈の試みを簡単に放棄し信義則に依存するべきではないし，また既存の実定法規の解釈の限界を超えると考えられるケースでも，安易に信義則の適用を図るべきではない。[10]

　既判力により制度的に前訴の蒸し返しを封じることは，民事訴訟法が予定している。しかし，既判力をもってしても，訴訟物を形式的には別のものとみせかけて，既判力を及ばなくさせるような工夫をする当事者，すなわち既判力の形式的な枠組みの外側で巧妙に紛争を蒸し返す当事者についてはいかんともしがたく，こうした蒸し返しに対しては，現在に至るまで，何らかの対応が必要と見られてきた。例えば，判決理由中の判断に既判力とは異別の拘束力を認めていこうとする「争点効」論が登場したが，判例によって否定された。[11]また，同時期に議論された既判力の (判決理由中の判断への) 拡張論も，一般の支持を得るに至らなかった。最高裁は，オーソドックスな訴訟物・既判力論を維持したまま，既判力の枠外で蒸し返しを図る「訴え」を，**信義則**によって，不適法却下する方策を採用した。[12]

　このように，既判力が及ばないところで信義則によって後訴を遮断 (不適法却

---

[10] 信義則の安易な適用を否定した事例として，最判昭和 59・1・19 (判時 1105 号 48 頁・判タ 519 号 136 頁)。

[11] 最判昭和 44・6・24 (裁判集民 95 号 613 頁・判時 569 号 48 頁，百選〔第 5 版〕84 事件〔髙田裕成〕)，同旨：最判昭和 48・10・4 (裁判集民 110 号 159 頁・判時 724 号 33 頁)，最判昭和 56・7・3 (裁判集民 133 号 241 頁・判時 1014 号 69 頁)。

[12] リーディングケースとされるのが，事案はやや特殊なものであったが，最判昭和 51・9・30 (民集 30 巻 8 号 799 頁，百選〔第 5 版〕79 事件〔髙田昌宏〕) である。

下）しようとするのが判例の基調である。これは重要な点であるにもかかわらず，理解されていないことが意外に多いようである。あくまで「既判力が及ばないから，信義則で何とかしよう」ということなのであって，「信義則により既判力を認めるべきだ」などということではない（そういう下級審裁判例も極めて稀に見かけることがないではないが）。既判力は，民事訴訟の制度そのものが本質的に要求する制度的効力であって（三審級も争って片が付いたと思ったらまだ蒸し返されることがある，という制度だとすると，誰も民事訴訟など利用しないはず），当事者が互いに信義に則った行動をしようがしまいが，適切な主張をしようがしまいが，適正な民事訴訟制度を利用した以上，押しつけなければならない効力である。

　また，当事者が前訴の確定判断と矛盾した主張をすると，既判力によってその主張が排斥されるのは，前訴でその当事者が「手続保障」を享受していたからだ，というように，既判力の「正当化根拠」として「手続保障」が挙げられることがある。しかし，信義則は正当化根拠ではない。「手続保障があったのに，蒸し返すようなことを言うのは信義則違反だ」と言うのは，いかにももっともらしく聞こえる（これ自体の誤認性については後に述べる）が，だから既判力同様の効力を認めるべきであるとか，信義則によって既判力を認めるべきであると言うのは，勇み足になる危険性が高い。

---

13) 最判昭和 49・4・26（民集 28 巻 3 号 503 頁・判時 745 号 52 頁・判タ 310 号 148 頁）が，傍論で，旧・民訴 545 条 2 項（現・民執 35 条 2 項）の既判力の遮断効の趣旨に「訴訟上の信義則等の観点」として信義則の観点を含めて掲げたことを指して，既判力の根拠として「信義則」の観点も含まれうることを高く評価する立場（信義則を根拠とする争点効を支持する見解と重なる）も有力である（重点講義（上）667 頁参照）。仮にその立場に立つとしても，信義則は既判力の拘束力の根拠の一つにすぎないとされているので，信義則一つで本来既判力が作用しない場面で既判力の作用を認めろ，というのはやはり短絡的であろう。

14) 重点講義（上）590 頁など参照。同書 668 頁には，「手続保障があったことによる自己責任というのは，信義則・禁反言の別表現」という表現が登場するが，責任そのものは相手方に対して主張を制限されること（それを「自己責任」とする）を内容としていても，自己責任が問われる根拠には，相手方の信頼（＝信義則の前提。「信頼」違反が信義則違反となる）は直接関係しないはずである。自己責任は，その当事者に「手続が保障されていた」ことが根拠になる〔手続保障があった→にもかかわらず怠った→自己責任〕のであって，「相手方の信頼があった」ことが自己責任の直接の根拠になるわけではない。したがって，結果的に相手方の信頼が害されるという状況になることが多かったとしても，相手方の信頼保護を前提とする信義則と「手続保障による自己責任」とは，やはり切り分けて考えておくべきだと思われる。

Column 「手続保障があったから……」？

　何の悪影響かわからないが、判で押したように、とにかく「前訴で手続保障が与えられていたから」ああだとかこうだとか述べる答案が、ここ数年目立つ。その「手続保障」の内容が何かというと、「手続保障」という言葉以外には何も書いてない答案も多く、書いてあったとしてもせいぜい「前訴で主張立証の機会が与えられていたから」「前訴でも審理されたから」程度のものである。こうした答案の書き手には、逆に、「主張立証の機会が与えられていない」民事訴訟がどこで行われているのか訊いてみたいし、「前訴で審理された」からこそ前訴の判決理由に摘示されるのであるから、その程度のことが根拠なら判決理由中の判断すべてが遮断対象となりかねない。その程度の「手続保障」論で、既判力ないし既判力同様の効力を認めるべきだ（判決理由中の判断事項についての後訴での再主張を遮断せよ）、というのは結局、判決理由中の判断すべてに既判力を認めろ、と言っているのと実質的に変わりない。

　既判力の根拠の場面で説かれる「手続保障」は、いわゆる『手続保障の第三の波』派を除き、既判力の及ぶ（及びうる）場面での遮断の「正当化根拠」なのであって、及ばないところに既判力を発生させる根拠ではない。[15)]

　なぜ「手続保障」があると、既判力が認められていないところでも既判力同様の作用を認められるのか（誤答④（タイプⅰ））。いわゆる『手続保障の第三の波』派に立っているつもりなのかもしれないが、いずれにしても論拠を示すべきである。「既判力は手続保障があるから認められている、だから手続保障があれば既判力ないし既判力同様の効力を生じさせるべきだ」式の手続保障「万能」論は、実定法を無視した、逆立ち論理である。

　「手続保障」論を正確に理解していないなら、おざなりな「手続保障」を答案には絶対書くべきではない。私は、こうした通り一遍の濫用型「手続保障」答案は定期試験で例外なく減点している（もちろん講義でもその旨を予め宣言している）。

　そしてまた、単に一言だけ「手続保障」と言えば何かを論証した気になるのはもうヤメにすべきである。「手続保障」は、実践上は多義的な内容を含むので、どうし

---

15)　いわゆる『手続保障の第三の波』派の考え方は、既判力について、手続保障と自己責任による提出責任に純化し、多くは既判力というより「失権効」という用語を用い、この「失権効」は訴訟物の枠に限定されず、判決の効力ですらなくなる、という解説（重点講義（上）590頁）が示すように、判例実務はもとより、一般的な学説からも離れるので、この考え方に依拠する場合は、正確な理解と入念な論証を要する。

ても使いたいのなら,「これこれこういう内容の」手続保障,と具体的に内容を限定して用いるべきであるし,そこまで具体的に内容を指摘できるようであれば,もはや「手続保障」という用語を用いる必要はない場合も多いであろう。[16]

(2) 信義則による蒸し返し後訴の遮断
(a) 信義則の登場場面

さて,最高裁判例が,**既判力の及ばないところで「実質的な蒸し返し」**への対処方法として用いる**信義則**は,「相手方の信頼・期待」が合理的と判断される場合に,その信頼・期待の保護のために使用できるツールである。「手続保障」があったから信義則が適用可能だ,ではなく,既判力が及ばない場面であるにもかかわらず,**相手方に「決着済み」との信頼が生じ,かつその信頼が合理的だとされる場合だけ,信義則が登場できるのである**。

既判力が及ばないということは,既判力により蒸し返しが封じられるはずという信頼や期待ができない約束で訴訟を追行しているはずであり,既判事項以外の部分で「決着済み」との信頼や期待を勝手にしても,本来的には,合理的とは判断されない場面である。[17]それにもかかわらず,例外的に,「決着済み」との信頼が生じても致し方なく,そうした信頼や期待が合理的とされる場面は,どのような場合だろうか。

(b) 信義則による後訴遮断の2類型

最高裁が信義則によって蒸し返しにあたる後訴を遮断する場面は,学説上,以下の二つの類型に分けられる。[18]

---

[16] 本書と同様に,「手続保障」がマジックワード化していることへの懸念を表明しているのは,伊藤眞ほか『民事訴訟法の論争』(有斐閣,2007) 171頁以下。

[17] また,「当事者は前訴で実際に主張していたから手続保障があったといえる」といった答案も見かける。既判力のルールは,判決理由中の判断事項には既判力を生じません,判決理由中の判断から遮断効は導きません,という「お約束(ルール)」である。そういう「ルール」でゲームを始めたのに,真剣に争ったら,後から「真剣に争っているので,判決理由中の判断事項ではありますが,遮断させてもらいます」という後付けのルール変更をする,というのは,予め決まっているルールに従って真剣な訴訟活動をした当事者が,真剣であればあるほど不利益を与えるもので,それをされても仕方がないといえるほどの事情があるか,慎重な判断を要するものである。「前訴で主張していたから」程度で遮断されてしまったら,たまったものではない。

[18] 代表的な文献として,竹下守夫「判決理由中の判断と信義則」山木戸克己先生還暦記念『実体法

(i)勝訴当事者側の「禁反言の法理」と, (ii)敗訴当事者側の「権利失効の法理」である。

すなわち, (i)の「禁反言の法理」は, **勝訴当事者**が自らを勝訴の結論に導くのに不可欠であった前訴での主張(およびそれを容れた前訴確定判決の理由中の判断)と矛盾する訴求を行うケースで, (ii)の「権利失効の法理」は, **敗訴当事者**が訴訟の結論に不可欠な法律上の争点について前訴での主張と同じことを主張して訴求しているものの, 前訴確定判決の(理由中の)判断とは相容れないケースである(☞ **Advanced**(2))。

ここで注意すべきなのは, 禁反言の法理によるにしても, 権利失効の法理によるにしても, 後訴の提起が「不当」と評価されるためには, 前訴手続過程の「評価」が不可避である, という点である。どういうことかと言えば, 既判力が生じないのに, 後訴を遮断してしまうというドラスティックな効果をもたらす以上, 既判力を生じる手続と同等以上の手続の機会が与えられ, かつ前訴で実際に行われたものと評価される必要がある, ということである。

主文中の判断に生じる既判力(114条1項)による拘束力の場合は, 前訴で三審級を経る機会が前提として保障されている。上訴の際に必要な要件である「不服の利益」は, 主文中の判断について認められるからである。逆に言えば, 既判力を生じない判決理由中の判断については, 当事者が後訴で自由に争えるのであるから三審級を保障する必要がなく, 理由中の判断に不服があっても(例外的に既判力を生じる相殺の抗弁についての判断〔114条2項〕を除いて)不服の利益は認められない。

このように, 三審級で審理されることが保障されない「判決理由中の判断」について, 既判力により妨げられない後訴の提起を「不当」と評価したり, あるいは一方当事者が前訴で決着済みと信頼したことを「合理的」ないし「正当」と評価したりして, 一定の拘束力なり遮断的効力なりを認めることができるかは, 前訴の手続過程でどのようなことが実際に行われていたか, 三審級を保障したのと変わらないくらい充実した攻防が行われていたと言えるのか, にかかっているのであり, 慎重な検討を要する。

と手続法の交錯(下)』(有斐閣, 1978) 72頁以下。

少なくとも，前訴判決の主文を導き出すために不可欠な判断事項に含まれなければ，当事者の真剣な攻防は期待できない（真剣な攻防がなければそれに対して決着済みと信頼することは保護に値しない）であろうし，その中でも実際に勝敗を決した事項でなければ，この点について決着済みとの信頼が合理的とはされないであろう。またこれらの大前提として，形式的には異別の訴訟物のかたちをとり既判力を巧みに潜脱しながら実質的には同じ内容を訴求することを「実質的な蒸し返し」として，遮断するほうが当事者の公平に適う，と言わざるを得ない事情がある必要があろう。

また，最高裁判例のほとんどは，信義則により後訴の「訴え」そのものを**不適法却下**するやり方で蒸し返しを防ぐ方策を採っている（百選での見出しも，「信義則による**後訴の遮断**」とされている[19]）。これによれば，既判力による後訴の主張遮断では，一般に（拘束力説によると），基準時後の新事由がなければ後訴**請求棄却**となるので，既判力による処理（請求棄却）と信義則による処理（訴え却下）は効果も変わってくる[20]。この点も，注意が必要である。

(c) 「手続保障」の濫用答案

さて，以上を前提に，残っている**誤答④**が，なぜ「誤り」かをまとめて見ておこう。

(④- i) は，Column でみたように，後訴に既判力は及ばないがとにかく前訴で「手続保障」があったから後訴での主張を遮断すべきだ，とするものである。

---

19) 百選〔第5版〕79事件168頁〔髙田昌宏〕。「**訴え**」レベルでの排斥ということになるが，これについては，裁判上の請求行為＝訴え提起行為そのものを不適法とする，という意味で「**請求**」レベルでの遮断，という言い方もされる。
　平成に入ってからも，最高裁は，金銭債権の数量的一部請求について一部棄却された判決の確定後になされた残部の訴求を，信義則によって不適法却下した（最判平成10・6・12〔民集52巻4号1147頁・判時1644号126頁・判タ980号90頁，百選〔第5版〕80事件〔松下淳一〕〕）。

20) ただし，信義則による遮断を後訴での「**主張**」に対して行うべき，という有力学説や下級審裁判例のように，後訴そのものを適法とした上で後訴での個別の「主張」は信義則によって許されないとするやり方（「**主張**」レベルでの排斥により後訴を**請求棄却**に導く）もある（最高裁の裁判例でも，唯一，最判昭和52・3・24〔裁集民集120号299頁・金判548号39頁〕は，「**後訴の請求又は後訴における主張**が前訴のそれのむし返しにすぎない場合には，**後訴の請求又は後訴における主張**は，信義則に照らして許されないものと解するのが相当」としている。ただしこの判例を引用する下級審も実際上は，後訴自体の却下を導くものがほとんどである）。

Unit 8 「既判力」の使い方（その2）

　しかし，既判力の効力として遮断効がある，という一般的理解を捨てないと，この論理は成立しない。既判力の及ばないところで遮断しようとするならば，別の根拠（いわゆる「手続保障の第三の波」派の考え方など）が必要であり，「既判力は手続保障があるから及ぶのであり，だったら，手続保障があれば既判力が及ばないところでも遮断すべきだ」というのは，「牛は動物である，だから動物は牛である」式の誤謬である。

　（④-ⅱ）は，「手続保障」があったから信義則によって遮断せよ，というもので，「手続保障」があるとどうして信義則違反になるのか，についての論証がない。信義則違反は，合理的な「信頼」や「期待」が害されて初めて違反と評価されるものであり，「手続保障があるから」信義則がすぐ発動して蒸し返し主張を遮断される，というのは一足飛びであって論証不足である（注14）参照）。

　（④-ⅲ）では，そもそも学説で主張される「既判力の拡張」論は，一般の賛同を得ているとは言い難く，「拡張」論に対してなされている批判への反論も含め，定期試験の答案内で説得的に論じ尽くせるようなものではない。例外的に拡張できると主張する根拠が「手続保障」だけ，というのはかなり乱暴で，お粗末なものといえる。

　既判力の正当化根拠としての「手続保障」は，**既判力の及ぶ（及びうる）場面での拘束力ないし遮断効の正当化根拠**（もともと既判力が及ぶとされる場面ではあるが手続保障がなかったから遮断すべきではない，といった場合に用いるもの）**なのであって，及ばないところに既判力とその作用である遮断効を発生させる根拠ではない**，ということを看過している。こういう答案は，そこでいう「手続保障」も正確に理解しているか怪しいことがしばしばである。

　既判力は難しい。このUnitのような書き方で説明されている基本書は見たことがないが，しかし，定評のある基本書を丁寧に読み返してみれば，このUnitで指摘した事柄・内容は，その記述の内に正確に書かれていることが，今度は理解できると思われる。定評のある基本書で再度既判力の項を確認することをお勧めしたい。

🏃 Advanced
蒸し返し対策の三つのレベル

(1) 「既判力」による対策,「信義則」による対策と,さらにもう一つ

　以上,見てきたとおり,判例上は,少なくとも,蒸し返し後訴の処理について,「既判力」のレベル,「信義則」のレベルの二段階がある。

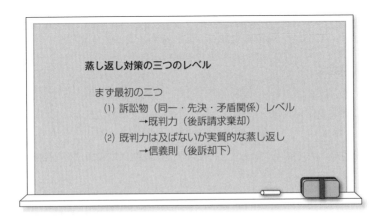

　しかし,既判力の作用しない領域で,さらに,信義則による処理にもよらない,もう一つのレベルがある。それが第三の「不法行為訴訟の要件かさ上げ」による処理である。具体的にどのような場面が挙げられるかといえば,既判力は及ばないし,また,同質の権利関係の実質的な蒸し返しでもないが,前訴手続が不法行為だとして損害賠償請求により前訴の勝訴利益を後訴で吐き出させようとする場合である[21]。これが後訴原告の主張通り,確定判決の騙取という不法行為事案であるなら,後訴請求は当然に認められてしかるべきだが,そうでないときが,ここでの処理の問題となる。

---

21) これが,矛盾関係にはあたらないことにつき,Unit 7 注 17) 参照。

① 最判平成 22・4・13

　最判平成 22・4・13は、「前訴において相手方が虚偽の事実を主張して裁判所を欺罔し勝訴の確定判決を取得したことを理由とする不法行為に基づく損害賠償請求」の事例につき、「前訴判決の既判力ある判断と実質的に矛盾する損害賠償請求をするものである」として、「確定判決の既判力による法的安定を著しく害する結果となるから、原則として許されるべきではな」いと判示した。判旨によれば、

　①当事者の一方が、相手方の権利を害する意図の下に【相手方の害意】、
　②作為または不作為によって相手方が訴訟手続に関与することを妨げ、あるいは虚偽の事実を主張して裁判所を欺罔するなどの不正な行為を行い【手続上の不正な行為】、
　③その結果本来あり得べからざる内容の確定判決を取得し、かつ、これを執行したなど、その行為が著しく正義に反し、確定判決の既判力による法的安定の要請を考慮してもなお容認し得ないような特別の事情がある【著しく正義に反する手続結果】、

という場合に限って、不法行為に基づく損害賠償請求が許されるものとしている。

---

22) 裁判集民 234 号 31 頁・裁時 1505 号 12 頁。
23) 他に、最判平成 10・9・10（裁判集民 189 号 743 頁・判時 1661 号 89 頁）。なお最判昭和 44・7・8（民集 23 巻 8 号 1407 頁・判時 565 号 55 頁・判タ 239 号 145 頁）参照。

ここで最高裁は，単に通常の不法行為の成立要件の中で勘案すれば済むところを，上記のように，通常の不法行為より厳しい要件のハードルを課している。既判力そのものの問題であれば既判力を作用させれば済むが，既判力が直接作用しない場面であるため，その背後にある既判力による「法的安定性」を強調しているからだと考えられる。

　すなわち，三審級を保障しながら判断を確定する民事訴訟制度においては，判決が確定するまでに誤謬の修正過程ないし修正可能性が存することが前提とされており，確定した以上は，誤りなき法的安定性が確保されているものという一般的な擬制がある。それでも現実に誤りが発見された場合に，法的安定性を覆してまでも救済の必要性が認められる，というのは自ずから限定的な局面になる。そこで，既判力そのものを取り消す限定的な制度としては再審制度が用意されるが，既判力そのものを取り消すのではない場面で救済を求める被害者には，要件のハードルを上げた上で，不法行為に基づく損害賠償請求を限定的に認める，としたのが前掲最判の趣旨と考えられるのである。

②　不法行為訴訟の要件のかさ上げ

　すると，次の問題は，不法行為に基づく損害賠償請求の要件のハードルをかさ上げするにしても，いったいどこまで上げるべきか，である。一方で，再審の要件なみに厳しくしすぎて実質的に救済の実をあげられないよりも，再審よりは緩やかな要件で救済をすべきと考えるか，他方で，確定判決の既判力ある判断と実質的に矛盾する損害賠償請求なのだから，やはり既判力の及ぶ場面と同様に再審法理あるいは再審に準じた要件に服さしめるべきと考えるか，という両論がありうる。

　学説上は，これを既判力の問題と同視して，問題とされた前訴を再審によって取り消さない限り，後訴で不法行為請求をすることは許されない，とする見解も有力である[24]。しかし前訴の訴訟物が何であれ，前訴の手続過程自体を「不法行為」として，蒸し返しの後訴である不法行為請求訴訟を提起しているので，既判力の働く場面ではない（前訴・後訴の関係は，同一関係でも先決関係でも矛

---

24)　松本＝上野715頁。

盾関係でもない）以上，再審を経て前訴の既判力を消滅させる必要性は必ずしもない。再審を要せず，不法行為に基づく損害賠償請求権を認める要件をかさ上げすることで対処する最高裁判例の方向性に，私も賛成である。

(2) 信義則レベルでの蒸し返し対策：「信義則による後訴遮断」詳論
～「禁反言の法理」による後訴遮断と「権利失効の法理」による後訴遮断

　信義則による後訴遮断でいう信義則が，学説の分析上，「禁反言の法理」によるものと「権利失効の法理」の二類型に分類されていることは本文で説明した（☞2(2)）。上級者向けに，その中身をもう少し掘り下げておこう。
　まず，(a)「禁反言の法理」を後訴遮断に使用するケースをみてみよう。
　例えば，前訴で車の売買代金支払請求をし，「当該車売買契約は有効である」という原告の主張が容れられて請求認容され確定した後，前訴勝訴原告が，今度は「売買契約は無効である」という主張に基づいて売買の目的物たる車の返還請求訴訟を提起したとき，その後訴の提起が不当と評価される場合が，典型例として挙げられる。この例で，前訴の訴訟物は「売買代金支払請求権の存否」であり，後訴の訴訟物は「車返還（引渡）請求権の存否」であるので，既判力の及ぶ同一・先決・矛盾関係のいずれにもあたらない。
　他方，(b)「権利失効の法理」を後訴遮断に適用する場合は，もともとの権利失効の法理とは異なる要件で考えられていることに，まずは注意が必要である。本来の権利失効の法理（訴訟上の権能の失効）は，<u>長期間権利が不行使であった</u>ことにより相手方に生じる信頼や期待が要件になっている[25]。しかし，ここで後訴遮断に用いる際の「権利失効の法理」は，この長期間の権利不行使によって生じる「もはやこの点は争われないだろう」という相手方の信頼を，前訴判決が確定したことによって生じる「もはやこの点は争われないだろう」という相手方の信頼に置き換え，この信頼が「合理的」と評価される（あるいは蒸し返す当事者がこの信頼を裏切ることが「不当」と評価される）場合に，信義則を適用することを指している。
　すなわち，「長期間の権利行使の懈怠」を「適時に権利行使をすべきなのに懈

25）前掲注12）の昭和51年最判も，時間的懸隔を根拠の一つとしていた。

怠した」と置き換える。そこから「もはや権利行使がなされないだろうという正当な信頼」が生じ，その信頼を保護するのが権利失効の法理の趣旨だとして，「確定判決の理由中の判断事項について，一方当事者に，既に前訴で決着がついたとの正当な信頼」が生じたならそれを保護すべきである，と理解することも許される，というように，権利失効の法理の趣旨を敷衍したわけである。

かつまた，本来，前訴判決が確定したことによって「もはやこの点は争われないだろう」という信頼が当事者に生じるとすれば，その信頼は，訴訟物についての判断すなわち主文中の判断に対してのみ成り立つもの（既判力があるからこそなされる信頼）と考えられてきたのであるが，その信頼の対象を判決理由中の判断にまで拡張したわけである。

この「権利失効の法理」類型としては，例えば，ある土地の所有権に基づく移転登記手続請求訴訟の前訴で，所有権が被告にあるという理由で請求棄却され，この判決の確定後，前訴敗訴原告が，前訴以前からずっと自分に所有権があると主張して，所有権に基づく明渡請求の訴えを提起したとき，その後訴の提起が不当と評価される場合が，挙げられる。この例で，前訴の訴訟物は「所有権に基づく移転登記手続請求権の存否」であり，後訴の訴訟物は「所有権に基づく（目的不動産の）明渡請求権の存否」であるので，既判力の及ぶ同一・先決・矛盾関係のいずれにもあたらない。さらに，前訴での敗訴原告は，後訴でも前訴と同じ主張をしているから，矛盾挙動にもあたらない。しかし，前訴において，訴訟物に関する判断に不可欠の前提問題について，両当事者間で攻撃防御を尽くした結果，判決理由中で判断され，そこから必然的に主文の結論が導かれ，それが確定している場合には，既判力により決着する主文の判断はもとより，その理由中の判断部分にも決着済みとの正当な信頼が生じ，それは権利失効の法理により保護されるべきである，とするのである。

この例を見るとわかるように，この「権利失効の法理」を用いた後訴遮断の論理構造は，当事者双方の訴訟行為に対するお互いの直接の信頼とその侵害に基づく信義則によっているのではない。そこには相手方の行為ではなく裁判所の判決の判断に対する信頼が介在する。そのために，当事者相互間の信義則ではなく，裁判所の判断が間に挟まった，・判・決・経・由・型・の・信・義・則，とも言われたりする。

Column　訴え提起自体が真に不法行為だったら？

　既判力とは離れるが，関連して，訴え提起自体が違法性を帯びる場合には，どのように処理すべきだろうか。処理の仕方としては二通りある。
　第一に，訴権濫用として信義則で「訴え」を却下する処理[26]，第二に，不法行為として損害賠償請求の対象とする処理[27]である。
　また，そもそも訴え提起自体が違法性を帯びる場合はいかなる場面かについては，有名な最判があるので確認されたい。
　最判昭和63・1・26[28]は，以下のようにいう。「民事訴訟を提起した者が敗訴の確定判決を受けた場合において，右訴えの提起が相手方に対する違法な行為といえるのは，当該訴訟において提訴者の主張した権利又は法律関係（以下「権利等」という。）が事実的，法律的根拠を欠くものであるうえ，提訴者が，そのことを知りながら又は通常人であれば容易にそのことを知りえたといえるのにあえて訴えを提起したなど，訴えの提起が裁判制度の趣旨目的に照らして著しく相当性を欠くと認められるときに限られるものと解するのが相当である。」[29]

---

26) この点についての著名な裁判例として，東京地判平成12・5・30（判時1719号40頁・判タ1038号154頁）は，「訴えの提起において，提訴者が実体的権利の実現ないし紛争の解決を真摯に目的とするのではなく，相手方当事者を被告の立場に立たせることにより訴訟上又は訴訟外において有形，無形の不利益・負担を与えるなど不当な目的を有し，提訴者の主張する権利又は法律関係が事実的，法律的根拠を欠き権利保護の必要性が乏しいなど，民事訴訟制度の趣旨・目的に照らして著しく相当性を欠き，信義に反すると認められる場合には，訴権を濫用するものとして，その訴えは不適法として却下すべきものと解される。
　訴権濫用に当たるか否かは，提訴者の意図・目的，提訴に至るまでの経過，提訴者の主張する権利又は法律関係の事実的根拠・法律的根拠の有無ないしその蓋然性，それらの法的性質・事実的背景，提訴者の訴訟追行態度，訴訟提起・追行による相手方当事者の応訴の負担，相手方当事者及び訴訟関係者が訴訟上又は訴訟外において被ることがある不利益・負担等のその評価にかかわる事実（評価根拠事実）を総合的に考慮して判断すべきである。そして，民事訴訟の提起は，本来であれば，原則として正当であるのであるから，訴権濫用というためには，そうした制度利用を許容すべきではないとするほどの不当性が認められることが必要であると解される。」と判示している。
27) 近時の裁判例として，東京地判平成24・5・17（LEX/DB文献番号25494214）や大阪簡判平成24・11・8（LEX/DB文献番号25500145）は，虚偽の主張や偽造した証拠等に基づいてなされたり相手方の人違いでなされた訴えの提起自体が不法行為とされた事例である。また，制裁目的での提訴について，訴えの提起が「裁判制度の趣旨目的に照らして著しく相当性を欠く」として不法行為成立と判示した事例もある（高知地判平成24・7・31〔判タ1385号181頁〕参照）。
28) 民集42巻1号1頁・判時1281号91頁・判タ671号119頁，百選〔第5版〕36事件〔西川佳代〕。
29) この最判は，最判平成11・4・22（裁判集民193号85頁・判時1681号102頁・判タ1006号141頁），最判平成22・7・9（裁判集民234号207頁・判時2091号47頁・判タ1332号47頁）でも援用されている。

Unit 9

判例における「一部請求」論

いわゆる「明示説」の正体

Die übersichtliche Einführung in das Zivilprozessrecht

Unit 9 判例における「一部請求」論

📖 Introduction
判例のいう「明示説」って？

　一部請求とは，数量的に可分な債権について，まずそのうちの一部について訴求し，残部については後訴において訴求することを留保する請求形態である。前訴で一部請求をすることそのものについての反対はないが，留保した**残部を後訴で訴求することができるかどうか**（残部訴求の可否。講学上はこれを「一部請求」の可否の問題，ともいう）について，学説上は大きな対立がある。

　一方，判例は，「明示説」と呼ばれる考え方に立つとされている。それは，原告により前訴で一定の明示行為があり，その明示によって訴訟物が分断され，前訴「一部」請求の訴訟物と後訴「残部」請求の訴訟物は別だから，前訴「一部請求」にかかる既判力も，後訴「残部請求」には及ばない，とする。その結果，「明示」さえしておけば，残部訴求は「既判力」によっては封じられない，とする考え方であった。[1]

　では，一部請求であるとの明示がなかった場合には，どのような処理となるのだろうか。

　この問題を扱ったごく初期の判例がある。すなわち，最判昭和 32・6・7 [2]（以下「**昭和 32 年最判**」という）である。これは，前訴で原告が 45 万円の連帯債務であることを見落として，22 万 5 千円だけを全額として被告に訴求し（＝一部請求との明示がないまま）一部認容判決を受けたという事案で，原告の前訴請求を一部請求とはみずに，前訴の訴訟物と後訴の訴訟物を同一とみて，「残額」22 万 5 千円の訴求を前訴確定判決の既判力により斥けた。[3] この昭和 32 年最判の判決要旨は，

1）　金銭債権の数量的一部について一部請求した事案で，最判昭和 37・8・10（民集 16 巻 8 号 1720 頁。以下「**昭和 37 年最判**」という）は，「一個の債権の数量的な一部についてのみ判決を求める旨を明示して訴が提起された場合は，訴訟物となるのは右債権の一部の存否のみであつて，全部の存否ではなく，従つて右一部の請求についての確定判決の既判力は残部の請求に及ばないと解するのが相当である」旨判示した。

2）　民集 11 巻 6 号 948 頁・判タ 76 号 24 頁，百選〔第 5 版〕81 事件〔高橋宏志〕。

3）　本最判の調査官解説である，最判解民事篇昭和 32 年度 116 頁・117 頁〔青山義武〕参照。同解説は，前訴の訴訟物と後訴の訴訟物を「同一」とみるか，一部請求と残部請求として別訴訟物とみる

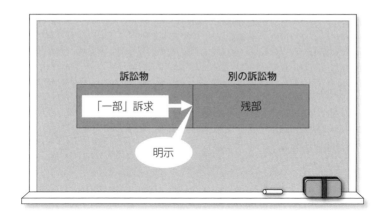

「一．債権者が数人の債務者に対して金銭債務の履行を訴求するにあたりこれを連帯債務と主張しなかつたため分割債務として勝訴の確定判決をえたときは，その後別訴において右債権を連帯債務である旨主張することは，前訴判決の既判力に牴触し，許されないものと解すべきである。
二．ある金額の支払を訴訟物の全部として訴求し勝訴の確定判決をえた後，別訴において，右請求をその訴訟物の一部である旨主張しその残額を訴求することは，許されないものと解すべきである。」
というものであった。

　教室で私が，「一部請求における残部訴求の可否について，判例はどういう考え方をしていますか？」と問うと，学生の多くは昭和32年最判と昭和37年最判をもって，

か，で後者を否定したのが判旨前段だとしている。本 Unit は，この視点を敷衍するものである。
4）　これに先だって，最判昭和34・2・20（民集13巻2号209頁・判時178号3頁）は，明示的一部請求の消滅時効の範囲について，裁判上の請求があったというためには，単にその権利が訴訟において主張されたというだけでは足りず，いわゆる訴訟物となったことを要するとしたうえで，明示的一部請求の訴訟物の範囲につき，「一個の債権の数量的な一部についてのみ判断を求める旨を明示して訴が提起された場合，原告が裁判所に対し主文において判断すべきことを求めているのは債権の一部の存否であつて全部の存否でないことが明らかであるから，訴訟物となるのは右債権の一部であつて全部ではない。」と判示している。少数意見が付されているが，訴訟物についての判断については多数意見に賛同している。
　本判決の調査官解説である，最判解民事篇昭和34年度32頁〔川添利起〕は，「たとえ一部の請求につき判断するにあたり債権のあらゆる部分につき審理判断を要することがあつても，それは『理

「判例は，一部請求であることを当事者が明示した場合には，残部に既判力が及ばないから，残部の訴求は自由に許され，明示しなかった（＝黙示の）場合には，残部にも既判力が及び，残部の訴求は既判力で遮断される，と考える『明示説』に立っています」

と即答していた。

しかし，この理解はあまり正しくない。判例は，明示のある場合でも，例外的に信義則で残部訴求を不適法とする処理をするし，明示のない場合でも，例外的に残部訴求を適法とする処理をしているからである。

この Unit では，いわゆる「一部請求」の問題（残部訴求の可否）についての判例理論である「明示説」の正体を明らかにしておきたい。

由』として判断されるにすぎず，『主文』における判断の対象として訴訟物となり既判力の生ずるのは原告申立（民訴 186 条〔現・246 条〕参照）の範囲である債権の一部にほかならぬと解するのが至当」とする。

1 明示していても，残部訴求が許されない場合

　判例は，最判平成10・6・12[5]（以下「**平成10年最判**」という）において，**明示がある場合でも**，金銭債権の数量的一部請求で全部ないし一部の棄却判決が確定した場合は，後訴残部請求に既判力は及ばなくても，信義則により，残部請求の後訴が不適法となる旨を判示している。

　つまり，判例は，一部請求の明示がある場合（＝既判力で残部訴求を封じられない場面）でも，信義則上，後訴での残部訴求を遮断する余地があることを認めている。昭和37年最判は，明示的一部請求で，残部訴求に既判力が及ばないことを述べているに過ぎない。

　原告が一部請求であると明示している以上，（既判力の及ばない）残部の訴求がありうる（既判力によっては封じられない）ことを「信頼（覚悟）」すべきである，というのが既存の既判力ルールによる「信頼」である。

　しかし，平成10年最判は，金銭債権の数量的一部請求の場合は，①「当該債権全部を必ず審理対象とする」ということ，かつ，当該請求（明示的一部請求）を一部でも棄却する際には，②「判決主文としては表明されなくても，残額請求が存しないことも必ず判断している」ということを梃子として，「既判力が及ばない＝後訴残部請求がありうる」という信頼よりも，残部がすでにないからこそ，一部請求ですら〔全部ないし一部〕棄却になる，という論理的帰結から，「前訴の確定判決によって当該債権の全部について紛争が解決された」と被告が「期待」していると考え，被告のそうした「期待」を「合理的」として保護すべきだとしている。

　どうして，この「残部訴求はなされない」という被告の「期待」が正当化されるのかといえば，一度で訴求されれば一回の応訴負担で済むものを分割訴求に付き合わされる被告の複次応訴の負担から，金銭債権の数量的一部について明示的一部請求がなされた場合，全部ないし一部の請求が棄却となった場合に

---

5) 民集52巻4号1147頁・判時1644号126頁・判タ980号90頁，百選〔第5版〕80事件〔松下淳一〕。

は，論理的に必ず残部債権の不存在を帰結する以上はもはや残部を訴求する利益をもたない原告と残部不訴求を期待する被告とでは，後者を保護するのが「公平」だということであろう。[6]

複次応訴を負担する被告に，その負担をさせることが正当化できないという「評価」の基礎が，「信義則」というわけである。

2 明示をしていなくても，残部訴求が許される場合（その1）
　〜黙示の一部請求における例外

(1) 昭和32年最判の理解

　まず判例が，明示がまったくない（黙示の）一部請求の場合は，常に残部訴求は既判力で封じられるものとしているかどうかについて，Introductionで紹介した昭和32年最判を確認しておきたい。

　昭和32年最判は，いったん分割債務の全部請求という形で訴求して既判力を受けた判断について，原告がいまさら「いや連帯債務だということを見落としてました。連帯債務だから，前訴で訴求したのは，もっと多い債権額の一部でした。3審級が保障されていたのに看過し続けました。だから前訴で訴求しなかった『残額』を改めて訴求させて下さい」ということは許さない（仮に「連帯債務」の主張を許すとすると金額では前訴が一部請求であったことになるが，そうした一部請求構成は認めない），という評価をしたものである。

　その評価自体は，判旨は既判力によるというが，そうではなく，禁反言なり信義則なりに根拠づけられるものと言えよう[7]（仮に一部請求構成とみたとしても云々，という判旨後段からも窺えるようにも思われる[8]）。いずれにせよその評価の結

---

6) 勅使川原和彦「一部請求と隠れた訴訟対象——判例によるルール設定と信義則による後訴遮断についての覚え書」早法75巻3号（2000）25頁以下。
7) 昭和32年最判は，後訴における連帯債務との主張を許さないとする（結果的に一部請求構成を否定し前訴後訴の訴訟物を「同一関係」とする）ことの根拠を，既判力に反する（前訴が連帯債務だったとの主張を許さない）ことに求めているように読める。しかし，こう解してしまうと，同一関係だから既判力が作用するはずのところ，同一関係にあたるのは既判力に抵触するからだ，ということになって，循環論法の疑いを生じるであろう。「黙示の一部請求」ケースで一部請求構成を許さない（結果的に，同一関係にあたる）とする理由自体は，禁反言なり信義則なり当事者間の公平なりに依るべきである。

果，後訴請求は，前訴と同じ訴訟物たる権利関係について訴求したもの（同一関係）という扱いになったものと考えられる[9]。

　こうして，一部請求の明示が全くない場合には，原則として，禁反言ないし信義則上，前訴の訴訟物と後訴の訴訟物を「同一関係」と評価することで，前訴判決の既判力によって処理する，というのが，昭和32年最判の処理だと私は考える。すると，明示がなくとも禁反言ないし信義則に反しない例外的な場合に限っては，前訴と後訴の訴訟物の関係を，既判力の及ばない別異の（＝後訴請求は既判力によって封じられない）関係と評価できることになる。なお，この考え方は，後に(3)で紹介する判例（昭和42年最判および昭和61年最判）に明確に現れてくる。

　黙示の一部請求なら常に後訴残部訴求は既判力に触れる，というのは，昭和32年最判の本質的な理解ではなさそうである。

Column　残部訴求に消極的な学説の概況

　学説上，後訴での残部訴求の可否について，残部訴求を全部または一定の範囲で否定する見解の多くは，既判力によって残部訴求を許さないとするのではなく，既判力とは別の道具立てによって残部訴求の排斥を根拠付けようとする。

　竹下説は「信義則に基礎をおく，訴訟物の枠を超える失権効」[10]により，中野説は信義則なかんずく禁反言（矛盾挙動禁止）の法理により[11]，小松説はアメリカ法に示唆を受けた「必要的請求併合のルール」により[12]，山本（和）説は人訴25条などの併合提訴強制規定の類推適用により[13]，高橋説は直截的に「一部請求論自体の理論構成」

---

8) 青山・前掲注3) 117頁参照。同解説は，判旨二.を，禁反言法理の一適用と解することができる，とする。
9) ただし，前訴給付判決が全部認容で確定したならば同一の給付請求に係る後訴は（既判力による処理ではなく）原則として「訴えの利益なし」として不適法却下されるべきところ，昭和32年最判の事案では，前訴判決が全部認容であるにもかかわらず，改めて請求棄却をしている点は，現在からみると疑問である。ただ，給付訴訟の勝訴者による再訴については，既判力（「同一関係」）以前に原則として「訴えの利益」で処理する，というスキーム（☞ Unit 7 注14))が一般化していない時代の処理だったということもできよう。
10) 兼子一ほか『条解民事訴訟法』（弘文堂，1986) 615頁〔竹下守夫〕。
11) 中野貞一郎『民事手続の現在問題』（判例タイムズ社，1989) 85頁以下。
12) 小松良正「一部請求理論の再構成」中村英郎教授古稀祝賀『民事訴訟法学の新たな展開』（成文堂，1996) 135頁以下。
13) 山本和彦『民事訴訟法の基本問題』（判例タイムズ社，2002) 103頁以下。

として，各々，訴訟物ないし既判力に依拠せずに残部訴求を否定する根拠としている。

一方，訴訟物と申立事項の範囲を切り分け，明示によって画されるのは申立事項の範囲（＝請求認容判決の上限）にすぎず，訴訟物としては請求権全部であり，既判力の範囲も（一部であるとの明示とは無関係に）請求権全部に生じる，という見解も有力で，同一関係に基づく既判力による処理を肯定する（明示があって前訴一部請求が全部認容だった場合の後訴残部請求については，残部訴求をすることの訴えの利益の主張を要求する）。松本説は，明示（松本説では「公然の一部請求」という）の場合も黙示（同じく「隠れた一部請求」という）の場合も一部請求の場合に訴訟物は当該一部だとしつつ，それが（一部でも全部でも）請求棄却だった場合の後訴残部請求は，矛盾関係によって封じられるとする。

特に，一部請求の明示がない（「黙示の一部請求」）場面で，判例と学説の差異が明らかになる。学説の側は，既判力を介さず端的に「信義則（ないし禁反言）」で処理すべしとするか，一部請求では明示黙示にかかわらず「常に請求権全部が訴訟物」

---

14) 重点講義（上）114頁。
 なお，高橋説は，昭和32年最判について「禁反言で考えるのが，黙示の一部請求における後訴請求棄却の結論肯定のためには最も適している」と説く（同書103頁）。私は，前述（注7）の通り，むしろ，「黙示の一部請求」ケースでは前訴・後訴を「同一関係」と評価する根拠を禁反言・信義則に求めるべきであり，昭和32年最判の事案（前訴判決が全部認容）自体は同一関係にあたると評価した後訴を（訴えの利益なしとして）却下すべきものではあった（後掲注31）が，「同一関係」における通常の既判力による処理を排斥するものではないのではないか，と考えている（そのように考えると，黙示の一部請求ケースで後訴として残部の訴求を封じるための直接の道具立ては既判力〔ないし給付の訴えの利益の不存在〕だが，その本質的な根拠は，「同一関係」該当性をもたらした禁反言なり信義則なりだということになる）。
15) 兼子一「確定判決後の残額請求」同『民事法研究第1巻』（酒井書店，1950）396頁，三ケ月章『民事訴訟〈法律学全集〉』（有斐閣，1959）108頁，同『民事訴訟〈法律学講座双書〉〔第3版〕』（弘文堂，1992）117頁，五十部豊久「一部請求と残額請求」鈴木忠一＝三ケ月章監修『実務民事訴訟講座1』（日本評論社，1969）84頁，新堂329頁，伊藤222頁等。
 これに対して，竹下・前掲注10) 615頁注 (24)，重点講義（上）113頁，山本（和）・前掲注13) 118頁は，この考え方では，訴訟物たる全体は判決主文に出てこない（残部について「その余の請求を棄却する」の判示がない）ため，114条との整合性に難がある，と批判する。さらに，条解民訴531頁〔竹下守夫〕は，一部と明示したのに債権全部が訴訟物になるというのは，原告の意思に反するといわざるをえない，とする。
16) 伊藤223頁。
17) 松本＝上野633頁以下〔松本博之〕。
18) 重点講義（上）102頁注 (7) は，「黙示の一部請求で残部再訴を封ずるのを訴訟物（＝既判力）で論ずるのは無理がある」とし，山本（和）・前掲注13) 105頁注 (3) は，「原告の明示がない場合の後訴の遮断を既判力によって説明できるかは，いずれの見解に立っても相当に疑問がある」とす

だとして同一関係に基づく既判力により処理するか，一部請求の訴訟物は明示黙示にかかわらず常に当該一部だとしつつ矛盾関係にあたるかどうかで既判力により処理するか，という様々な処理方法を提示しているが，いずれも「信義則」か「既判力」かの二者択一で処理しようとしている。ただし，この Unit では，こうした学説の当否には立ち入らず，まずは「明示説」と呼ばれる判例の理論を精確にトレースしてみようというのが目的である。

(2) 「黙示の一部請求」で，前訴一部請求と後訴残部請求とが信義則上「同一関係」と評価される理由

原告が一部だと明示すれば，被告は残額請求があることを認識できる。このとき，もし被告が前訴限りで一回的解決を求めるのであれば，残債務不存在確認請求の反訴を提起して，複次応訴の煩を避けることができる[19]。このように，原告による明示は，自己の負担でもいいから一回的解決を求める被告に対する最低限の情報提供となる[20]。

逆に，一部だという直接の明示行為がなければ，被告は自分の負担で一回的解決を図ることすらできないから，債権の全額訴求として解決され再訴はないものという期待が生じるといえる。被告のこうした合理的期待は保護されなければならない[21]。1で触れた平成10年最判のように，明示があった場合ですら，

る。「既判力の双面性」を残部訴求を否定する論拠とすることへの批判については，中野・前掲注11) 93頁。
19) 重点講義（上）100頁。
20) 原告から被告に，一部請求であること，分割訴求することを知らされたからといって，なぜ原告だけが分割訴求の利益を享受できて，被告がそれを免れたければ自分の負担で複次的な応訴負担の回避（＝残債務不存在確認の反訴提起）をするよう強要されなければならないのか，という批判には充分応えられない。明示的一部請求の場合に，被告の複次応訴の負担を正当化できると考えるか否かは，一部請求訴訟の必要性をどのように考えるかにかかっている（判例は必要性を肯定しているものと考えられる）。一部請求の必要性を肯定する理由としては，処分権主義・額の算定困難などによる訴訟リスクの軽減・全部訴求を強いることが被告の資力との関係で不合理な場合があること，といった点が挙げられている（松本＝上野632頁〔松本〕）。

これに対し，竹下・前掲注10) 614頁は，原告が一部請求である旨を明示していたり，訴訟の経過から残額請求の可能性を留保していることが明らかである場合（例えば，広島高判昭和46・3・23〔高民集24巻1号55頁・判時639号87頁・判タ265号144頁〕）には，被告に後訴請求がないとの期待（全面的決着への信頼）は認められず，自ら残債務不存在確認の反訴を提起して残額請求を排除しないのであれば，残額請求を覚悟せよ，と説く（竹下・前掲注15) 533頁も同じ）。
21) 重点講義（上）101頁。「黙示」の一部請求について残部訴求が既判力で遮断されたもの，という

被告の期待を合理的として保護する場面がある以上，明示がなければなおさらである。この保護をもたらすのが，禁反言なり信義則なりであり，これによって，「黙示の一部請求」ケースでは後訴残部請求は，原則的に前訴一部請求と「同一関係」に立つと評価され，前訴確定判決の既判力の及ぶ対象となる。

翻っていえば，直接の明示行為はなくても，例外的に，再訴はないものという期待が被告に生じない場合，または，仮に生じてもそうした期待が合理的といえない（と評価される）場合であれば，後訴残部請求が，禁反言ないし信義則上，前訴一部請求と「同一関係」に立つとは評価されない，という考え方ができる。

すなわち，「明示」の有無は，明示する行為という「事実」の存否のみを指すのではなく，特に明示行為がない場合に，前訴を一部請求と構成して残部訴求を許すか否かという「評価」をも指しているのである（明示する行為という「事実」がある場合と「評価」の関係については☞ Advanced）。

(3) 「黙示の一部請求」で，前訴一部請求と後訴残部請求とが信義則上「同一関係」と評価されない例外的場合～後発後遺症・拡大損害

判例と学説が，救済の必要性を是認し，結論的には残部訴求を認めることで一致しつつも，理論構成についてはっきり乖離するのは，後発後遺症や拡大損害の処理の場面である。

これらの場面において，学説は「基準時後の新事由」構成や「期待可能性」論などで処理しようとする。これに対し，判例は，直接の明示どころか，「明示」ありと評価すべき基礎となる行為（間接的明示行為。☞後掲3参照）すら存在しない場面で，「一部請求であった」と回顧的に評価し，一部請求論の枠内で処理しているからである。これに属する判例として，昭和42年最判および昭和61年最判をみてみよう。[23]

評価もされる昭和32年最判の結論は，このような観点で支持される。
22) 勅使川原和彦「一部請求におけるいわゆる『明示説』の判例理論」早法87巻4号（2012）63頁以下。
23) 後発後遺症事例として，最判昭和42・7・18（民集21巻6号1559頁・判時493号22頁・判タ210号148頁。以下「**昭和42年最判**」という），拡大損害の事例として，最判昭和61・7・17（民集40巻5号941頁・金法1157号30頁。以下「**昭和61年最判**」という）。

2 明示をしていなくても，残部訴求が許される場合（その1）

(a) 後発後遺症事案と「一部請求」構成

後発後遺症事案とは，前訴確定判決の後に，受傷当時では医学的に通常予想し得なかった治療が必要となるような症状が後発的に生じた事案のことである。この事案で，昭和 42 年最判は，まず昭和 37 年最判を引用していわゆる「一部請求」構成の採用を示した後，

> 「所論の前訴（略）における被上告人の請求は，被上告人主張の本件不法行為により惹起された損害のうち，右前訴の最終口頭弁論期日たる同三五年五月二五日までに支出された治療費を損害として主張しその賠償を求めるものであるところ，本件訴訟における被上告人の請求は，前記の口頭弁論期日後にその主張のような経緯で再手術を受けることを余儀なくされるにいたつたと主張し，右治療に要した費用を損害としてその賠償を請求するものであることが明らかである。右の事実によれば，<u>所論の前訴と本件訴訟とはそれぞれ訴訟物を異にする</u>から，前訴の確定判決の既判力は本件訴訟に及ばないというべき」（下線部筆者，以下同じ）

であると判示している。

症状固定以降の後遺症についての損害賠償は，（一括の現在給付にするか定期金賠償にするかはともかく）将来分も含め給付請求できるが，後発後遺症の確実な発生が予期できない前訴段階では，当然に，現在給付請求として口頭弁論終結時までの損害を賠償請求することになる。したがって，なんら「明示」に相当するような行為が付加されていたわけではない。それなのに，回顧的に，一部請求の「明示」があったかのごとく，前訴請求と，拡大損害分を求めた後訴請求とが異別の訴訟物であると評価して，一部請求論で処理しているのである。

(b) 拡大損害事案と「一部請求」構成

前訴の時点では予期できなかった事情の変更により，損害が拡大した場合，損害の拡大分を後で訴求できないとしてしまうのは賠償請求権者に酷である。もちろん判例と学説（後掲注 25 参照）は，いずれも拡大損害分を後訴で請求することを認めているが，その法律構成は異なっている。昭和 61 年最判は，

> 「従前の土地の所有者が仮換地の不法占拠者に対し，将来の給付の訴えにより，仮換

なお，最判昭和 43・4・11（民集 22 巻 4 号 862 頁・判時 513 号 3 頁・判タ 219 号 225 頁）は，前訴当時予期できなかった死亡につき調停成立後の再請求を許しているが，一部請求論に依るものかどうかは，はっきりしない。

地の明渡に至るまでの間，その使用収益を妨げられることによつて生ずべき損害につき毎月一定の割合による損害金の支払を求め，その全部又は一部を容認する判決が確定した場合において，事実審口頭弁論の終結後に公租公課の増大，土地の価格の昂騰により，又は比隣の土地の地代に比較して，右判決の認容額が不相当となつたときは，所有者は不法占拠者に対し，新たに訴えを提起して，前訴認容額と適正賃料額との差額に相当する損害金の支払を求めることができるものと解するのが相当である。」

と結論を示した上で，その理由として，

「土地明渡に至るまで継続的に発生すべき一定の割合による将来の賃料相当損害金についての所有者の請求は，当事者間の合理的な意思並びに借地法 12 条の趣旨とするところに徴すると，土地明渡が近い将来に履行されるであろうことを予定して，それに至るまでの右の割合による損害金の支払を求めるとともに，将来，不法占拠者の妨害等により明渡が長期にわたつて実現されず，事実審口頭弁論終結後の前記のような諸事情により認容額が適正賃料額に比較して不相当となるに至つた場合に生ずべきその差額に相当する損害金については，<u>主張，立証することが不可能であり，これを請求から除外する趣旨のものであることが明らかであるとみるべきであり</u>，これに対する<u>判決もまたそのような趣旨のもとに右請求について判断をしたものというべきであつて</u>，その後前記のような事情によりその認容額が不相当となるに至つた場合には，その請求は**一部請求であつたことに帰し**，右判決の既判力は，右の差額に相当する損害金の請求には及ばず，所有者が不法占拠者に対し新たに訴えを提起してその支払を求めることを妨げるものではないと考えられるからである。」

と判示した。

　拡大損害について，主張立証することが不可能である場合に拡大分の差額は前訴請求から除外する趣旨のものであることが「明らかであるとみるべきであり」，判決もそのような趣旨で判断をしたものと「いうべきであって」，前訴請求は「一部請求であったことに帰する」という言辞からもわかる通り，回顧的評価として前訴請求が一部請求にとどまっていたと判断していることが明白である。

　とりわけ，昭和 42 年最判のような「後発」型事案と異なり，昭和 61 年最判の事案は，将来（明渡しに至るまで）の賃料相当損害金について，新たな事実が後発したわけではなく，貨幣価値ないし物価（不動産価格）の変動により，損害額が前訴基準時における一応の予見より不相当に乖離して拡大した，というもので

ある。いかなる意味でも、行為（事実）としての「明示」に引き寄せて考えることのできる行為は、前訴時点で存在していない。前訴時点での損害額算定の予測が外れたにすぎないのである。[24]

(c) 後発後遺症・拡大損害類型に対する評価

こうした「一部請求構成」による処理に対しても、学説のほとんどは、批判的である。[25] 一部請求（残部訴求）全面否定説はもちろんのこと、平成20年最判（☞後掲3参照）によって、判例のいう「明示」が「明示行為の有無」という「事実」の存否の問題ではなく、「評価」の問題であることを（一定範囲で）認めている見解でさえも、同様である。ある一定の明示と評価しうるような基礎となる行為があったことを前提に、前訴時点では、はっきりとはわからなかったが、「明示行為があったのだ」というふうに引き寄せることができる場合に限り（いわば、直接的明示行為はないが、間接的明示行為があった場合のみ）、「評価」を認めていて、[26] 後発後遺症や拡大損害類型を一部請求論の埒外に置くからである。私見

---

[24] 本判決の調査官解説である、最判解民事篇昭和61年度326頁〔平田浩〕は、将来の賃料相当損害金の請求の特殊性（仮に被告が適法な賃貸人であったとしても借地借家法が賃貸人に賃料増額請求権を認めているうえ、被告は現に不法占有を継続していて、明渡しを実現していないのに、将来の値上がりという主張立証が不可能なものの具体的な主張立証を原告に要求できない以上適正賃料額と認容額との差額の追加請求を否定するのは衡平に反する）による解決を求めたものと指摘する。そして、原告が差額の追加請求をできないという結果に満足するつもりで将来の請求をしていたものとみるのは相当でなく、通常人として、原告の前訴請求には自ずから一定の留保があったものとみることができ、この留保によって訴訟物から除外されていた請求が後訴請求となって、前訴（一部請求）・後訴（残部請求）の関係にある、と説く。

[25] 判例に対する批判は、「明示」＝「事実（明示行為の有無）」という理解に立った上で、後発後遺症や拡大損害の事案で、前訴で予見されなかった部分は明示的に除外されていたとみるのは擬制的に過ぎるというものである（畑瑞穂「一部請求と残部請求」争点122頁参照。その他、山本弘「将来の損害の拡大・縮小または損害額の算定基準の変動と損害賠償請求訴訟」民訴雑誌42号（1996）25頁以下参照）。

判例の結論には賛成しつつ、理論構成として判例に反対する学説には、前訴請求と後訴請求がそもそも異なる債権で異なる訴訟物であるとする見解（新堂338頁、伊藤224頁、松本＝上野205頁〔松本〕等）、時的限界の問題として扱う見解（五十部・前掲注15）83頁、平井宜雄「判批（昭和42年最判）」法協85巻7号〔1968〕136頁等）、将来を予測してなされる判決の特殊性から既判力の緩和を認める見解（山本（弘）・前掲論文）、前訴で主張しなかったことに期待可能性がない場合には既判力により遮断されないとする理論に立ってその一適用場面とみる見解（重点講義（上）634頁）、民訴117条類推によるべきとする見解（百選〔第3版〕90事件185頁〔齋藤哲〕、百選〔第5版〕83事件177頁〔三上威彦〕）などがある。

[26] 例えば、竹下・前掲注15）531頁は、平成20年最判をうけて、「客観的事情からみて、原告が残

が，判例のいう「明示」説は，「事実（明示行為の有無）」のみならず「評価」の問題であると考えるのは，昭和42年最判・昭和61年最判の事案のように，前訴当時，原告が「残部」のありうることを自覚的に意識していなかったかもしれない場合（間接的に明示と評価できる行為すらなかった場合）にも，一部請求論の枠内で論じるのが判例である，という理解を前提としている[27]。

そもそも，昭和32年最判が，**一部請求の明示が全くない場合には，原則として，禁反言ないし信義則上，前訴の訴訟物と後訴の訴訟物を「同一関係」と評価することで，前訴判決の既判力によって処理する**，という考え方をとっているものと理解すれば，後発後遺症や拡大損害のケースについても，その流れのなかにあると考えられる。これらの場合，例外的に，後訴請求をすることが禁反言や信義則に抵触するといえない事情（**救済の必要性**〔明示しないことについて原告の帰責性の不存在，被告に複次応訴を負担させても酷ではない状況，損害塡補の必要性等〕）[28]があ

額請求を留保していることを，被告において知りうる場合には，明示の一部請求に含まれる」とする。しかし，同533頁以下では，後遺症・後発損害について，もともと訴訟物が前訴・後訴で異なるから，一部請求の明示の有無にかかわらず後訴請求を認めるべきとする。間接的に「明示あり」と評価できる行為がある場合にのみ「明示」を認めている，という意味では，あくまで「明示＝事実（明示行為の有無）」思考に引き寄せられているともいえる。

[27] 私見と同様，判例の理解として，後発後遺症や拡大損害のケースを「明示説」による解決とみているのは，秋山ほかII 466頁，平成20年最判を掲載した判例誌（後掲注29））の囲み解説。

これに対し，例えば，重点講義（上）115頁は，一部請求論を残部があることを原告が意識している場合に限定し，後発後遺症の問題は一部請求とは別に論じるべきとし，拡大損害についての昭和61年最判は過渡期の理屈付けと理解する。判例同様，これらを一部請求論の理論に依るべきとするのは，中野・前掲注11) 94頁，性質としては一部請求の一局面であることを認めるとするのは，井上治典「後遺症と裁判上の救済」ジュリ548号（1973）317頁。

なお，明示の類型論ではなく，一部請求の動機・目的に着目した優れた類型論として，三木浩一「一部請求論の考察」同『民事訴訟における手続運営の理論』（有斐閣，2013）94頁以下がある。三木教授は，試験訴訟型・総額不明型・資力考慮型・相殺考慮型・費目限定型・一律一部請求型の6種に分類され，後発後遺症・拡大損害の類型は，一部請求論に含めるなら7番目の類型とすべきとするが，教授自身は一部請求論から後発後遺症類型を外している（同97頁）。

[28] 後発後遺症や拡大損害のケースでは，前訴時点で，原告が残部を意識していないことが通常であり，その場合は行為としての明示ができないことは確かである。さらに，仮に意識していたとして，明示をしても，あるいは明示がなくても将来の発生不確実な後発後遺症や拡大損害の訴求については常に留保があるものと解釈できたとしても，将来ひょっとしたら後発後遺症がある，あるいは拡大損害があるかもしれない，という「残部」について，それを想定した被告が，残債務不存在確認の反訴を提起しても，発生不確実な将来の権利関係の確認を求めるものと判断され，その確認の利益は認められ難いであろう。したがって，被告としても「明示」されたところで手の打ちようがない類型であるといえる。

るために，前訴の訴訟物と後訴の訴訟物とを「同一関係」と評価できず，結果的に，同一の債権について訴訟物が異別になる，すなわち「一部請求であった」ことに帰するという評価になるわけである。「昭和32年最判は，黙示の一部請求の場合は残部の訴求は許されない，としている。なのに，後発後遺症や拡大損害ではなぜ残部の訴求が許されるのか」という疑問は，そもそも昭和32年最判の捉え方を誤っていることから生じる，正当とは言えない疑問であろう。

3 明示をしていなくても，残部訴求が許される場合（その2）
〜直接の明示行為はないが，「明示」と評価できるような間接的行為がある場合

(1) 間接的明示行為で，「明示あり」と評価

直接の明示行為はなかったものの，ある一定の「明示」と評価しうるような基礎となる行為（間接的明示行為）があった場面で解釈によって「明示」を認め，前訴が「明示的一部請求」であったとして，原則通り残部訴求を許したのが，最判平成20・7・10[29]である。

この平成20年最判では，不法行為に基づく損害賠償請求訴訟におけるいわゆる特定一部請求[30]に関して，原告が直接に一部請求である旨明示していなくても，前訴において，

　㋑原告側が費目を特定した主張をしていたこと，
　㋺（一部請求部分が）実質的な発生事由を異にする別種の損害費目であること，
　㋩これら損害費目を併せて一挙に請求することは原告に期待し難かったこと，
　＋
　㋥被告側も，原告の主張した費目以外の費目の損害が発生し，その損害が拡大する可能性を認識していたこと，

---

[29] 裁判集民228号463頁・判時2020号71頁・判タ1280号121頁。本Unitでは「**平成20年最判**」という。この平成20年最判に則って，間接的明示行為をもって「明示」ありと評価する具体的な考慮ファクターを立てて検討した下級審裁判例がある。福岡高判平成21・7・7（判時2069号59頁・判タ1324号269頁）およびその第一審たる佐賀地判平成20・8・22（判時2069号63頁）である。これらの，より具体的検討については，勅使川原・前掲注22)を参照されたい。

[30] 一定の法的基準に基づいていくつかに分割できるのが識別可能なとき（例えば，不法行為に基づく損害賠償請求で，直接損害と弁護士費用分の損害とは実質的な発生事由を異にする別種の損害費

を理由として，一部についてのみ判決を求める旨が「明示されていたものと解すべきであ」ると判示した。ここでの㈣や㈤の事由は，まさに，「直接の明示行為はなくても再訴はないものという期待が被告に生じない場合」または仮に生じても「そうした期待が合理的といえないと評価できる場合」を具体的に表現している（相手方の「期待」や「信頼」を保護するための道具立てが，信頼違反を信義則違反と構成することであり，保護に値しないという評価は，期待や信頼が「合理的」でないこと，すなわち信義則違反が存しないことである）。そのように「評価」できるかどうかは，**残部訴求への応訴を被告に甘受させても不合理ないし不公平でないか否か**という実質的判断にかからしめている。ここでの「公平」則こそ，すなわち信義則であり，「明示あり」と扱って前訴一部請求と後訴残部請求を「同一関係」とみない（＝残部訴求を既判力で封じない）「評価」の淵源である。

(2) 間接的明示行為のある場合と，間接的な明示行為すらない場合

これまでみてきたように，間接的明示行為があった場合に，「明示あり」と評価するか否かは，前訴・後訴を「同一関係」と**し**ないでよいかどうかの評価であり，間接的明示行為すら存しない純粋な黙示的一部請求の場合（後発後遺症や拡大損害のような場合）は，前訴・後訴を「同一関係」と**する**か否かの評価である。明示がある場合は，同一関係と見ないのが原則であるのに対し，黙示の場合は同一関係と見るのが原則であることから，表現は裏表になるが，中身が，禁反言ないし信義則による評価であることは変わりない。つまり，明示がある場合は，残部訴求が信義則ないし禁反言に触れないと評価できるのが原則であるのに対し，明示がまったくない場合は，残部訴求が禁反言ないし信義則に触れると評価するのがむしろ原則である，という出発点の違いにすぎない。

判例の「明示説」の正体が，明示行為の有無という「事実」の問題でなく，そもそも残部訴求が許されるべき場合を指す「評価」の問題であるとすれば，後発後遺症や拡大損害事案での「明示説」による処理が，少なくとも，（明示という「事実」があったと解するのは）フィクションが過ぎるものだ，という批判は

目として識別できる）に，その識別基準で分割してその一部を訴求する場合を，講学上，特定一部請求という。

あたらないことになる。明示があったと解しているというより，前訴（黙示的）一部請求と後訴残部請求が，（例外的に信義則ないし禁反言に触れないが故に）「同一関係」にあたると評価できない，と解した，と見るのが精確なのではないか。

4 判例におけるいわゆる「明示説」のまとめ

ここで，一部請求におけるいわゆる「明示説」の判例理論についての本Unitの考え方を総括してみよう。

❶ 一部請求であるとの直接的な明示があった場合（直接的明示的一部請求）

前訴一部請求と後訴残部請求は，異別の訴訟物（≠「同一関係」）となり，前訴判決（請求認容・棄却を問わず）の既判力は後訴残部請求には及ばない（残部を訴求することは許される）（原則）。

ただし，金銭債権の数量的一部請求が，一部ないし全部について請求棄却判決を受けた場合には，後訴残部訴求は，信義則（「信頼（合理的期待）」保護・公平則）に反し，許されない（例外）。

❷ 一部請求であるとの直接的な明示はなくとも，間接的に「明示」と評価できる行為が認められる場合（間接的明示的一部請求）

「明示」ありと認められれば，❶と同様である（認められなければ❸と同様）。

※なお，間接的「明示」行為を「明示」ありと評価する際の根拠は，信義則（相手方の「期待」や「信頼」保護の要否・公平則）とみられる。

❸ 一部請求であるとの明示が，間接的明示行為も含めまったく存しない場合（黙示的一部請求）

原則として，前訴一部請求と後訴残部請求を「同一関係」と評価し，既判力で処理をする。「同一関係」と評価する際の根拠は，信義則（「信頼」保護・禁反言）である。[31]

例外的に，前訴で明示が要求できない原告の救済の必要性から，被告に複次応訴の負担を課すこともやむを得ない場合（後発後遺症や拡大損害のケース）には，

禁反言ないし信義則に反するといえないので，前訴・後訴を「同一関係」と評価できず，後訴での訴求が許される。

---

31) なお，前訴請求が全部認容であった場合，給付訴訟の勝訴者による再訴となるから，「同一関係」の既判力による処理以前に，「訴えの利益」がないという処理になるべきである（昭和32年最判ではそのようになされなかったが）。前訴請求が棄却であれば，その既判力を「同一関係」として後訴請求に及ぼす。

Advanced
平成10年最判と「明示説＝残部訴求許否の評価」論

　上級者向きに，平成10年最判をもう少し掘り下げた点を検討しておこう。
　「明示＝評価」論を認める場合，なお一つ検討しておくべき点として，原告が直接，一部請求であることを事実として「明示」したとき，それに対して判決がなされ確定した後，残部訴求を許すべきでない，という「評価」が与えられるべき場合に，改めて前訴・明示的一部請求に，「明示なし」という評価を回顧的に与えて，残部訴求を排斥できるか，という問題がある。
　「明示＝評価」論を徹底すれば，原告に直接の明示行為があっても，明示なしという評価が与えられてもよいことになろう。しかし，平成10年最判によれば，判例理論は，この点，処分権主義に拘束されているとみられる。
　すなわち，直接の明示行為のない場面では，当事者の合理的意思の探求として，「評価」の結果，「明示」があったのと同じ法効果を与えることは，処分権主義の枠内とみられるが，これに対し，当事者が直接に「明示」の意思を表示してしまった場合には，処分権主義の適用の結果として，その申立てに縛られざるを得ない，という判断があるのであろう。
　しかし，「両当事者間の公平」と「原告救済の必要性」に依拠して「評価」をしようという観点が，まったく排除されているかと言えば，そうではない。平成10年最判は，直接の明示行為があった金銭債権の数量的一部請求について，訴訟物分断機能は認め，既判力による残部訴求の排斥を諦めつつ，信義則による後訴遮断を図っている。その根拠は，まさに当事者の公平であったといえるのである。
　判示によれば，一個の金銭債権の数量的一部請求では，「請求の当否を判断するためには，おのずから債権の全部について審理判断することが必要にな」り，「当事者双方の主張立証の範囲，程度も，通常は債権の全部が請求されている場合と変わるところはない」ことを前置きして，以下のように説く。
　「数量的一部請求を全部又は一部棄却する旨の判決は，このように債権の全部につ

いて行われた審理の結果に基づいて，当該債権が全く現存しないか又は一部として請求された額に満たない額しか現存しないとの判断を示すものであって，言い換えれば，後に残部として請求し得る部分が存在しないとの判断を示すものにほかならない。したがって，右判決が確定した後に原告が残部請求の訴えを提起することは，実質的には前訴で認められなかった請求及び主張を蒸し返すものであり，<u>前訴の確定判決によって当該債権の全部について紛争が解決されたとの被告の合理的期待に反し，被告に二重の応訴の負担を強いるもの</u>というべきである。以上の点に照らすと，金銭債権の数量的一部請求訴訟で敗訴した原告が残部請求の訴えを提起することは，特段の事情がない限り[32)]，信義則に反して許されないと解するのが相当である。」

　この判例は，既判力の及ばない範囲について実質的な蒸し返しを，既判力ではなく信義則で遮断する判例の路線上にもある。ここでは，既判力の及ばない範囲については，被告としては再訴があることを予期すべきといえるにもかかわらず，前訴の確定判決によって当該債権の全部について紛争が解決されたとの被告の期待をこそ「合理的」とした[33)]。訴訟物を分断しても，債権全体について審理はなされていること，そして，一部請求の申立て範囲の一部でも棄却されれば，それは必ず残部がないことの判断が先行していることから，原告を救済する必要性は実体的にも手続的にも低い。被告の，既判力の及ばない部分についての再訴の覚悟よりも，全部の紛争が決着したという期待を（残債務不存在確認請求の反訴なしに）優先させて再訴を許さなかったのは，原告救済の必要性が低い以上，その方が両当事者間の公平にかなうと考えたからだと思われる[34)]。

---

32) ここでいう「特段の事情」とは何かについて，「金銭債権の数量的一部請求訴訟で敗訴した者による残部請求の訴えであっても，これが信義則に反しないとする特段の事情とは，損害賠償請求訴訟において，予想がしがたい後遺症等による損害が後に生じた場合や，原告が損害の一部についてのみ立証したため棄却判決を受けた場合等，一部請求訴訟における審理の範囲が必ずしも債権全部に及ばなかったような事情がある場合をいうものと解される」とする下級審裁判例（東京地判平成25・10・18〔http://www.courts.go.jp/hanrei/pdf/20131029141647.pdf〕）がある。

33) このような被告の期待は，最判平成10・6・30（民集52巻4号1225頁・判時1644号109頁・判タ979号97頁，百選〔第5版〕38②事件〔内海博俊〕）のような費目別の特定一部請求の事案では，ある費目の損害賠償請求が認容されなかったことが必ず他の費目の損害賠償請求の存否につながるわけではないために，必ずしも合理的とされない。渡部美由紀「判批（平成20年最判）」判時2048号163頁（判評608号17頁）参照。

　ただし，費目別の特定一部請求でも，例えば総債権額が特定された上で，いわゆる「外側説」に立って過失相殺された結果，一部請求した額を認容額が割り込んだような場合であれば，残部が存しない，という期待が生じ，その期待も合理的とされる余地はあろう。

以上からすると，直接の明示行為があったからといって，また，既判力が及ばないからといって，「両当事者間の公平」と「原告救済の必要性」に依拠して残部請求を許せるか否かという評価から自由なわけではない，というのが判例の態度であろう。

---

34)　松本博之「一部請求訴訟後の残部請求訴訟と既判力・信義則」鈴木正裕先生古稀祝賀『民事訴訟法の史的展開』（有斐閣，2002）236頁注（77）は，債権全体が必ず審理される，という部分に反対され，当事者間の公平によってこれは根拠付けられないとする。私見は，債権全体が必ず審理される，という部分の根拠は，審理上そうする論理的必然性があるにすぎない，ということであるので，直接，公平を論拠としたものではないと考える（勅使川原・前掲注6）40頁）。ただし，松本教授は独自の見解として，そもそも債権全体を審理対象とすること自体に反対されている（これに対する再反論として，三木浩一「一部請求論の展開」前掲注27）書123頁）。

Unit

10

「相殺の抗弁」の訴訟法上の特別な取扱い

Die übersichtliche Einführung in das Zivilprozessrecht

Unit 10 「相殺の抗弁」の訴訟法上の特別な取扱い

🚪 Introduction
「相殺の抗弁」のそもそも

　訴訟上の相殺の抗弁は，その成立について判断されると，判決理由中の判断であるにもかかわらず民訴法114条1項の例外として，「相殺をもって対抗した額について既判力を有する」(114条2項)。

　このことから出発して，「相殺の抗弁」[1]は訴訟法上，さまざまな局面で特別な取扱いを受けている。

　本Unitではこうした特別な取扱いを順次見ていくが，その前提として，まず，主文に掲げられていない，理由中の判断のいったいどの部分に既判力が認められるのかについて確認しておきたい。意外と，**そもそも114条2項の既判力が相殺に供した債権についての判断のどの部分にどのように生じているか**について，無自覚な学生は少なくないようであり，実は学説上も見解が分かれているからである。

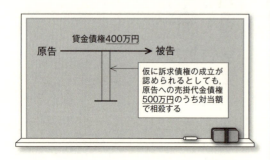

【事例1】原告が被告に対し，貸金400万円（甲債権）の返還を訴求したところ，被告は原告に対し，未払いの売掛代金500万円（乙債権）を有しているとして，

---

1) 相殺の抗弁の沿革や本質論については，中野貞一郎『民事訴訟法の論点Ⅱ』（判例タイムズ社，2001）136頁以下が簡明かつ具体的である。

仮に原告の本訴請求債権（甲債権）の成立が認められるとしても自己の有する乙債権を自働債権として対当額で相殺する，と弁論で主張（意思表示）した。

受訴裁判所は，原告の本訴請求債権（甲債権）のうち350万円分の成立を認めたが，他方，被告の主張する売掛代金債権（乙債権）も未払い分が350万円残っていることを認定し，350万円について対当額での相殺を認め，原告の請求を棄却した。

さて，既判力はどの部分（下図の甲1，甲2，乙1，乙2，乙3）の判断に生じ，そのうち114条1項による既判力が生じるのはどこで，114条2項による既判力が生じるのはどこだろうか？

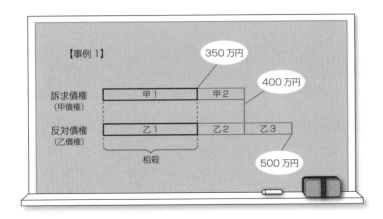

Unit 10 「相殺の抗弁」の訴訟法上の特別な取扱い

1 相殺の抗弁についての判決理由中の判断で既判力を生じる範囲

(1) 114条2項の既判力

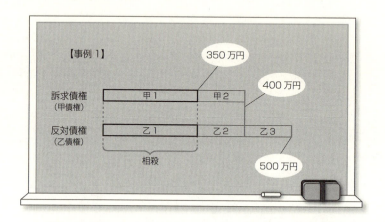

　まず，114条1項が，主文中の判断に（のみ）生じるとした既判力は，訴訟物である貸金返還請求権（「甲債権」に基づく請求権）の存否についての判断に生じる。したがって，原告の主張する400万円のうち50万円（甲2）についてはもともと不成立，残り350万円（甲1）については債権は成立していたものの相殺により消滅したということで，結局400万円全額（甲1＋甲2）について貸金返還請求権の不存在（請求〔全部〕棄却）という判断について，114条1項により既判力が生じていることになる。

　他方，114条2項は，「**相殺のために主張した請求の成立又は不成立の判断は，相殺をもって対抗した額について既判力を有する。**」と規定している。「成立又は不成立」という文言について一般的な見解は，「存在又は不存在」と解釈している[2]。ここでは，訴求債権に対して相殺に供した反対債権の「存否」についての判断が既判力の対象になるのであり，「成否」についての判断が既判力の対象になるのではないことに注意が必要である[3]。

---

2) その理由については，中野・前掲注1）154頁以下に詳しい。

114条2項の趣旨は，以下の通りである。もし同項が存在しないと，同条1項の原則通り主文中の判断にしか既判力が生じないことになり，判決理由中の判断にすぎない「相殺の抗弁」についての判断は，既判力の対象とならない。そうしてしまうと，反対債権が「存在しないから」という判決理由で，相殺の抗弁が排斥され原告が勝訴したのに，後訴で被告が同じ反対債権を再度主張して同一金額を取り戻すことができたり，あるいは前訴で相殺によって初めて請求棄却が導かれたのに，後で前訴被告が「前訴請求債権は当初から不存在であった」と主張して同じ反対債権を改めて訴求することが可能になってしまう。これを防ぐために，114条1項の例外として，判決理由中の判断ではあるが，相殺の抗弁について実質的に判断された場合には，既判力が生じるものとしたのである。そうした趣旨からすれば，相殺に供された反対債権の「存否」が，既判力の対象とならなければならない。114条1項で，主文中の判断すなわち訴訟物たる権利関係の「存否」についての判断に既判力が生じるのと同様である。

(2) 通説 vs 有力説

それでは，【事例1】で114条2項により既判力が生じる範囲は，どこだろうか。これについて，通説的な見解は，以下のように考える。

すなわち，500万円の乙債権について，「相殺をもって対抗した額」はまず，原告の主張する訴求債権そのものへの対当額（乙1＋乙2），つまり400万円であって，原告が主張したが裁判所に成立が認定された額（乙1のみの350万円）ではない。そうすると，乙債権500万円のうち，400万円を差し引いた100万円分（乙3）は，114条2項の既判力の対象ではないということになる（実際には，乙債権は350万円しかない，と理由中で判断されているが，例外的に理由中の判断に既

---

3) 反対債権の「成否」だと，例えば契約の成立・不成立だとか有効・無効（「そもそも契約を締結していない」，「契約締結自体が錯誤により無効」「契約はいったん締結したが，詐欺だったので取り消す」等）といった債権の成立・不成立の判断に既判力を生じる，ということになる。一方，反対債権の「存否」ということになれば，債権がもともと不成立である場合以外にも，債権は成立しているが時効で消滅したとか弁済で消滅した，という事由すべてを含んで導かれた「不存在」の判断，あるいはそうした事由すべてが認められず，口頭弁論終結時まで請求可能なものとして「存在」しているという判断が対象になる。
4) 条解民訴543頁〔竹下守夫〕。

Unit 10 「相殺の抗弁」の訴訟法上の特別な取扱い

判力を生じさせる範囲は「相殺をもって対抗した額」とされている)。

　次に，相殺に供された乙債権400万円分のうち，初めから存在しないと判断された50万円分(乙2)について「不存在」の判断[5]，残る350万円分(乙1)については原告の訴求債権(甲債権)と相殺されて消滅したので「不存在」という判断が，理由中でなされている。この両者を併せて，合計400万円(乙1+乙2)についての「不存在」の判断に，114条2項により既判力が生じる，と考えるのが，通説である[6]。

　これに対し，少数有力説は，反対債権の不存在が確定された場合には，訴求債権を超える額(乙3の部分)についても既判力が生じる，と解している[7]。この少数説に立つ場合には，【事例1】で114条2項の既判力が生じる範囲は，乙債権500万円全額について「不存在」との判断だということになる[8]。

　具体的には，【事例1】での判決確定後に，反対債権のうちの「乙3」部分について，改めて被告が訴求した場合に，この訴えをどのように処理するかという局面で違いが現れる。少数説では，前訴確定判決で既判力が生じているとみるので，既判力が及ぶものとして処理される。通説の立場からは，既判力による処理にはならないが，おそらく二つの選択肢が考えられよう。一つは，一部請求論による処理で，もともとの自働債権(反対債権)のうち，訴求債権と「対当額」での相殺を主張したことを一部請求の明示(乙1+乙2+乙3のうちの，乙1+乙2部分)とみることが前提となる。そのうえで，最判平成10・6・12[9]の処理に

---

5) 重点講義(上)640頁は，相殺に供した反対債権について主張したが存在が認められなかった部分(図の乙2部分)に生じる既判力を「請求棄却の既判力」と表現する。
6) 結局，「存否」の判断と読み替えても，「不存在」の判断の場合にだけ既判力を認めれば充分である。そこで，114条2項が「成立又は不成立」としたのに対し，「成立」を入れたのは立法上の過誤であり，「不成立」は不存在と読み替えるべきだという説明もある。中野貞一郎「相殺の抗弁」同『訴訟関係と訴訟行為』(弘文堂，1961)90頁以下参照。
7) 松本＝上野629頁。松本教授は，一部請求棄却判決の既判力が残部請求不存在の判断にも生じるとする解釈を採っており，それと共通の考え方である。114条2項の文言から離れるが，114条2項を無視しているのではなく制限的に解釈しているに過ぎない，とする。同旨の結論をとるものに，高田進「一部の債権による相殺の抗弁と判決の効力」青山善充先生古稀祝賀『民事手続法学の新たな地平』(有斐閣，2009)225頁以下(とくに228頁)がある。
8) これに対し，通説側からは，例えば【事例1】のようなケースで，反対債権の額が400万円以上あると認定できれば，その額が420万円か，470万円かを確定する審理に拘泥する必要がなく訴訟の完結を遅延しない通説の方が妥当である，という見解が出されている。重点講義(上)642頁注(55の2)。なお，私見は，法教421号(2015)148頁以下を参照されたい。

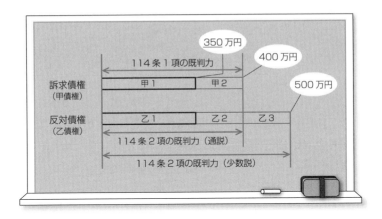

従い,金銭債権の数量的残部請求にあたる乙3部分を請求する訴えを,信義則により却下する,という処理である。もう一つは,理由中の判断に例外的に既判力を認めるにあたって,立法者により,既判力の範囲が対抗した額である乙1+乙2の範囲に特に限定されたものであるから,一部請求論での処理とは独立に考え,乙3部分をそのまま自由に訴求させる,という処理である。

2 審理順序の強制

(1) 「審理順序の強制」はないのが原則

消滅時効や弁済などの「抗弁」は,もしそれが「仮定的」「予備的」に主張されたとしても,裁判所としては実体法上の論理的順序に縛られず,審理しやすい,また,判断しやすいものから採り上げて請求棄却判決をすることができる。判決に「その余の主張について判断するまでもなく」などと書かれているのをよく目にする読者もいよう。消滅時効や弁済についての判断は,そのうちのどの一つが認められても請求棄却を導けるし,またそれらは判決理由中の判断と

---

9) 民集52巻4号1147頁・判時1644号126頁・判タ980号90頁,百選〔第5版〕80事件〔松下淳一〕。「金銭債権の数量的一部請求訴訟で敗訴した原告が残部請求の訴えを提起することは,特段の事情がない限り,信義則に反して許されないと解するのが相当である」。
10) 伊藤541頁。

Unit 10 「相殺の抗弁」の訴訟法上の特別な取扱い

して既判力が生じないので，当事者に後訴で前訴と違う主張ができる自由がある一方で，裁判所にも，どの事由を採り上げて判断するかの自由が与えられているのである（「裁判所の選択権」という。これにより「審理の弾力性」が保たれるとされる）。

ところが，「相殺の抗弁」については，まず訴訟物になっている訴求債権の存否について，114条1項の原則通りの既判力を生じさせるための審理・判断をする必要があり，その後，例外である114条2項の既判力を導くための審理・判断をしなければならない。つまり，訴求債権の存否はともかくとして，反対債権が認められるから相殺できることは明らかなので原告の請求は棄却，という審理・判断はできない。というのは，訴求債権の存否につき114条1項の既判力を生じさせるための審理が不充分なまま，反対債権による相殺を認め，反対債権の不存在の判断についての114条2項による既判力までも生じさせてしまうことになるからである。これに対して，その判断に既判力を生じない「弁済の抗弁」だと，仮に，訴求債権の存否はともかくとしても弁済があったのは明らかだとして請求棄却，という判断をしたとしても，それは許される。この場合は，原告の訴求債権の不存在に既判力が生じるだけであり，「弁済あり」という理由中の判断には既判力を生じないために，後でその判断事項については自由に争えるからである。

ともあれ，訴求債権の額と対当する額について相殺の抗弁に理由ありとの判断をし114条2項の既判力を生じさせるためには，まず訴求債権の存否を（相殺〔＝反対債権の存在〕の点を脇へ措いて）判断し，訴求債権が存在しており，請求を認容できるという判断に至ったら，初めて相殺に供された反対債権の存否についての審理・判断に入ることができる（し，入らなければならない）。これを「**審理順序の強制**」といい，他の抗弁と異なり，相殺の抗弁特有の取扱いである。

 Column 相殺の抗弁に関する「審理順序の強制」の根拠

なお，114条2項で反対債権の不存在に既判力を生じうることだけからは，単に

---

11) 実際には，実体法上の論理的順序に従って判断されると言われる（重点講義（上）464頁）。

訴求債権の審理・判断と反対債権の審理・判断を必ず両方行う（訴求債権の審理・判断を省略しない）ということしか導かれず，まず訴求債権の審理・判断から行え，という「審理順序」の強制は必ずしも演繹されないであろう。

　そこでどう考えるかである。相殺の抗弁についての判断では，第一に，本文でも述べたように，実体法上の論理的順序を無視して反対債権の存否から審理・判断し，「いずれにしても相殺できる（から請求棄却）」と結論づけた場合，訴求債権が本来成立しなかったかもしれない場面（114条1項の既判力だけでカタがつき，例外である114条2項の既判力を生じさせる必要がない場面）でも，「相殺に理由あり」と判断して，相殺に供した反対債権の不存在に既判力を生じさせてしまうことになる。そうすると，相殺が本当に理由のあることだったかが怪しく，114条2項の既判力を生じさせるための基礎を欠くことになってしまう（この点，例えば「弁済」であれば既判力を生じないので問題はなく，論理的順序を無視して審理してもよいとされる）。第二に，相殺以前に訴求債権の不存在が明らかになった場合，相殺の抗弁の対象がなくなってしまうので反対債権の審理が無駄になる。こうした理由が合わさって，相殺の論理的順序に従い，訴求債権の存否の審理から先に行うべし，という「審理順序」の強制が言われるものと考えられる。

(2) 「予備的」の意味と審理順序の強制

　相殺の抗弁は，通常「予備的」抗弁として主張されることが多い。しかし，この審理順序の強制は，明示的に「予備的」相殺の抗弁として主張された場合に限られるわけではないと考えられる。審理順序の強制は，「予備的に」とか「仮に」として相殺の抗弁が提出されなくても，上記の通り，相殺の抗弁そのものの特殊性（訴求債権の不存在のみならず反対債権の不存在についての判断にも既判力を生じうること）から妥当するものであるからである。では，「予備的」相殺の抗弁，とするのは無意味かというと，もちろんそうではない。「予備的に」とか

---

12) 一般には，明示的に「仮に」あるいは「予備的に」相殺の抗弁を主張した場合のみに，主張者の意思を尊重して審理順序が強制される，と理解されている。確かに「予備的に」と付せば，相殺の抗弁に限ってはその通りに審理されるが，訴求債権の存在を争っている場合には少なくとも「『予備的』にはしないでほしい」という意思が明らかな場合でなければ（むしろ「予備的に」というのが，自己の債権を犠牲にする当事者の通常の合理的意思であろう），常に「審理順序の強制」はなされるべきではないかと考える。訴求債権の存在を争っていない場合には，自白により訴求債権の存在が認められ，自然に審理順序は実体法上の論理的順序に沿うことになろうから，問題にならない（なお，次注参照）。

「仮に」としないと，相殺の抗弁は，「訴求債権の存在を認めた上で，自分の反対債権で相殺したい」という主張になるから，いわゆる「制限付自白」として，原告の請求原因事実の各々について裁判上の自白が成立してしまうおそれがある。「予備的」抗弁ないし仮定抗弁にする意味は，(審理順序の強制のない「弁済の抗弁」同様)訴訟法上この自白を成立させないことを明らかにすること，にあるのである。

3 「相殺の担保的機能」への期待と142条類推適用の議論

(1) 相殺の担保的機能の重要性

　実体法上言われる相殺の機能には，もともと言われる「簡易決済機能(自働債権・受働債権の各々について当事者双方が弁済をする二重の手数を省ける)」と「公平保持機能(一方が資力不足等で弁済しない場合に，他方のみが全額弁済を強いられる不均衡を，相殺により是正できる)」に加え，「担保的機能(相殺権者は，他の一般債権者より優先して確実に決済を図れる，一種の債権質権者のような地位を事実上得られる)」があるとされる[15]。これは，訴訟上の相殺の抗弁にも敷衍されて，最高裁判例でも以下のように認められている[16]。

> 「こと相殺の抗弁に関しては，訴えの提起と異なり，相手方の提訴を契機として防御の手段として提出されるものであり，相手方の訴求する債権と簡易迅速かつ確実な決済を図るという機能を有するものである」

---

13) もし，訴求債権を理由あらしめる請求原因事実の個々について被告が争うことがなければ，ここでの「制限付自白」は，訴求債権の(相殺以前の)存在について認めた一種の権利自白(☞ Unit 3)として，包括的に請求原因事実すべてを認めたものとして「裁判上の自白(事実自白)」と扱うのであろう。しかし，訴求債権の存在(請求原因事実の個々)を争いながら，相殺の抗弁を提出する場合，「仮に」とか「予備的に」とかを付さなくても，自白の拘束力は認められないことになろう。
14) 予備的抗弁と仮定抗弁は，通常区別せずに用いられている。相殺の抗弁以外の仮定抗弁は，制限付自白を成立させないためには意味があるが，審理順序の強制はもたらさないので，常に仮定抗弁と呼び，「予備的」抗弁と呼ぶべきではない，という見解もある(三ケ月章『民事訴訟法〔第3版〕』〔弘文堂，1992〕325頁)。
15) 潮見佳男『プラクティス民法 債権総論〔第4版〕』(信山社，2012) 419頁。
16) 最判平成10・6・30〔民集52巻4号1225頁・判時1644号109頁・判タ979号97頁，百選〔第5版〕38②事件〔内海博俊〕)。

こうした担保的機能へ当事者が込めた期待を，訴訟上どの程度重視するか。この点の態度決定が大きく結論を左右している面があるのが，「相殺の抗弁」への重複起訴の禁止規定（142条）の類推適用の可否についての議論である。

(2) 相殺の抗弁と重複起訴の禁止

142条は，「裁判所に**係属する事件**については，当事者は，**更に訴えを提起することができない。**」と規定し，同一事件について，重複した訴えの提起を許さないとして重複する訴訟係属を禁じている。相殺の抗弁は，あくまで抗弁であって，「訴え」ではなく，相殺の抗弁が提出されているからといってそれが「訴訟係属」にあたるわけでもない。したがって，142条を相殺の抗弁の事案に直接適用することはできない。ただし，重複起訴の禁止の根拠のうち，反対債権の存否について審理の重複が生じうる（訴訟上の不経済）とか，相殺の抗弁の実体判断には既判力が生じる以上，既判力の矛盾のおそれを生じうる，という点は，相殺の抗弁についても通じるものである。そのため，相殺の抗弁につき，抗弁でありながらそれ自体が独立に訴訟物となりうる自働債権（反対債権）の存否を審理・判断対象とする性質から，「減縮された反訴」という表現に見られるように，実質論として訴訟係属と同視する基礎がないわけではない。これが，相殺の抗弁についての142条の趣旨適用ないし類推適用の可否についての議論のベースである。

さて，142条の類推適用の可否については，学説上，主に，以下の2つの場面で議論されている。別訴で訴求中の債権を相殺の抗弁に供するケース（①別訴先行型）と，既に相殺に供した債権を別訴で訴求するケース（②抗弁先行型）である。[17]

判例は，①別訴先行型のケースで，重複起訴の禁止を定めた民事訴訟法231条（現行142条）の趣旨は，相殺の抗弁の場合にも妥当する旨判示している。[18]

---

17) この他，同一の債権を自働債権とする相殺の抗弁が，同時に訴訟係属している複数の訴訟すべてで提出される，抗弁並存型もありうる。重点講義（上）144頁参照（なお，東京地判平成16・9・16〔金法1741号46頁〕も参照）。
18) 最判平成3・12・17（民集45巻9号1435頁，百選〔第5版〕38①事件〔内海博俊〕）。現在の下

Unit 10 「相殺の抗弁」の訴訟法上の特別な取扱い

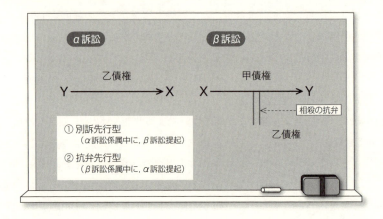

　問題は，相殺の抗弁については，上述したように，**審理順序の強制**があるために，相殺に供した反対債権について必ずしも審理されるとは限らない，ということにある。そうすると，（重複起訴の禁止の根拠には確かに，反対債権の存否について審理の重複が生じうるおそれや既判力の矛盾を生じうるおそれを回避する，ということが挙げられるが，そうした）「反対債権の存否についての審理の重複（訴訟上の不経済）や既判力の矛盾のおそれ」についても，さらにその可能性があるにすぎない，ことになる。つまり，反対債権の審理に入らなければ審理の重複は起きないし，仮に審理や実体判断に入っても既判力が矛盾するとは限らないのである。そのような，いわば「おそれのおそれ」のようなレベルで，相殺権の行使を実質的に剥奪してしまって，相殺の担保的機能のように現実の取引上重要な機能に対する期待を奪い取る，ということに抵抗がある有力学説は，142条の類推適用に反対する。[19]

　これに対し，既判力の矛盾の「おそれ」や審理重複・訴訟不経済の「おそれ」は，それが芽であるうちに，「混乱の芽を摘み取っておく」[20]というのが重複起訴

級審では，②の抗弁先行型でも，大阪地判平成8・1・26（判時1570号85頁・判タ911号218頁），東京高判平成8・4・8（判タ937号262頁）など，類推を肯定するものが多くなっているといわれる。
19）　中野・前掲注1）161頁以下。実際上も既判力抵触が生じる事態は考えがたく，通常は重複起訴の相手方当事者の指摘を受けて，裁判所の側で弁論の併合なり，手続の進行を調整すればよく，わざと調整不能な事態を生じさせる当事者には，信義則違反として対処するなど，事案に応じた柔軟な処理をすべきと説く。

の禁止の趣旨だと考え，142条類推を認めよとする見解も多くある[21]。

さらに学説上は，上記の議論を前提とした上で，①別訴先行型と②抗弁先行型で，142条類推の許否を分ける見解も有力である。例えば，②抗弁先行型では先行訴訟で相殺の抗弁が審理されるかは不確実だから，142条の類推は認められないが，①別訴先行型では類推を肯定する，という説がある[22]。他方，①別訴先行型の場合，先行する別訴を取り下げるためには相手方の同意が必要だが（261条2項），対立当事者が同意を与えるとも限らないから，あとで相手方から訴えを提起されて相殺の抗弁を提出したくても，142条を類推されてしまうとそれができない。さらに，訴えで債権を訴求するのは債務名義を獲得して強制執行できるようにするという目的もある一方で，後行する訴訟での相殺の抗弁には相殺の担保的機能への期待があって，先行する債権の訴求も後行訴訟での相殺の抗弁も両方合理的だから，この場合には，142条の類推は否定する。けれども，②抗弁先行型の場合には，先行する訴訟での抗弁に関連させて反訴を提起すれば，債務名義を獲得する目的は果たされるので，後行別訴を許す必要はない，とする見解もある[23]。

相殺の抗弁の機能にも債務名義獲得の利益にも目配りされた，最後の見解に賛成したい。

(3) 反訴で訴求した債権を相殺の抗弁に供することができるか

さらに，近時，反訴で請求している債権を改めて相殺の抗弁に供した事例（図の【事例 a】）についての最高裁判例も現れている[24]。相殺の抗弁の主張を許されるとした上で，重複起訴の問題を生じないようにするために，上告審において単純反訴を（当事者の明示の申立がないまま）予備的反訴に変更されたものと「解した」ものである。既に下級審では，同様のケースで相殺の抗弁が適法であ

---

20) 重点講義（上）125頁注（2）。
21) 重点講義（上）141頁は，理論面重視か，実際的な処理の可能性を考慮に入れるかの対立の考量軸がある，とする。
22) 中野貞一郎＝酒井一「判批（最判平成3・12・17）」民商107巻2号（1992）255頁以下。
23) 重点講義（上）143頁以下。
24) 最判平成18・4・14（民集60巻4号1497頁・判時1931号40頁・判タ1209号83頁，百選〔第5版〕A11事件〔濵崎録〕）。

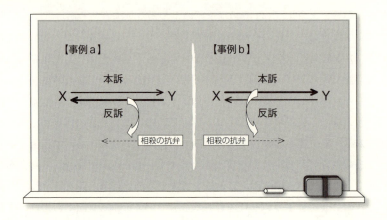

るとした判旨を引用するものが複数現れている。[25]

　立て続けに，まったく裏返しの事例（図の【事例b】）について，下級審判決も複数出ているが[26]，いずれも本訴での請求債権を，被告から提起された反訴に対する相殺の抗弁に用いることはできない，としている。同一債権について既判力を生ずる二個の裁判を求めるものであって許されない，という理由か，反訴であれば予備的反訴に変更するという操作が可能であるが，本訴については条件付き訴えの取下げがなされたと解するしかないのに，そういう条件付けは許されないため，結局相殺の抗弁の主張は許されない，という理由による。

　【事例b】では，本訴を取り下げるには被告Yの同意が必要であるが，この点，Yは応じそうもないから，反訴に対する担保的機能の期待には充分に応えられない。却って【事例a】のほうは，Y自身が同一債権を反訴で訴求するのか相殺の抗弁として用いるのか選択の余地があるので，相殺の担保的機能に対する期待の保護という観点からは，【事例b】のほうが相殺の抗弁を許すに値しそうだが，裁判例の結論は逆になっている[27]。

---

25) 東京高判平成19・12・12（LEX/DB文献番号28140475），東京地判平成22・3・8（判時2099号32頁・判タ1353号288頁），東京地判平成24・10・15（LEX/DB文献番号25444977）。
26) 東京高判平成15・12・10（判時1863号41頁），大阪地判平成18・7・7（判タ1248号314頁）。
27) そのため，前掲大阪地判平成18・7・7の判旨に批判的な評釈も多い。和田吉弘「判批」法セ637号（2008）117頁，我妻学「判批」リマ37号（2008）116頁等。

他方，前述した最判平成 10・6・30 は，一部請求の訴え (☞ Unit 9) における請求債権の残部を別訴で相殺の抗弁に供した場合を，一部請求のいわゆる明示説に依拠しながらも（したがって既判力の抵触のおそれはない），しかしそれだけで結論を出さず，事実上の審理・判断の抵触を考慮の上，相殺の担保的機能への期待を理由に挙げて相殺の抗弁を許した判例であった。これを前掲平成 3 年最判の帰結の誤りを際立たせる揺り戻しと評する見解もあり[28]，未だ議論は軌を一にしない。

4 相殺の抗弁と上訴

(1) 相殺の抗弁と不服の利益（上訴の利益）

相殺の抗弁についての実体判断に既判力が生じる，ということからすると，その判断の確定までには三審級を保障する必要がある。

そこで上訴，特に控訴 (☞ Unit 14) の時の「**不服の利益**（上訴の利益。不利益をもたらさない判決について上訴による救済を認める必要はないために要求される，不文の『上訴要件（＝上訴の適法要件)』)」を，「理由中の判断」となる相殺の抗弁についての判断ではどのように捉えるか，という問題がある。

(a) 形式的不服説の考え方

通説とされる形式的不服説は，当事者の申立てと判決主文の判断を比較して，後者が前者より形式的に小さいときに「不服（の利益）」を認める。被告の予備的相殺の抗弁が容れられて原告の請求が棄却されたという事例を思い浮かべてほしい。この場合，請求棄却判決を出された原告に不服の利益が認められることはもちろんである。他方，被告は請求棄却を申し立てて（正確には，被告には「申立て」はないが，被告が請求棄却を求めることを，あたかも「申立て」があったかのように見て，「請求棄却の申立て」と実務上称している），主文で請求棄却を勝ち取っているわけであるから，形式的不服説によれば，被告に不服の利益はないはずである。

---

28) 山本弘「二重訴訟の範囲と効果」争点 92 頁以下（特に 94 頁以下）。

しかし従来の通説は，例外的に，相殺の抗弁によって請求棄却を勝ち取った場合には，114条2項によって，相殺に供した反対債権の不存在について既判力が生じてしまっているので，その部分に被告の「不服の利益」を認める。相殺の抗弁によって消滅したのでなくて，原告の訴求債権自体が存在しないという判断であれば，114条1項の既判力が生じるだけで，反対債権についての判断の（114条2項の）既判力を免れたはずであるので，その部分についての「不服」を実質的に認めるわけである。

(b) 新実体的不服説の考え方

この点，形式的不服説によると字義通り「例外」としてしか説明できないが，新実体的不服説によれば，原則通り「不服の利益」が認められることになる。新実体的不服説は，裁判をそのまま確定させることで，既判力や執行力などの判決効が生じる結果，後訴を待っていたのでは救済されないような不利益を，「不服」と考える見解であり[29]，現在では学説上の支持を集めている。この新実体的不服説は，以下のように考える。もし第一審で被告からの相殺の抗弁が認められた結果なされた請求棄却判決が確定すれば，被告が相殺に供した反対債権の不存在の判断に114条2項の既判力が生じる。これは被告に不利益をもたらすから，不服の利益が認められ，被告は，相殺の抗弁に依拠しない訴求債権の不存在を理由とする請求棄却（114条1項の既判力を生じうる）を求めて，控訴できることになる。

この場合，控訴審で原告の訴求債権が相殺以前に不存在であることが認められれば，第一審判決を取り消して（305条），（あえて差し戻す必要がなければ）請求棄却の自判をすることになる（307条・308条）。控訴審での自判による判決主文は，第一審判決と同じ「請求棄却」の主文にはなるけれども，既判力の生じる範囲が異なるので，114条2項の既判力が生じず114条1項の既判力のみ生じ

---

[29] 松本＝上野829頁。なお，**旧実体的不服説**は，上訴で（例えば控訴審での訴えの変更や反訴をして）より有利な判決を得る可能性がある場合には，全部勝訴の判決を得た当事者にも不服の利益を認める，という古い見解で，不服概念としては広すぎ，不服不要説とも評され，現在では支持者を見いだせない。長谷部由起子ほか編著『基礎演習民事訴訟法〔第2版〕』（弘文堂，2013）296頁以下〔上野泰男〕参照。

うることを明らかにするために，第一審判決を取り消して改めて「請求棄却」の主文を書き直す必要があるものとされている。

(2) 相殺の抗弁と不利益変更禁止の原則

Introduction で紹介した【事例1】と同じ事案で，第一審判決で相殺の抗弁が認められて被告が勝訴したときに，原告のみ控訴した場合について，不利益変更禁止の原則がよく議論される。【事例2】で具体的に検討してみよう。

> 【事例2】第一審で被告からの相殺の抗弁が認められた結果請求棄却判決がなされた事例で，原告だけが控訴して，被告は控訴も附帯控訴もしなかった場合，控訴裁判所が，被告の主張する反対債権は不存在という判断に至ったけれど，原告の訴求債権もそもそも不存在であるとの判断に至ったケース（下記の図）では，控訴審としてはどういう判決を下すべきであろうか。

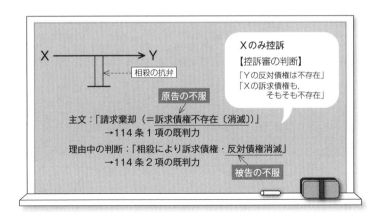

(a) 通説の考え方

この場合，114条2項により反対債権の不存在（相殺によって消滅）について既判力が発生しうる第一審判決と比べると，控訴審の判断通りの判決（第一審判決を取り消して，改めて請求棄却の自判）をしてしまうと，審理順序の強制のために訴求債権が不存在であると判断されることによって反対債権についての実体判断がなされないため，原告は「（被告の）反対債権不存在」という判断について

の既判力（114条2項）を喪失してしまう。これが原告X（控訴人）にとって「不利益」変更にあたるとして，**不利益変更禁止の原則**から「控訴棄却」判決にとどめるべきだ，というのが，通説・判例である。この場合，Xの不服が認められるのは，主文における「請求（一部）棄却」すなわち訴求債権が不存在とされた範囲であり（したがって相殺の抗弁を排斥して請求認容への変更を求めている），その範囲にある訴求債権の（最終的な）存否が不服の対象である。したがってXの不利益の範囲で**訴求債権・反対債権の存否のいずれもが審理対象**になる，と考えていることになる。

(b) 有力説の考え方

これに対して，有力説は，不利益変更禁止の原則を，不服を申し立てられている範囲の枠内で審判すべき原則だと考えている。この事例だと，原告（控訴人）の不服は，第一審判決で原告が敗訴した部分＝予備的相殺の抗弁が容れられた部分だけだから，訴求債権についての判断はそもそも控訴審での審理対象にはならなくて，予備的相殺の抗弁が認められるかどうか，つまり**相殺に供された反対債権の存否だけが控訴審の審理対象**になるという。相殺で消滅するまでもともと訴求債権が存在していたという第一審の判断には，実質的に見て原告に不服はないのであり，反対債権ありとされて相殺で消されたところだけに不服がある，というわけである（そのことが，被告が控訴も附帯控訴もしない態度に顕れているとみる）。

確かに，訴求債権についての既判力（114条1項）と，反対債権についての既判力（同条2項）とは異なるのであるから，両者を分断して不服を考えること自体は理論的に不可能ではないだろう。不利益変更禁止の原則を，こういう意味

---

30) 控訴人は，相手方からの控訴（民訴285条の控訴期間内の場合）または附帯控訴（293条。控訴期間を徒過した場合）によって第一審判決の取消し・変更がありうる範囲（304条）が拡張されない限り，自己の不服申立ての限度を超えて自己に不利益に第一審判決を変更されることがない，という原則を「不利益変更禁止の原則」という。長谷部ほか編著・前掲注29）302頁以下〔勅使川原和彦〕参照（☞ Unit 14）。

31) 最判昭和61・9・4（裁判集民148号417頁・判時1215号47頁・判タ624号138頁，百選〔第5版〕112事件〔青木哲〕）。

32) 右田堯雄『上訴制度の実務と理論』（信山社，1998）85頁（初出：判タ288号〔1973〕19頁），松本＝上野360頁以下〔松本博之〕等。高見・前掲注7）239頁も同趣旨の考え方とみられる。

で限定された審理対象の「枠はめ」だと考えるわけである。この考え方によれば，訴求債権の存否に左右されず，反対債権の存否だけを審理対象にするから，控訴審が反対債権不存在という判断に至った以上，「原判決取消し・請求認容」という判決をすることになる。

さらに，予備的相殺の抗弁は訴求債権が存在するとされて初めて反対債権の審理がされるべきであるにもかかわらず，通説・判例の立場だと，控訴審では反対債権が不存在とされると訴求債権の存否を判断する，という順序になってしまい，審理順序の強制に反する，とも説いている。

ただ，通説側からは，訴求債権が不存在との判断に至っている控訴審が，それとは真っ向から逆の判決を書かざるを得ず，またそれを避けようとせめて附帯控訴を促す釈明をしようにも，こうした判決内容を事前に示すような釈明をすることに対して裁判所は消極的である，との批判[33]を受けている。

(c) では，どう考えるか

前述の通り通説・判例は，あくまで，既判力が生じる判断部分において，原判決より控訴審判決の判断内容が不利益になってはならない，というのが「不利益変更禁止の原則」であるとする。したがって，審理範囲自体は控訴人が原判決で敗訴した範囲に限られるものではない，と考えているわけである。ただ，（もともと訴求債権はあって）相殺によって消滅したとされるにせよ，弁済・時効・錯誤無効などによって相殺以前に訴求債権が不存在だったとされるにせよ，原審での訴求債権不存在（請求棄却）という主文の判断に原告の不服が認められるわけであるから，「訴求債権不存在」という判断は不服の範囲に含まれていると言わざるを得ず，そもそも有力説によっても審理対象から除くべきではないであろう[34]。なおまた，被告が控訴なり附帯控訴なりをしなかったことは，基準時における反対債権の不存在の判断に既判力が生じることを争わない意思の発

---

33) 重点講義（下）633頁。
34) 松本＝上野844頁以下〔上野㤗男〕，青木・前掲注31) 239頁。控訴審でも訴求債権についての判断が先行して，次いで反対債権の存否の判断をした結果について，第一審判決からの不利益変更の有無を評価する限りでは，反対債権の存否の判断が先行して審理順序の強制に反してしまうではないか，という有力説による批判はあたらないものと思われる。

現であるに過ぎず，訴求債権について請求棄却とされた主文の結論に賛成しているだけで，相殺前までは訴求債権が存在したとの理由中の判断にまで賛成しているとは言い切れないであろう[35]。通説・判例の結論でよいと考える。

---

35) 山本和彦『民事訴訟法の基本問題』（判例タイムズ社，2002）227 頁参照。

⚘ Advanced
一部請求における相殺～「外側説」「按分説」「内側説」

(1) 一部請求で相殺したら，相殺分はどこから差し引かれるか

　関連して，一部請求の際に，相殺の抗弁が提出された場合[36]，そこで生じる既判力の範囲はどこなのか，についても考えてみよう。

　2000万円の金銭債権のうち，1200万円を一部請求した，という場合，相手方から相殺の抗弁が提出されたりして，500万円控除されることとなったとき，いったいどの部分から控除すべきなのだろうか。

　外側説は，一部請求した訴訟物たる債権額の外側，総債権額の上端から控除する説である。原告が，過失相殺されることや相手方から相殺の抗弁が出てくることを慮って一部請求することがあるが，こうした原告の意思に沿うかたちの控除である。かくて外側説では，1200万円の全部認容という判断に既判力が生じることになる。

　按分説は，一部請求額と残部請求額の割合と同じに控除額も按分して控除する，という考え方で，上記のケースでは，一部請求した債権額：残部債権額＝3：2なので，控除額500万円も同じに按分して，控除額総額500万円のうち3/5となる300万円分を一部請求の債権額1200万円から控除する。したがって按分説では，訴訟物となっている1200万円の内，900万円の存在と300万円の不存在についての判断に，既判力が生じる。

　内側説は，あくまで一部請求した債権額の内側で控除額全額を控除する，すなわち，上記のケースでは1200万円から500万円を控除する考え方である。内側説では，700万円の存在と500万円の不存在の判断についての判断に，既判力が生じることとなる。

　以上の考え方を，それぞれ図に示すと次頁のようになる[37]。

---

36) 同じ議論は，相殺の抗弁の場合だけではなく「過失相殺」についてもなされるが，ここでは相殺の抗弁の場合を念頭に置く。
37) 重点講義（上）117頁を参考にさせていただいた。

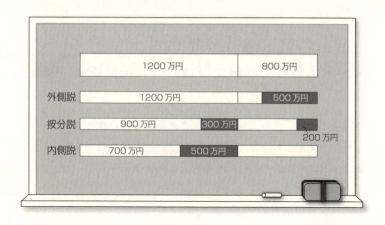

判例(最判昭和48・4・5)は,過失相殺の事案において,外側説の採用を明らかにした。一部とされた部分だけが訴訟物となるとする判例の立場との整合性が問われるが,判例は,最判平成10・6・12の判示するように,

> 「一個の金銭債権の数量的一部請求は,当該債権が存在しその額は一定額を下回らないことを主張して右額の限度でこれを請求するものであり,債権の特定の一部を請求するものではないから,このような請求の当否を判断するためには,<u>おのずから債権の全部について審理判断することが必要になる</u>。すなわち,裁判所は,当該債権の全部について当事者の主張する発生,消滅の原因事実の存否を判断し,<u>債権の一部の消滅が認められるときは債権の総額からこれを控除して口頭弁論終結時における債権の現存額を確定し</u>(最高裁平成二年(オ)第一一四六号同六年一一月二二日第三小法廷判決・民集四八巻七号一三五五頁参照),現存額が一部請求の額以上であるときは右請求を認容し,現存額が請求額に満たないときは現存額の限度でこれを認容し,債権が全く現存しないときは右請求を棄却する」

としている(下線部筆者)。

(2) では,どのように考えるべきか

訴訟物になっていない部分から控除するのはおかしい,という理念型はわからなくはない。しかし金銭債権の数量的一部についての一部請求では,金銭債

---

38) 民集27巻3号419頁・判時714号184頁・判タ299号298頁。
39) 民集52巻4号1147頁・判時1644号126頁・判タ980号90頁,百選〔第5版〕80事件〔松下淳一〕。

権の総額が「一部」を超えてこその一部である。したがって，訴訟物となっている一部請求部分の存否を判断する際，確かに<u>一部請求を全部認容する</u>のは，総額が不明でも可能ではあるが，少なくとも一部請求額（ないしそれ以上）であることは認定せざるを得ない。また，被告側から一部の債権の消滅事由が主張されていたり過失相殺の必要が認められれば，それを控除しても一部請求額を超えるだけの総額にはなっているだろう，と認定する必要はある。他方，<u>一部請求額を下回るという一部ないし全部棄却の判断をする</u>ためには，最判平成10・6・12の判示するように，債権総額を確定することが前提となる。上記の例で言えば，裁判所において「存在する」と判断される債権総額が，一部請求額（1200万円）を超えていないと，一部請求は全部認容できないから，少なくとも，1200万円以上はあるな，という判断はできないといけないが，債権総額を（例えば）「1800万円である」というふうに具体額まで認定する必要はない。これに対し，相殺によって，一部請求を一部ないし全部棄却するためには，「相殺に供した反対債権の対当額が総額からこれだけ控除されたので1200万円を下回り〇〇〇万円になりました（一部棄却・一部認容の場合。全部棄却の場合は，「ゼロになりました」）」と判断する必要があるので，債権総額を確定させる必要がある，ということである。

さらに，「訴訟物」は確かに「訴訟における審理・判決の対象」であるが，これはあくまで既判力の生じる「審理・判決の対象」であって，裁判所が事件に関する訴訟物以外の事項について審理・判断してはならないとするものではない。むしろ，訴訟物たる権利関係の存否の判断に必要な範囲では，事件全般について訴訟物以外の事項でも審理・判断する必要がある。既判力がそのうちの限局された範囲（訴訟物たる権利関係の存否）でしか生じないことと，訴訟物になっていないところで訴訟物たる権利関係の基礎となるような権利関係の存否の判断をすることは，必ずしも矛盾しない。

(3) 具体的に問題となる場面

実践上問題となるのは，一部請求に係る訴えの時点で費目を限定して一部請求をしている場合，限定された費目から除外された部分については，裁判所は実際の審理対象にもできない[40]，という場面である。特に，間接的明示行為しか

ない場面や間接的明示行為すらない場面（☞ Unit 9）では，残部訴求が行われて前訴が一部請求であったと評価されるに過ぎないから，前訴の時点では内側説を採らざるを得ないのは確かである。

　一方，相殺によって消滅する部分が，お湯に溶けたインスタント・コーヒー（ソリュブル・コーヒー）に相当すると考えると，コーヒー1杯から7分目までの分量だけを抜き取るような一部請求では，その中に含まれるコーヒー成分も按分した割合で含有されているはずである。したがって，このような喩えがしっくりくる場面（総額の定まった同一費目での金銭債権の数量的一部請求など）なら，原理的には，按分説が美しい。債権のどの部分でも同じ内容であり，分割したらその分割割合に応じて控除分（喩えでいう「コーヒー成分」）も決まると考えられるからである（残りのコーヒー液にもコーヒー成分は同じ成分比で残存している）。

　ただ，外側説による場合には，一部請求が一部でも棄却される場面では，（前記の設例で総債権額が2000万円あると認められたとして，1000万円分が相殺や弁済で控除されるような場合），前掲最判平成10・6・12により，残部債権がもはや存しないという判断を前提にそれへの信頼（残部についても解決済みとの期待）を保護し，信義則により残部訴求そのものが許されないとされる可能性がある。一方，按分説・内側説では，一部請求が一部でも棄却される場面においても論理的には残部債権の存在を残してしまう余地がある。按分説では，1200万円から控除されるのは600万円に過ぎず，残部800万円の中に400万円残っていることになるし，内側説では，1200万円から1000万円控除するが，残部800万円が丸々残っていることになるからである。そうすると，残部がもはや存しない，という判断がなされていない以上，既に残部についても解決済みというふうに被告が「期待」してもそれは合理的とはいえない。したがって按分説・内側説では，前掲最判平成10・6・12のような信義則による残部訴求の遮断が導けなくなる。するとやはり，金銭債権の数量的一部請求のような，インスタントコーヒーの

40）三木教授の分類でいわゆる「費目限定型」。三木浩一「一部請求論の展開」同『民事訴訟における手続運営の理論』（有斐閣，2013）136頁（併せて133頁）は，この場面では，除外された費目について裁判所が額を認定できないから，外側説は原理的に不可能である（仮に算出が可能であったとしても原告の意思に沿わないから外側説は望ましくない），とする。
41）三木・前掲注40）133頁は，「全体債権の内訳が均質な場合」と表現する。

喩えがしっくりくる場合でも，前掲最判平成10・6・12の処理を支持する場合には，按分説・内側説を採用することはできない。

他方，原告が相殺を考慮に入れて一部請求をする場面では，判例の言うとおり外側説が最も原告の意思に適う（逆にこの場面では内側説は最も原告の意思に沿わない。もっとも，控訴して請求を拡張すればよい，との反論がある[42]）。ただ，そうでない場面でも，常に外側説が原告の意思に沿っているかは疑問である。

(4) まとめ

判例を前提とすると，実践的には，直接的な明示のない一部請求の場面や費目を限定して一部請求する場面では，内側説的な控除で対応せざるを得ない（このこと自体は，原告がそのような一部請求をする際に織り込んでおくべき事柄に属するであろう）。他方，総額がいちおう認定できる一部請求では，外側説や按分説も採りえないわけではない。しかし，原告の意思に適う，あるいは一部請求の外側に残部債権を残さない（ひいては残部についての再訴可能性を残さない）処理も可能な，外側説を原則とする，事案適合的な対応でもよいのではなかろうか[43]。

---

42) 松本＝上野363頁。
43) 三木・前掲注40) 131頁以下，特に135頁以下参照。

Unit 11

補助参加の利益

Die übersichtliche Einführung in das Zivilprozessrecht

Unit 11 補助参加の利益

🚪 Introduction
補助「参加」はプラス・イメージ？

　我が国民訴法で言う「補助参加」は，母法ドイツ法の原語で言うと「Neben-intervention」。neben（隣の・従属的な）と Intervention の組み合わせの単語だが，「Intervention」とは，「介入」「干渉」といったような意味合いである。「参加」といわれると何かポジティヴな，プラスのイメージも持てるが，原語は，他人間の訴訟に，第三者が「介入」「干渉」する，というややマイナスのイメージを含んだ語感でもある。

　なぜ，他人様の訴訟に「介入」できるのか，というと「参加の利益」があるからだ，ということになる。では，どういう場合に「参加の利益」言い換えれば「介入する利益」があるかというと，民訴法 42 条は，第三者が「訴訟の結果について利害関係を有する」場合である，と簡単に規定する。これを，一般的な基本書や判例では，「事実上の利害関係」では足りず「法律上の利害関係」でなければならない，と説かれていることが多い（最判昭和 39・1・23〔裁判集民 71 号 271 頁〕参照）。

　しかし，この「法律上の利害関係」なる用語が，学生の頭の混乱のもととなっている。「法律上の利害関係」とは，要するに「法律上の関係」があること，つまり

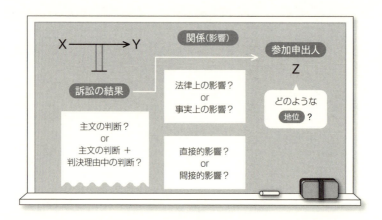

「訴訟の結果」が「参加申出人の地位」に法律上の影響を与える関係にあることだ，と誤解してしまうからである。

　判例に準拠しながら，法律上の利害関係を，訴訟の結果 ──→ 影響 ──→ 参加申出人の地位，という3つの要素に分解して整理してみよう。まずは，真ん中の「影響」から，明らかにしてみたい。

Unit 11 補助参加の利益

1 「法律上の利害関係」とは何か

(1) 「法律上の利害関係」＝ 法律上の利害 関係（影響）
　　　　　　　　　　≠ 法律上の 利害 関係（影響）

　実は，この用語を最高裁判例がどのように用いているかについて，最も明確に読み取れる判示をしているのは，最決平成 13・1・30（民集 55 巻 1 号 30 頁）である。そこでは次のように定義づけられている。

> 「法律上の利害関係を有する場合とは，当該訴訟の判決が参加人の私法上又は公法上の法的地位又は法的利益に影響を及ぼすおそれがある場合をいうものと解される」（下線筆者。以下同じ）

　すなわち，「法律上の」利害関係とは，「法律上の利害」（参加人の法的地位・利益〔☞後述 2〕）に（単に）影響を及ぼすおそれがある「関係」ということであって，「法律上の影響」を及ぼす関係にある場合だと言っているわけではないのである。

　そこで，まず，専門用語（テクニカル・ターム）の説明から始めたい。

　訴訟法の制度で，「法律上の影響」がある場合，というのは，すなわち「訴訟法上の影響」がある場合を指すが，さらに，訴訟法学の用語法では，ここで「訴訟法上の影響」があるというのは，「判決効が及ぶ」ということと同義である。これに対して，「事実上の影響」があるというのは，「判決効は及ばない」が，事実上何らかの影響が及んでいるということを意味する。この専門用語の意味の変換作業が頭の中でできないと，理解が難しくなる。

　さて，判決効にもいろいろなものがありうるけれども，代表的な判決効である既判力を考えれば，既判力が第三者に及ぶ場合には，その第三者には既に共同訴訟参加（52 条）[1]によって訴訟に参加する制度が用意されている。すると，補助参加制度オリジナルの機能としては何を対象にしているのだろうか。これ

---

[1] 52 条は，「訴訟の目的が……合一にのみ確定すべき場合」と規定するが，これは，判決効が第三者に及ぶ類似必要的共同訴訟の場合を本来的に前提としている表現である（秋山ほかⅠ 506 頁）。なお，解釈論上は，固有必要的共同訴訟で当事者の一部が欠落している場合，その欠落した当事者が共同訴訟参加することによって固有必要的共同訴訟の当事者適格の瑕疵を治癒させるために，本条を利用することもできる，とするのが実務・通説である。

については，判決効が及ぶ場合だけではなく，「**事実上の影響**」が及ぶ場合をも（むしろ事実上の影響が及ぶ場合をメインに）対象としていると考えるのが素直である。そしてまた，第三者が当事者間の訴訟に「介入」することを認められるのは，その第三者の地位に当事者間の訴訟の結果が（判決効は及ばなくても）「不利益」な影響を及ぼす場合であるからこそと考えられようから，「事実上の不利益な影響」が及ぶ関係も「法律上の利害関係」に含まれうる，ということになる。

前掲平成13年最決の調査官解説³⁾も，補助参加制度を，

> 「補助参加制度は，当事者以外の者が訴訟に参加して当事者の一方を補助する訴訟活動をすることによって被参加人に有利な判決を得させることを助け，併せて被参加人に対し敗訴判決がされることによって<u>補助参加人の私法上又は公法上の法的地位又は法的利益に事実上の不利益な影響を受ける</u>ことを防止することを目的とするものである。」

と精確に定義している。

(2) 「直接」的・「間接」的影響と「法律上」・「事実上」の影響

上に述べたように，補助参加申出人に，法律上の影響のみならず事実上の影響を及ぼす場合でも参加の利益が認められる場合があるのだが，裁判例や学説

---

2) 判決効の及ぶ場合だけでなく事実上の影響が及ぶ場合でも参加の理由たりうるとした判例として，古くは大決昭和8・9・9（民集12巻2294頁）がある。
　なお，ここでいう第三者の地位への事実上の影響を講学上「証明効」と呼ぶことがある（山木戸克己「判決の証明効」同『民事訴訟法論集』〔有斐閣，1990〕145頁）が，伊藤眞「補助参加の利益再考」民訴雑誌41号（1995）1頁以下は，第三者が関与していない前訴手続による判断が，当該第三者による後訴で不利に作用するのは手続保障を欠き，裁判を受ける権利を害する，としてこの証明効を否定する。伊藤説では，参加申出先の訴訟の結果としての判断（主文でも理由中でも）において，補助参加人自身の法的地位そのものかその前提となる法律関係・事実関係が判断され，そのことが補助参加人に事実上の不利益な影響を及ぼす限り，参加の利益が肯定される，という。後訴への事実上の影響力，ではなく，補助参加人の法的地位自体への事実上の影響力を問題とすべきだ，という問題提起がなされている。
　伊藤説は，妥当な指摘であるが，多数説のいう「後訴への事実上の影響」も，もし補助参加が認められず前訴での参加申出人が後訴を提起したら，という「想定」上の影響なので，後訴が起きていない状態での補助参加申出人への事実上の不利益な影響（例えば，主債務者敗訴判決後に保証人が裁判外で保証債務の履行請求を受ける，など）を，「補助参加人の地位自体への影響」，と（証明効論と一応切り離して）説明し直すことも可能かと思われる。大局的には説明の相違ではないか，とするのは，重点講義（下）445頁注（22）。
3) 最判解民事篇平成13年度（上）62頁〔髙部眞規子〕。

上は，別の用語を使うことがある。すなわち，「直接」的影響が及ぶことを要する，とか，「間接」的影響しかないから参加の利益が認められない，という表現である。この「直接」・「間接」的影響と，「法律上」・「事実上」の影響とが，いったいどのような関係にあるかが，学生の理解を混乱させる源になっている。

伝統的な通説は，42条における「訴訟の結果に利害関係を有する」とは，参加人の権利義務その他の法律上の地位が，これによって**直接**影響を受けること，具体的には，**論理上**訴訟物たる権利関係の存否を**前提**として決せられる関係にあることを指す，としている。[4]

つまり，「直接」的な影響とは，直接判決効の及ぶ場合（「法律上の影響」の場合）は当然として，さらに事実上の影響の中でも，当事者間の訴訟の結果が参加申出人の法的地位（☞後述2）の「論理的な前提」になっている場合を指していることになる。それ以外の，実体法上の論理的前提関係に立っていないような事実上の影響しかない場合は，「間接」的な影響として扱い，伝統的通説は参加の利益を認めてこなかった，ということなのである。

ここでいう，参加申出人の法的地位の「論理的な前提」になるカテゴリーには，論理的な先決関係（アレなければコレなし，アレあればコレあり）や択一関係（アレなければコレあり，アレあればコレなし）の場合を含めることができよう。ひとまずここまでの内容を図示すると，次のようになる。

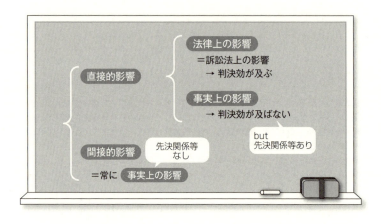

---

4) 高田裕成「判批（東京高決平成2・1・16）」リマ4号（1992）149頁。

2 訴訟の結果に影響を受ける補助参加申出人の「地位」とは？

　訴訟の結果に直接的影響を受ける第三者（補助参加申出人）の地位が，どのようなものであると，他人間の訴訟に「干渉」「介入」できるものとされるか。
　この点は，判例も学説も一致して，**法律上の地位・利益**でなければならない，とする。民事訴訟は，権利関係や法律上の地位など法的な利益の保護を目的としているから，第三者においても，その者の**法的地位・法的利益**に不利益な影響が及ぶ場合に，他人間の民事訴訟に介入・干渉させる利益が認められる，というのである。
　つまり，恋人が訴えられて気の毒だから助太刀したい（感情的理由）とか，被告に金を貸しているので被告が敗訴して財産が減るのは望ましくない（経済的理由）というのではダメである。ただし，債務者が無資力で，債務者の一般債権者が債権者代位権を行使できる場合には，この者には代位権者としての法的地位があるため，債務者が第三債務者に対して債務の履行を請求する訴訟に補助参加できる（大決大正 11・7・17〔民集 1 巻 398 頁〕）。

3 そもそも他人間の「訴訟の結果」って，何のこと？

(1) かつての母法ドイツ法の考え方と日本法の理解

　まず，母法ドイツ法をみてみよう。ドイツ民訴法 66 条 1 項は，「他人間に係属している訴訟において一方当事者が勝訴する (obsiegen) ことに法律上の利益を有する者は，その当事者を補助する目的でその当事者に参加することができる」（§ 66 I ZPO）と規定している。そこで，「勝訴」に法律上の利益を有する（反

---

5) 日本法では，規定上はともかく，被参加人の敗訴により自分の法的地位に不利益な影響を受ける第三者に補助参加を認める，というネガティヴな表現で補助参加が定義されているのに対して，ドイツ法では，被参加人の勝訴に法的利益を有する第三者に補助参加の利益を認める，というポジティヴな表現なのが，比較法的には興味深い。既にテヒョー (Hermann Techow) による民事訴訟法草案の源，明治 18 年（1885 年）のテヒョー『訴訟規則原按　完』で，「第三節　他人ノ訴訟ニ干渉スルコト」の第二條で「何人ニテモ原被一方ノ勝訴ニ法律上ノ利害ヲ有スル者殊ニ其敗訴ニ付テ自己ノ権利ヲ失ヒ辨償ノ義務ヲ負ヒ又其他ノ理由ニ據リ法律上ノ損害ヲ受ルトキハ其一方ヲ助ル為メ

対に、「敗訴」に法律上の不利益を有する）ことが参加の利益だと考えられ、請求認容（＝勝訴）や請求棄却（＝敗訴）という主文の判断・（判決理由ではなく）結論との利害関係が問われるものという理解がされた。これが日本法に翻訳・輸入されて以降、「訴訟の結果」は「勝訴・敗訴」を指すとされ、すなわち、訴訟物についての判断（主文の判断）がこれにあたる、というのが、従来の通説的理解であった（この「『訴訟の結果』が、訴訟物についての判断のみを指す」と把握する見解は、**訴訟物限定説**と呼ばれる）。この背景には、「関連紛争の統一的解決」というのは補助参加の制度趣旨を超えており、単に判決理由中の判断に利害関係を有するにすぎない場合には、補助参加人として他人間の訴訟に介入すべきでなく、自分で当事者となって別訴で攻撃防御を尽くすべきである、という考慮もある。

(2) 従来の通説的理解（訴訟物限定説）に対する疑問

これに対し、この従来の通説的理解は、厳密には「主文の判断」だけから参加の利益を演繹してはいないのではないか、という疑問が呈せられており、この疑問は現在の学説では共通了解になっていると思われる。その疑問が生じる場面として、よく挙げられている例は、以下のようなものである。

> 【例】Yに債権を譲渡したXが、Yが債務者Zへの履行請求で敗訴した場合に（売主の責任が追及され）損害賠償請求を受けることを慮って、Yの訴訟に補助参加を申し出るケース。

伝統的通説でも「Yの敗訴」が「Xが損害賠償請求を受ける地位」を招来する、という構図で、Xの参加の利益を肯定するものと思われる。しかし、Yの敗訴が、Xに損害賠償請求を受けうる地位をもたらすのは、Yの敗訴理由が専ら「債権譲渡時に当該債権が存在していなかった等で有効にXがYに当該債権を

原被告ノ間ニ起リタル訴訟ニ加ハルコトヲ得」とされていて（松本博之＝徳田和幸編著『日本立法資料全集191　民事訴訟法〔明治編〕(1) テヒョー草案 I』〔信山社、2008〕53頁。下線筆者)、我が国民事訴訟法の源流でさえ「敗訴」にフォーカスされていたことがわかる。上記のテヒョーの表現ぶり（下線部）からは、敗訴責任の共同分担が根拠とされる「参加的効力」との同一線上で参加の利益を把握することが、前提として意識されていたのではないかと推測される。
6)　代表するものとして、兼子一『新修民事訴訟法体系』（酒井書店、1954）399頁。
7)　上北武男「判批（最判昭和51・3・30)」昭和51年度重判128頁参照。

移転させていなかった」というようにXに賠償原因が認められる場合だけであって、その他の敗訴理由（例えば、ZがYに対し履行済み、Yのもとで債権が消滅時効にかかっている、等）ではXが損害賠償請求を受けることはない。そうすると、厳密には、「特定の判決理由中の判断」に、第三者の法的地位が影響を受けているに過ぎないのではないか、という疑問が生じたわけである。

そこで、現在、訴訟物限定説では、主文の判断（勝訴・敗訴）に限定するというより、訴訟物たる権利関係の存否に関わる判断を「訴訟の結果」と考えている、という微妙な言いまわしも使われている。

(3) 新しい考え方（訴訟物非限定説）

このような疑問から、第三者の法的地位に影響を与える「訴訟の結果」の枠を、訴訟物についての判断に限定せずに、判決理由中の判断をも含みうる、とする**訴訟物非限定説**が、有力に主張されることとなった。訴訟物非限定説は、現代では多数説的な地位を占めており、裁判例も、ことさら訴訟物限定説に拘泥したものは少なくなってきているように思われる[8]。

ただ訴訟物非限定説でも、「訴訟の結果」が判決理由中の判断すべてを含む、と考える説は実は少なく、「主要な争点」や「請求原因」という理由中の判断に限っている。先述の【例】でも示したように、判決理由中の判断すべてを対象として考えているわけではなく、「特定の判決理由中の判断」、すなわち、敗訴の主文を演繹するのに論理的に必要とした理由中の判断のみを指しているものが多い。

> **Column** 訴訟物限定説と訴訟物非限定説では、「訴訟の結果」の内容は同じものを指している？
>
> もし訴訟物非限定説で、上記の限定的な理由中の判断が「訴訟の結果」の「枠」

---

8) 判決理由中の判断について利害関係を有するに過ぎない場合にも補助参加を認めたものと評される事例判決として、最判昭和51・3・30（裁判集民117号323頁・判時814号112頁）がある。訴訟物限定説に立てばそれだけで参加の利益なしという結論を出すことも可能なのに、そこは措いたまま、それ以外の参加の利益の要素を検討する裁判例も散見される（例えば、東京高決平成20・4・30〔判時2005号16頁、百選〔第5版〕102事件〔勅使川原和彦〕〕）。

を示していると考えた場合，そしてまた前述の「疑問」の通り，訴訟物限定説が実は「訴訟物たる権利関係の存否に関わる判断」という微妙な考え方をしているとすると，訴訟物限定説と訴訟物非限定説が「訴訟の結果」として指している範囲・内容に，実際はほとんど差がないことになる。というのも，現実には，どの理由で敗訴に至るかは，補助参加の申出段階では不明である。そのため，敗訴判決が第三者の法的地位に影響を及ぼす，と言っても，「ある理由で敗訴になるかもしれない」とか「仮にこういう理由で敗訴になったら不利益な影響が及ぶ」，という「可能性」のレベルで処理せざるを得ず，「訴訟の結果」は「敗訴の主文を演繹するのに論理的に必要とした理由中の判断のみ」と言ってはみても，未必的なものにならざるを得ない。すると，「ある理由で敗訴になるかもしれない」ことから事実上の影響を受ける，という場面で，「敗訴」にフォーカスして訴訟物の判断に関わる部分と言うか，「ある理由で」にフォーカスして当該理由中の判断部分と言うかは，もはや表現の相違に過ぎなくなってくることが多いのである。

4　一般に補助参加の利益が認められてきた類型

「訴訟の結果」が指している範囲・内容が，「訴訟物の判断自体」ないし「敗訴の主文を演繹するのに論理的に必要とした理由中の判断」であり，その訴訟の結果に影響を受ける第三者の地位が「法的地位」である（ないし第三者が法的利益を有する）こと，に概ね意見の一致が見られると考えてよいなら，「参加の利益」の判断に大きな差異をもたらすのは，やはり「影響」の部分である。

①　「法律上の影響」（＝常に「直接的影響」）が及ぶ場合

前節までで見たように「法律上の影響（判決効が及ぶ）」が及ぶ場合（これは最も「直接的」な影響と言える）に共同訴訟参加が認められるが，その場合に，補助

---

9) 同様の指摘は従前からあり，例えば，髙部・前掲注3) 69頁以下と同所掲記の文献参照。
　なお，この「敗訴の主文を演繹するのに論理的に必要とした理由中の判断のみ」を参加の利益の機縁とする考え方は，参加的効力の生じる客観的範囲を「判決の主文を導き出すために必要な主要事実に係る認定及び法律判断などをいう」とした最判平成14・1・22（判時1776号67頁，百選〔第5版〕104事件〔和田吉弘〕）と同一軌線上に置くことができ，「参加の利益」の基礎となる判断の範囲と「参加的効力」が生じる判断の範囲とを連続的に把握することを可能にする。

参加ももちろん認められることには争いはない。ただし，この場合には，通常の補助参加というより，**共同訴訟的補助参加**が判例（最判昭和 63・2・25 民集 42 巻 2 号 120 頁）[10]・学説上認められている。被参加人が敗訴すると**求償**や**損害賠償**などの請求訴訟を受ける可能性が生じる場合（例えば，債権者が保証人に保証債務の履行請求訴訟を提起している場合に，保証人敗訴により求償請求を受けるおそれがある主債務者が参加申出する場合）[11]，参加的効力が及びうるので，この類型に含めることができる。

② 「事実上の影響」が及ぶ場合で論理的前提関係に立つ（「直接的影響」が及ぶ）場合

「直接的影響」が及ぶとされるもう一つの類型，すなわち「事実上の影響」が及ぶもののうち，他人間の訴訟の結果が，参加申出人の法的地位の，実体法上の論理的前提，換言すると**先決関係・択一関係**になっているケースである。すなわち，

　ⓐ**先決関係**類型：例えば，債権者が主債務者に債務の履行請求訴訟を提起している場合に，保証人が参加申出する場合（主債務の存否は保証債務の先決問題になっている）のように，被参加人の訴訟が，参加申出人が別訴を提起したとすると先決問題になっている場合，

---

10) 第三者に係属中の訴訟の判決効が及ぶが，当事者適格が認められないために，係属中の訴訟には共同訴訟参加ができない場合，通常の補助参加であると，補助参加人は被参加人の訴訟行為と抵触する訴訟行為を無効とされてしまう（45 条 2 項）ので，被参加人が自白のような不利な行為をした場合にそれを阻止できない。そのため，共同訴訟参加した（必要的）共同訴訟人に準じた手続的地位を保障すべきだという議論があって，「共同訴訟的補助参加」が説かれ，判例もこれを認めた。40 条 1 項を類推して，有利な訴訟行為については，被参加人の訴訟行為と抵触してもこれを有効にすることができる（その代わり，46 条 2 号の制約なしに参加的効力は生じる），とする点に主な眼目がある。

ただし，学説上は，人訴法 15 条以外に明文のない「共同訴訟的補助参加」は，その許否も含め異論も少なくないので，基本書できちんと確認されたい。

11) このケースのように，既判力でなく参加的効力が及ぶ場合には，保証人敗訴とそれによる義務履行は，実体法上主債務者の求償義務の前提となるので，「事実上の影響」で「直接的影響」が及ぶとされる類型にも重なり合う。なお，参加的効力は，46 条の除外事由にあたる場合を除けば，常に生じているが，それが実際に，被参加人―参加人間に訴訟が起きてその訴訟に及ぶかは別問題である。ここで，「参加的効力が及ぶ」場合，としているのは，被参加人―参加人間で求償請求や損害賠償請求などの訴訟が起きて，参加的効力が実際に機能する場合を指している（参加的効力を及ぼしても意味がない場合を含まない）。

ⓑ択一関係類型：例えば，売買契約に基づいて契約の履行を求める訴訟で，売買契約の買主が被参加人なのか参加申出人なのかが不明のときに，売主（原告）と被参加人との訴訟の結果次第で，参加申出人に対して後に起こりうる訴訟が影響を受けるような，択一的な関係にある場合，[12]

である。

　現在，この「直接的影響」の及ぶとされるケースでは，一般に参加の利益が認められてきている。[13]

③　「事実上の影響」の及ぶ場合のうち，②のような関係になく「間接的影響」しかない場合

　現在の議論の主戦場は，「間接的影響」しかない場合，すなわち，「事実上の影響」が及ぶもののうち，論理上の先決関係にも択一関係にもなっていない類型である。常に判決理由中の判断だけから影響がある場合なので，従来は，訴訟物限定説に立つ通説からは常に参加の利益を否定されていた類型である。訴訟物非限定説に立ったとしても，その影響の間接性から，参加の利益を否定されがちであった。最近の流れでは，この類型についても，参加の利益を常に否定するのではなく，場合によっては認めることができるのではないか，と考えられている。次節で改めて検討する。

　この類型の典型的な例が，当事者の一方（被参加人）と同様の地位・境遇にある第三者が，参加を申し出るケースである。[14]例えば，薬害訴訟で，同一の薬品成分の欠陥を理由にある薬品メーカーが損害賠償請求訴訟の被告となっている場合，当該薬品成分の欠陥が判決理由中で認められてしまうと，他の薬品メーカーも同様に損害賠償請求訴訟を提起され，また先の判決の理由中の判断が事実上不利に作用しうる。この場合に，他の薬品メーカーに，参加の利益が認められるか，という問題である。

12)　原告勝訴なら参加申出人は後訴から事実上解放され，買主は参加申出人であるとの理由で原告敗訴なら，今度は前訴原告が前訴での参加申出人に対して提起する後訴で，前訴の理由中の判断〔「買主は参加申出人である」との判断〕が参加申出人に不利に影響する。
13)　もっともⓑの場合は，学説上は参加の利益を認めるものが有力だが（松本＝上野805頁，重点講義（下）440頁等），判例上は微妙なものがある（前掲注9）最判平成14・1・22）。
14)　参加が許された判例として前掲注2）大決昭和8・9・9，参加が認められなかった判例として大決昭和7・2・12（民集11巻119頁）がある。

5　間接的影響しかない類型で,「補助参加の利益」が認められるか

　さて,「間接的影響」しかないとされる類型でも,一律に参加の利益を否定せずに,一定の場合には参加が許されると考えることはできないのだろうか。また,仮にできるとしたら,その場合の指標としては,どのようなものが考えられるか。現在では,この点が,補助参加の利益について論じられる場合の「主戦場」である。

　この問題について,かねて積極的な立場に立つと見られる文献は,参加を認める利益と不利益の「衡量」[15]により,参加の利益を肯定する余地を承認していた。これに,補助参加制度の趣旨や判例を加味すると,以下のような衡量論を導くことができる。

　すなわち前掲平成13年最決も「著しい訴訟の遅延や複雑化を招くおそれはなく」,「訴訟資料,証拠資料の提出が期待され,その結果として審理の充実が図られる」として参加を認める理由の一つに掲げていた。そこでは,**審理遅延や複雑化というデメリット**と**資料の豊富化による審理の充実**(**判決の正確性向上**)というメリットを衡量して,メリットの方が勝り,かつ参加申出人への事実上の影響度が大きい(**参加の必要度が高い**)ときは,当事者と参加申出人との間の公平上,間接的影響しかない場合でも補助参加を許す余地を認めることができる,とするのである。[16]例えば,参加申出先の訴訟が他の類似事件の「モデル訴訟」

---

15) もっとも,ここでの検討は,参加の利益について,訴訟の結果が参加申出人の「法的地位・法的利益」に影響を及ぼすことが前提であり,ただその影響が「間接」的な場合に,何か別の根拠を足して,参加の利益を認めることはできないか,というものであって,衡量論だけで参加の利益が認められるというわけではない。

16) 髙田・前掲注4) 152頁参照(訴訟の錯雑化は適切な訴訟指揮で対処可能,とも指摘する)。裁判例では,東京高決昭和49・4・17(下民集25巻1～4号309頁・判時748号61頁)は,そうした衡量を前訴訟的にした上で,参加的効力の及びうるケースのみに参加の利益を認めるべきとし,東京高決平成2・1・16(判タ754号220頁)は,訴訟の主要な争点について参加人の有する利害関係の性質・内容・程度を検討した上で,間接的な利害関係では参加の利益は認められないとしている。
　この衡量の観点から見ると,事実上の影響が及ぶもののうち「直接的影響」があるとされる類型は,先決関係や択一関係にあるが故に,参加申出先の訴訟で申出人の利害に関わる判断事項が既に織り込まれており,補助参加を許すことによる審理の著しい遅延や複雑化がほぼ考えられないケースであって,だからこそ参加の利益が認められていたとも言える。

になっている場合は，これにあてはまる。

　我が国の民事訴訟法は，当事者が，一般の「第三者」（ここでは参加申出人）を訴訟に引き込んで資料の豊富化を図るような手立ては，証人尋問の申出以外に有していない。したがって，他の参加形態でも拾えないような場面にも対応できる，いわば補充的な機能を補助参加が担うことを期待する場合には，上記のような衡量により参加の利益を認める余地がある。

　ここまでを，図示してまとめておこう。

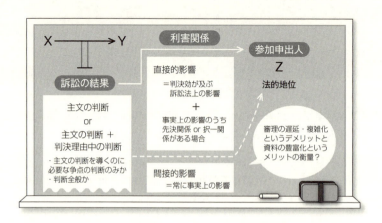

6 「補助参加の利益」の判断と「公平」ファクター

　訴訟への第三者の介入による当事者のデメリットは，まず審理の遅延・複雑化ということであろうし[17]，かつまた，補助参加は被参加人だけを補助するものであるから，メリットであるはずの資料の豊富化に関しても一方当事者に偏るということは本質的にやむを得ない[18]。しかし，その偏りが介入の必要度の高く

　なお，この「間接的影響」類型でも，一律に参加の利益を否定することなく一定の場合に参加の利益を認める学説として，新堂805頁，上田559頁，井上治典『多数当事者訴訟の法理』（弘文堂，1981）77頁，重点講義（下）440頁，松本＝上野803頁等。
17)　被参加人の訴訟行為と抵触する参加人の訴訟行為は45条2項により効果を否定されるので，参加人の介入による被参加人のデメリットは（感情的理由を除けば）他に考えられない。松本＝上野807頁。

ない参加人によってもたらされ，かつ従前の当事者間での手続より著しい偏りになれば，被参加人の相手方当事者にとっては酷ないし不公平と評価されるから，その場合には介入を認めるべきではないという衡量になろう。

そうした意味で，衡量論では，次に述べるような「公平」ファクターを含めて考える必要がある。

① 被参加人の相手方のための「公平」

補助参加の利益は，**当事者の異議があっても第三者に参加を許可するための要件**であるともいわれる。ただし，この異議は，我が国の制度上はあまり重視されていないようである。民事訴訟法上，異議がなければ参加の利益は問われなかったり（44条1項），補助参加を許さない旨の裁判が確定するまでの間，補助参加人は訴訟行為をできるし，それによる資料を被参加人は援用できる（45条3項・4項）。このような補助参加の規定からは，資料の豊富化による審理の充実というメリットをより重視した規制であることが窺える。

それだけに，とりわけ「異議権」しか持たず，しかも，その異議も無内容化されかねない法規制の下にある「被参加人の相手方当事者」にとっての武器対等の観点からは，参加の利益の判断に際して，前述の3類型にあたるか否かという形式的判断に加え，「被参加人の相手方当事者」（相手方）と，被参加人＋参加人（被参加人側）との間」の「**公平**」にも配慮すべき必要性があるともいえる。もしその必要性を是認するなら，審理の遅延・複雑化というデメリットと審理の充実というメリットを衡量する際に，上記の両者間の公平を織り込む配慮も重要となる。

② 参加人のための「公平」

さらに，例えば被参加人が当事者として機能しない・できない場合のように，参加人のために「参加人」と，被参加人の相手方当事者との間」の「公平」を顧慮すべき場合もある。この場合は前述（注18））したように，被参加人の相手

---

18) さらに，補助参加により，両当事者が元々有する資料の不均衡の是正がなされ，手続的地位も含めて，被参加人の相手側と被参加人側との公平が実質的にもたらされうる場合もある。
19) 松本＝上野 803 頁，重点講義（下）426-427 頁。

方よりも提出できる資料に制約があるという地位の不均衡があり，参加を認めることで，手続的地位も含めて，被参加人側（実質的に訴訟追行が期待できるのは参加人のみ）と被参加人の相手側との公平が実質的にもたらされうる場合が想定される。

　これが実際に問題となった裁判例として，よく基本書で紹介されている名古屋高決昭和43・9・30（高民集21巻4号460頁・判時546号77頁）を確認しておきたい。本件は，夫婦の一方が金銭給付の訴えを受け，その者が所在不明のため公示送達により進行中の訴訟に応訴，防御方法の提出，その他訴訟行為をすることができない場合には，夫婦の他方はこれを補助するため訴訟に参加することができるとした事案である。同決定の中で，名古屋高裁は，夫婦の協力扶助義務（民752条）を参加人の法的地位の根拠としつつ，所在不明の夫に対する給付訴訟で妻の参加を認めることが「訴訟の当事者を公平に取扱う結果になる」と判示している。この事案での配偶者の地位・利益が，法的に保護に値する地位・利益であるか，単なる経済上の利益に過ぎないかは微妙である。[20] しかしながら，夫婦の場合は，単なる経済上の地位であるとは必ずしも言い切ることはできず，現在の生活を営む配偶者の権利の侵害に事実上直結しうる場面では法的な保護に値し，法的地位にあたるものと見ることはできるのではないか。そのうえで，事実上の影響について，夫が所在不明で応訴活動ができない点を公平の考慮に織り込んで，前述の衡量論を用いた結果，参加の利益を認めたものと考えられる。

　［追記］なお，本Unitの内容を詳細に論じたものとして，勅使川原和彦「『参加の利益』論の現在」法曹時報71巻9号（2019）1頁が公刊された。

---

[20] 重点講義（下）442頁は，この場合の妻の利益は法的利益でなく経済上の利益に過ぎないとし，公示送達で被告不在のまま訴訟を進行させるよりも，妻を参加させて訴訟をさせた方が紛争解決の実質が高まり，判決の内容的正当性も高まるという考慮から，参加の利益を認めたものと評している。夫が応訴していた場合には，妻の参加が認められたかは疑わしいとし，この類型を「転用型」とカテゴライズしている。

🏃 Advanced
近時の裁判例で考えてみよう

　さらに近時，本 Unit の考え方にも近い，大阪高決平成 21・5・11（高民集 62 巻 2 号 1 頁・判タ 1328 号 233 頁）が公になった。以下で，この裁判例の論理構造を検討してみよう。

　裁判要旨　被告の推定相続人の一人が被告から一部財産の贈与を受けたとして目的物の給付を求める訴訟において，
　＊補助参加申出人も被告の推定相続人であるとともに，被告からすべての財産を相続させる旨の公正証書遺言の作成を受けている者であること，
　＊被告と原告との贈与契約が有効に締結されたとすれば，遺言は抵触する部分について撤回されたとみなされること，
　＊被告はアルツハイマー型認知症により後見開始の審判を受けていること，
　など判示の事情の下においては，補助参加申出人は，訴訟の結果につき補助参加人として関与するに足りる法的利益を有する，とされた事案である。

　原決定は，補助参加申出人が事実関係をよく知る立場であったとしても，被告の訴訟代理人弁護士（被告の成年後見人）がこの者を証人申請等すれば足りるとし，補助参加申出人は被告の財産処分の結果から事実上の影響を受けるに過ぎないとして参加を認めなかった。本高裁決定は，この判断を覆したものである。

(1) 受遺者かつ相続人である者の地位

　本高裁決定は原決定を覆したわけであるが，まず，ここでの参加申出人たる推定相続人の地位が，単なる事実上の地位か，法の保護を受けうる期待権を有する地位かについて考えてみたい。

　従前，アルツハイマー型認知症の遺言者が生存中の遺言無効確認の訴えについて，最高裁は[21]，「受遺者とされる者が遺言者の死亡により遺贈を受けることとなる地位にない」ことの確認訴訟と性質決定した（☞ Unit 5）。そして，こうした

---

[21] 最判平成 11・6・11（裁判集民 193 号 369 頁・判時 1685 号 36 頁・判タ 1009 号 95 頁，百選〔第 5 版〕26 事件〔今津綾子〕）。

（推定相続人ではない）受遺者たる者の地位は，「単に将来遺言が効力を生じたときは遺贈の目的物である権利を取得することができる事実上の期待を有する地位にあるにすぎない」として，確認対象となる権利または法律関係に該当しない，と判示している。

さて，受遺者については事実上の地位だとして，本件のような遺留分を有する推定相続人についてはどうか。

この点，本決定は，「遺留分を有する推定相続人の地位も，一定の欠格事由又は廃除事由がない限り，みだりに剥奪されないという限度において法的な評価がされている」と述べ，全く事実上のものであるということはできない，とした。単なる受遺者とは異なり，推定相続人である場合には，事実上の期待を有する地位にとどまらず，期待権を有するものとして法の保護に値する地位と見ることはできよう[22]。

他方，本件で，参加申出人は，単なる推定相続人ではなく「受遺者」の地位も併有することを主張している。しかし，仮に被告からすべての財産を遺贈する趣旨の遺言を受けていたとしても，遺言者の生存中は，「受遺者」は何らの権利も獲得しない[23]。その限りでは，別の推定相続人が贈与契約に基づいて一部財

---

[22] 最判昭和30・12・26（民集9巻14号2082頁）は，「推定相続人は，単に，将来相続開始の際，被相続人の権利義務を包括的に承継すべき期待権を有するだけ」として，被相続人のした財産処分の無効を確認する現在の訴えの利益を否定したが，推定相続人が「期待権」を有する地位であること自体は否定していない。

ただし，ここでの法の保護に値する期待権の対象は，現時点（被相続人の生存中）での被相続人の財産に対する期待ではなく，相続開始時点でのあるがままの被相続人の財産に対する期待となろうから，被相続人の生存中の贈与契約（による財産の逸出）は期待権の直接の前提とはならないであろう。

なお，大阪高裁平成21年決定は，受遺者としての地位も推定相続人としての地位も，「参加人が他人間の訴訟に関与するに値する正当な地位又は利益を有するか否かが検討されなければならない」として，確認対象適格を有する法的地位といえるか否かとは切り離して参加人の地位を判断している。しかし，むしろ「法的」地位か否か自体は，その地位が基づいている「私法または公法」上で保護に値するかにより客観的に定まるものであって，参加申出人の地位が「正当な」地位といえるかということによって結論は変わらないものと見るべきであろう。

[23] 最判昭和31・10・4（民集10巻10号1229頁）参照。なお，相続人の一部に対して財産を「相続させる」旨の遺言は，遺言書の記載からその趣旨が遺贈であることが明らかであるかまたは遺贈と解すべき特段の事情がない限り，遺贈と解すべきではなく，遺産分割方法の指定と解するのが合理的意思解釈だとされている（最判平成3・4・19〔民集45巻4号477頁・判時1384号24頁・判タ756号107頁〕参照）。

産の贈与を受けたと主張して当該財産を被告に請求している訴訟の結果が，参加申出人の「受遺者」としての地位に基づき，実体法上の論理的前提になっている，と参加申出時点で言えるかは微妙である。

したがって，本件は，「受遺者」としてでなく通常の「推定相続人」として，本件の敗訴判決により，遺産の中身が減る（かもしれない），という単なる事実上の影響しかない「間接的影響」類型の事案と見られるべきではないかと思われる。

(2) 「公平」ファクターの考慮

本決定は，さらに，被参加人たる被告がアルツハイマー型認知症で後見開始の審判を受けており，訴訟行為は成年後見人である法定代理人によって可能ではあるものの自ら供述はできないこと，贈与契約が締結されたとされる当時の事情や被告の意思能力については補助参加申出人がよりよく立証をできること，かつ，参加申出人が補助参加できないまま本案訴訟の判決が確定した場合，被告の包括承継人としてもはや本件贈与契約の成否や有効性を争う余地がなくなること等を指摘した上で，

 ＊本件贈与契約の成否や有効性をめぐる実質的な紛争当事者は，まさに補助参加申出人であると言いうること，
 ＊補助参加申出人が関与することは，本案訴訟の訴訟資料を充実させ，ひいては真相の究明に資すること

を理由として，単に証人として証言させるだけでなく，補助参加申出人自身の利益を守るために弁論する機会を与えることが，「公平」の理念に照らし，むしろ相当である，と判示した。

このように見てくると，本決定も，被参加人の相手方と参加人自身の利益との間の「公平」ファクターを織り込んで，衡量論を用いて「間接的影響」類型で参加の利益を認めた事例と考えられる[24]。

---

24) 本決定につき，判タの囲み解説は，高橋説のいう「転用型」（前掲注 20）参照）に類似する，と解説している。なお，本決定の評釈として，堀野出「判批（大阪高決平成 21・5・11）」リマ 43 号（2011）114 頁参照。

Unit 12

固有必要的共同訴訟

その1 「訴訟共同」「合一確定」に関する判例の考え方

Die übersichtliche Einführung in das Zivilprozessrecht

Unit 12 「固有必要的共同訴訟」（その1）

🚪 Introduction
必要的共同訴訟の「固有」と「類似」

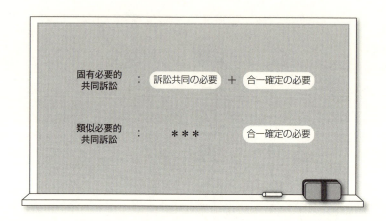

　「必要的共同訴訟」には，「固有」必要的共同訴訟と「類似」必要的共同訴訟があって，その違いは，前者は，(判決内容の)合一確定の必要＋訴訟共同の必要の二つの要素・特質を持っているけれど，後者は，合一確定の必要という要素・特質しか有していない，という点にある。
　……と，これまで，一般的に講義等で説明されてきたように思う[1]。このこと自体は決して間違いではないし，最大公約数だけをとればその通りなのだけれども，「必要的共同訴訟」論にこういう「入り方」をしてしまうと，本質に気付かないままになってしまう初学者も多い気がしている。「固有」と「類似」で共通している「合一

---

[1] 最近の権威ある基本書では，例えば，伊藤641頁は，固有必要的共同訴訟と類似必要的共同訴訟の区別について，「この区別は，共同訴訟としての訴え提起が強制されるか，いいかえれば，共同訴訟人たるべき者全員が当事者となってはじめて訴訟追行権が認められるか，それとも一部の者のみでも訴訟追行権が認められるかの違いである」とされているので，いわゆる「訴訟共同の必要」の要素の有無をメルクマールとしていると言えるし，松本＝上野756頁では，もっとはっきり「訴訟共同の必要性の有無により，固有必要的共同訴訟と類似必要的共同訴訟とに区別される」としている。重点講義（下）315頁では，同趣旨の表も付されている。

確定の必要」という要素（これがなければ「必要的共同訴訟」として40条の適用を受けない）も，実は「固有」と「類似」とでそれが必要とされる根拠がまるで異なるからである。これが本Unitを書くに至った動機の一つである。

　私は，むしろ，本質的に両者は似て非なるもの，という入り方をしたほうがわかりやすいのではないかと考えて，最近はそういう趣旨の話で講義を始めている。母法国ドイツでは，従前はしばしば，日本法でいう「固有必要的共同訴訟」だけを「notwendige Streitgenossenschaft（必要的共同訴訟）」と呼び，「類似必要的共同訴訟」にあたるものは「besondere Streitgenossenschaft（特別共同訴訟）」と呼んでいた。なるほど，後者は，本来的には「必要的共同訴訟」と呼称されなかった類型であるとすれば，我が国に継受された昔，「類似」と呼称した我が国の先人たちの知恵には頭が下がる気がする。日本語の語感では，「類似品」という表現を用いる場合，本当の「正規品」ではない（けれども事実としては正規品のような扱いをできる）ものを指すことが一般的だからである。これと同じように，類似必要的共同訴訟は，必要的共同訴訟でないのだけど必要的共同訴訟のような扱いをするものを指す，と考えられていたからではなかろうか（逆に，現在では，「類似」必要的共同訴訟なる呼称はあまり適切でないと考えられる。☞ Advanced）。

　では，本来的に「固有」の必要的共同訴訟とされていたものは，どういうものか。
　これには，後述するような，昔々からの伝統的な説明がある。
　しかし，近年の判例には，そうした伝統的な説明では理解できないものが多く存在し，しかもそうした本来的なものとは異なる類型の「固有」必要的共同訴訟が，議論の主戦場になっている感もある。いったい何が「固有」必要的共同訴訟とされるのかについて，実体法的観点と訴訟政策的観点を併せて考慮する，という大雑把な説明では，基準としては不明瞭と言わざるを得ない。きちんと学生諸君に，これこれこういう類型が「固有」必要的共同訴訟である，と説明する試みが必要ではないか。これが，本Unitと次のUnit 13を書くに至った動機の第二である。
　本Unitでは，従前の伝統的な説明による類型を確認した上で，それとは違う類型の固有必要的共同訴訟も，少なくとも判例上我が国に新たな流れとして存在している，ということを明らかにしていきたい。

1 本来,「固有」必要的共同訴訟になると考えられたケース
　～「類似」必要的共同訴訟との違い

(1) 管理処分権の共同行使の必要性

　まず，本来（「固有」的に），必要的共同訴訟になる（訴訟共同の必要がある）と考えられていたのは，どのようなものだろうか。

　よく用いられていた説明によれば，固有必要的共同訴訟とされるのは，主に（訴訟物たる権利についての）**「実体法上の管理処分権」**について**「共同行使の必要性」**がある（＝単独では行使できない）ときである。これをパズルにたとえてみたい。

この場合の能働訴訟（原告側で共同訴訟人となって，訴えを提起する）は，パズルのピースを複数人が持っていて，みんなが集まって「せーの」で一斉に出さないとパズルの絵が完成しない類型である。受働訴訟（共同訴訟人が被告側となる）の場合では，各々がパズルのピースを持っている相手方全員を揃えないと原告の訴えの目的となる実体法上の権利利益が完成した「1枚の絵」にならないから，被告に全員雁首揃えさせないと訴えの目的が達成できない類型，という喩えになろう。

　実体法上の管理処分権が複数人に「分属」しているから，訴訟の入口から共同行使させる（訴訟追行権も共同した場合のみ認める）ことによって，訴訟の出口である判決で「合一確定」を達成しようというのである。

---

2) 最判平成元・3・28（民集43巻3号167頁・判時1313号129頁・判タ698号202頁，後掲注20））の調査官解説（最判解民事篇平成元年度96頁〔田中壯太〕）も，兼子一『新修民事訴訟法体系〔増訂版〕』（酒井書店，1965）384頁を引用しつつ「財産権又は訴訟追行権が数人に合有的又は総有的に帰属し，その権利行使（処分）を単独ですることができない場合」（99頁）と表現する。なお，既に，髙田裕成「いわゆる『訴訟共同の必要』についての覚え書——固有必要的共同訴訟論への一視角」三ケ月章先生古稀祝賀『民事手続法学の革新　中巻』（有斐閣，1991）175頁以下は，管理処分権の合有的帰属という性質は効果の帰属について全員に共通に帰属することが必要とされているだけで，訴訟上の共同行使の必要は必ずしも導かないという理解に立って，訴訟共同の必要という規制が過剰な部分をもつことを鋭く指摘する。

(2) 合一確定のための訴訟共同と,合一確定のための手続合一

　訴訟共同の必要とは,「一定範囲の者の共同訴訟となることが要求されること[3)]」を言うが,合一確定とは,「判決の内容が,共同訴訟人ごとに区々バラバラではなく,全員について同一であること[4)]」をいう。固有必要的共同訴訟では,共同訴訟人たるべき者に分属している実体法上の権利について共同訴訟人全員に判決内容の合一確定をもたらす必要があり,判決内容の合一確定を達成するためには,訴訟共同が必要視されるという関係にあるとみられているのである。なお,合一確定をもたらすために当事者が要求されるのは,訴訟共同ないし提訴共同だけではない。[5)]40条の規律(手続の合一〔=裁判資料の統一・手続進行の統一〕)に従い,さらに解釈上,受訴裁判所は審理・判決の分離が禁止される。

　これに対して,「類似」必要的共同訴訟では,実体法上の権利が複数人に分属しているという関係にあるのではなく,実定法の規定なり解釈なりによって訴

---

3) 重点講義(下)315頁。
4) 松本=上野756頁参照。これに対し,重点講義(下)315頁は,40条によって裁判資料の統一と手続進行の統一が要求されることを「『合一確定の必要』(または,手続合一の必要)」だとする。私見は,合一確定は「判決内容の合一」を指し,40条の規律はそのために要する「手続合一の必要」と考えたほうがすっきりするように思う。ただ,「判決内容の合一」とそれを達成するための「手続合一の必要」とは不可分の関係にある,という制度設計だから,合一確定の必要,という表現からは,高橋教授のような説明が演繹されることは否定しない。なお,高橋教授も,同書318頁では,「必要的共同訴訟は,40条の適用を受け,判決が合一にのみ確定するよう手続進行の統一と裁判資料の統一という特別の規律を受ける」と説明されている。
5) 従前は,「提訴共同の必要」という用語を用いることも少なくなかった。ただこの用語だと,原告側で雁首揃えて同時に訴え提起する,という意味になり,パズルのピースを分かれて持っている者たちが「せーの」でうんぬん,という本文の喩えからは理解しやすいが,やや説明概念として狭い。例えば,①同時に共同提訴しなくても,口頭弁論終結時までに後から共同訴訟人たるべき者が共同訴訟参加(52条)したり,弁論が併合されたりすれば,当事者適格の欠缺の瑕疵が治癒すると考えられること(大判昭和9・7・31〔民集13巻1438頁〕,大阪高判平成5・3・26〔高民集46巻1号13頁・判タ817号212頁〕,知財高判平成17・10・11〔LEX/DB文献番号28102078〕),②相続人間内部で紛争になった場合のいわゆる対内的訴訟では,共同訴訟人たるべき者が原告か被告かに分かれた訴訟にならざるを得ないので,全員が「原告として」共同で「提訴」することは不可能であるが,原告か被告かを問わず全員が「当事者」になってさえいれば合一確定は達成できるので,提訴時に原被告に分かれる(「提訴」が共同ではない)ことは問題とならないとされていること,等からすれば,「提訴共同」の必要,というより「訴訟共同」の必要という用語が適切であることは明らかである。
　なお,40条自体は「提訴共同」を規律しておらず,あくまで固有必要的共同訴訟の「共同訴訟人の当事者適格」の存否についての解釈(共同訴訟人たるべき者が全員関与してはじめて当事者適格が認められる)から「提訴共同」が必要とされていることには注意すべきであろう。

訟法上の判決効が当事者以外に拡張されている場合に，その判決効が拡張されている者が，個別に訴訟をすること自体は止められない（許される）。しかも，**一人の当事者が単独で当該訴訟において確定判決まで至ってしまえば，その判決効が拡張されて及ぶ者の間では，「合一確定」は（訴訟法上の判決効拡張によって）達成されてしまう**。しかし，たまさか何人かが連れ立って共同で訴え提起する場合（共同訴訟にする場合）または訴えを提起されて共同で被告にされた場合には，判決が各々出されて，自分の受ける判決の効力と，一緒に訴訟している自分以外の共同訴訟人の判決の効力とが，互いに相手方に拡張し合うことになる。そこで判決の判断内容が矛盾していると判決効同士が衝突してしまって具合が悪い。それを避けるために，個別に訴え提起するなら話は別だけれども，**連れ立って共同で訴訟をする場合だけは**，共同訴訟人間では判決内容を合一に確定しましょう，そのために 40 条の規律（手続の合一）に従わせましょう，と，そういう関係に立っているのである。

その意味で，共同訴訟参加（52 条）の規定は，判決効が拡張されてしまう潜在的な「当事者（共同訴訟人）たるべき者」に，参加の申出を通じて当事者（共同訴訟人）としての地位を後追いで与えるものであり，本来的には類似必要的共同訴訟に主眼を置いた規定である。それゆえ，条文上「訴訟の目的が当事者の一方及び**第三者**について合一にのみ確定すべき場合には，その**第三者**は」とあるのは，判決効が拡張される第三者のことを指しており，頭の中で「判決効が拡張される場合には，拡張される第三者は」と変換してもいいくらいである。[6]

> **Column** 類似必要的共同訴訟になるとされている類型の事件で，複数の当事者が個別に訴えを並行提起した場合，どうなるのですか？
>
> ……という質問がときどき学生からある。確かに，裁判所の外側では，各々の訴訟の結果矛盾した内容の判決が出ると，拡張された判決効同士がぶつかるかもしれない。では，これらの訴訟が裁判所の内側で係属している内に，判決効同士が衝突

---

6) もっとも，52 条の共同訴訟参加は，固有必要的共同訴訟で共同訴訟人たるべき者が訴えの当初は欠けていても，口頭弁論終結時までに共同訴訟参加をして，当事者適格の瑕疵を治癒させる方策としても実務上用いられており（前掲注 5）の大判昭和 9・7・31，大阪高判平成 5・3・26，知財高判平成 17・10・11 等），条文の文言は現状のまま変える必要はない。

する事態を避ける方策はないだろうか。

　一つには，既判力の問題としては，再審で取り消されない限り後に確定した判決の方が通用力をもつと解釈する[7]（既判力論一般としての）解決がありうる（民訴338条1項10号参照）。ただしこれは同一当事者間の判決であることが前提であるから，判決効が拡張し合う者同士を，実質的には同一当事者と把握することが前提となる。

　二つ目には，会社法837条のように，弁論と裁判の必要的併合を規定して立法的に解決してしまうやり方もある。

　三つ目には，先に確定した判決の対世効があるから，その対世効の拘束を受けて後に確定する判決をするべき裁判所は先に確定した判決と同内容にするはず，と理解する処理もある（ただし現実に同内容の判決にならなかったら，第一の処理を考えるしかないが）。

　四つ目には，会社法837条のような規定がなくても，手続の併合が実質的に強制される（当事者の側で共同訴訟にしかできない）という解釈を採る処理がある。第一の処理での考え方のように，ある訴訟の判決効が拡張される者同士は実質的には「同一当事者」視されるとすると，誰かが既に先行して当該訴訟をしていてその係属中，後から提起した訴えには「重複起訴の禁止」が働いて不適法却下されてしまうはずである。だから，事実上，併合提起が強制される（あるいは，後から訴訟を企図する者は先行訴訟に共同訴訟参加〔52条〕するしかない）ことになる，という考え方である（ドイツの通説はこのように説明する）。

(3)　「固有必要的共同訴訟」でなければ「類似必要的共同訴訟」になる？

　必要的共同訴訟の内部では，「固有」と「類似」とが対概念のようだけれども，実際の事件において，「固有必要的共同訴訟」の対概念となるのは，基本的には，通常の個別の（共同訴訟ではない）訴訟である。つまり，ある事件が，「固有必要的共同訴訟」になるのか，そうではなく，通常の個別訴訟になるのか（何人かで連れ立って訴訟してもいいけれど，通常共同訴訟にしかならない），が基本的に性質決定の分かれ目である。「固有」必要的共同訴訟でなければ「類似」必要的共同訴

---

7)　民訴338条1項10号によれば，再審で取り消される対象となるのは後の確定判決である。つまり後の確定判決が通用力を持っているという前提でなければ，後の確定判決を取り消す（それにより前の確定判決の通用力を復活させる）必要はないことになる。したがって，再審で取り消されない限り後の確定判決が優先して通用力を持っている，と民訴法は考えているのだろう，という解釈に基づく。

訟になる，という関係には，普通は立たない。基本的には，実体法上の管理処分権が分属して個別に行使できないとみられていて権利者全員で行使しないと合一確定できない（そのために関係者全員揃わないと当事者適格が認められない）か，あるいは管理処分権が一人一人にある（そのために関係者一人一人に単独で当事者適格が認められる）か，という「当事者適格」の二項対立の問題なのである。「固有必要的共同訴訟」であるとの性質決定がなされると，全員揃わないと当事者適格を欠くとして却下されてしまったり，40条の適用を受けたり，というように，重たい規律を考えなければならないが，そうでないとされれば，通常の個別の単独訴訟（連れだって訴訟する場合も39条の適用される通常共同訴訟）を考えれば済むのである。

「類似」必要的共同訴訟は，判決効が当事者以外の第三者に及ぶとされている場合にしか認められないので（全員で雁首揃えて訴訟をしなくても当事者でない利害関係者に判決効を及ぼして合一確定できる），判決効の拡張がなく全員で雁首揃えて訴訟をしないと合一確定できない「固有」必要的共同訴訟とは，基本的に，既に棲み分けははっきりしているのである。

必要的共同訴訟における「当事者適格」

共同訴訟人たるべき者が全員，当事者として訴訟に関与してはじめて，当事者適格が認められる	共同訴訟人たるべき者が複数いても，各人に個別に当事者適格が認められる	
固有必要的共同訴訟	判決効の第三者への拡張なし（原則）	個別（単独）訴訟 or 通常共同訴訟
	判決効の第三者への拡張あり（例外）	類似必要的共同訴訟

Column　判決効が第三者に及ぶのに，類似必要的共同訴訟ではなく必要的共同訴訟とされている，いくつかのケース。

　以上のように，必要的共同訴訟のカテゴライズの際，「固有必要的共同訴訟」でなければ「類似必要的共同訴訟」になる，などというのは誤解であることをご理解いただいたうえで，例外を示す不躾を許されたい。判決効が第三者に及ぶ場合，通常は類似必要的共同訴訟となるが，ワンランク出世（？）して，固有必要的共同訴訟と性質決定されている訴訟もある。

例えば，後掲の境界確定訴訟がそうである。境界確定訴訟はいわゆる形式的形成訴訟として，判決効が対世的に及ぶとされているので，類似必要的共同訴訟と性質決定されてもよさそうである。しかし，判例によれば，訴訟の対象となる「公法上の筆界」には実体法上の管理処分権がないのに，共有地の境界の画定（ひいては共有地の範囲の確定）に最も密接な利害関係を有することを理由に，利害関係者たる隣地の（共同）所有者全員の関与を要求する固有必要的共同訴訟と性質決定されている（最判昭和46・12・9〔民集25巻9号1457頁・判時667号27頁・判タ277号151頁〕）。

また，人事訴訟では，第三者効が規定されている（人訴24条）が，身分関係の当事者以外の者が提起する人事に関する訴えについては，当該身分関係の当事者の双方を被告とすべきことが定められており（人訴12条2項），この場合には，被告側の固有必要的共同訴訟になる。

2 判例上，固有必要的共同訴訟とされているもの

(1) 「訴訟共同の必要」が，実体法上の理由に基づくか，手続法上の理由に基づくか，という視座

① 伝統的に「固有必要的共同訴訟」に分類される類型

基本書で勉強されている方はおわかりの通り，もちろん固有必要的共同訴訟になるのは，前述のような ⓐ実体法上の管理処分権が単独では行使できない場合だけではなく，ⓑ他人間の権利に変動を生じる形成の訴えの場合もある。[8]

ⓐは，専ら共同所有関係（広義の共有＝総有・合有・共有〔狭義〕）において問題[9]

---

[8] 当事者以外の者が提起する身分関係訴訟（人訴12条2項）や取締役解任の訴えにおける当該取締役と会社（会社855条）などがこれに該当する。

[9] 総有や合有では，処分権の自由な分割行使ができない，すなわち共同行使が要請されるとされるため，「提訴共同」の要請につながる（もっとも，判例は条文に規定のない「合有」という観念を認めていない〔狭義の「共有」扱いをする〕とされる。百選〔第5版〕98事件206頁〔佐野裕志〕）。他方，共有（狭義）では，必要的共同訴訟が望ましいとする可能性はある（「共有」ですらなければ，必要的共同訴訟にはなりえない，という消極的な意味も含む）ものの，実体法上必ずそれが要請されるとまではいえない，と考えられている。また持分権の自由な処分が可能な共有（狭義）では，持分権の理論で個別訴訟が許されるとされるため，実体法的な観点だけでは，固有必要的共同訴訟と解される余地が小さい（判例上，狭義の共有で「固有必要的共同訴訟」とされたのは，能働訴訟では，第三者に対し，「共有権」の確認や「共有権」に基づく移転登記手続を請求する場合〔最判昭和46・10・7〔民集25巻7号885頁・判時651号72頁・判タ272号221頁〕〕など，「持分権」の問

となる。ただし判例は，単独処分が可能な持分権や，個別の権利行使を可能とする実体法上の根拠が認められるとき（保存行為〔民252条ただし書〕や不可分債権・債務関係〔民428条〕など）は，通常訴訟（個別訴訟）を認める[10]。

ⓑにおいては，「他人間」の権利関係についてそれ以外の者が訴訟で法律関係を変動させようというのであるから，その他人双方を共同被告とすべきであるというのが素朴な説明である[11]。ただこれは，単なる実体法上の管理処分権うんぬんではなく，他人間の権利関係を訴訟で変動させるという「形成訴訟」の性質に基づく手続法上の考慮で，権利関係の帰属主体全員を訴訟に関与させるべきという価値判断（「実質的手続保障」といわれる）をして，これに則っているもの，と考えられる。

さらに，ⓒ数人の破産管財人がある場合の破産財団に関する訴訟とか数人の選定当事者による訴訟の場合も固有必要的共同訴訟にあたるとされる典型例である。これも，手続法上，同じ実体法上の権利利益について訴訟追行権が「分属」していて（あるいは「総有」「合有」されていて），共同で行使する必要がある場合ということができる[12]。

② 訴訟法上の理由に基づく観点の混入

ここで，ⓑやⓒは，実体法上の権利利益ともちろん無関係ではないが，しかし，ⓐのように，その保護・貫徹に手続法がどう働くべきかを実体権が（いわば）「根拠づけている」と考えられる関係にはない。つまり，ⓐは，管理処分権

題ではなく不可分債権とも保存行為ともいえない場面に限られている）。
10) 百選〔第5版〕100事件210頁〔越山和広〕。
11)「被告」側で必要的共同訴訟人の地位を考える場合には，原告は，相手が実際に訴訟に出て来ようが来なかろうが「被告」に据えることはできるので，提訴非同調者の問題（後述）を考える必要はなく，かつ形成訴訟の性質として（既判力においては，既判力の本質を「訴訟法説」で考える限り，訴訟で既判力を得ても実体上の権利関係を何も変動させないが〔☞ Unit 7〕，形成力は，判決で宣言されるとその通り実体法上の権利変動を生じる効果を有する），自分たちの権利利益を自分たち以外の者に「処分」されそうな当該訴訟手続に，必ず関与できる地位が付与されることを保障する，という解釈がそのまま妥当性を有する。
12) なお，兼子・前掲注2) 384頁は，ⓐ・ⓑだけを類型に掲げ，ⓒの場合をⓐの類型に含める。ⓒは，ⓐのように実体法上共同行使の必要がある権利が対象になっているわけではない。ただ手続法上訴訟追行主体が複数になることが認められているために，訴訟法上，訴訟追行にあたって共同行使の必要があるとされているに過ぎないので，本書としては区別すべきと考える。

の実体法上の行使の延長線上に，訴訟手続上の行使を考えることができる（あるいは，「訴訟」をすることも，広い意味で管理処分権の行使の内容に含まれると考えることもできる）。しかし，ⓑやⓒは，あくまで，共同訴訟人の地位に手続法上どのような扱いを与えるべきかを，手続法が評価判断しており，実体法とはいちおう独立して考えることができる（少なくとも「実体法上の権利利益」自体が訴訟法に対して，訴訟手続上の一定の取扱いを要請しているものとまでは言えない）。

　このように見るとすれば，伝統的に，固有必要的共同訴訟となるとされていた場合でも，それが純粋に専ら実体法上の理由に基づくといえるものは，ⓐの類型のみである。一般に，実体法上の観点（管理処分権）と訴訟法上の観点（訴訟政策）のいずれの要因によって「訴訟共同の必要」があると言えるか，すなわち固有必要的共同訴訟となるとするか，について管理処分権説と訴訟政策説の対立がある，とされるが，いずれの説も実質的には両観点とも考慮しており，いずれの観点を重視するかの差だけである。

　もっとも，ここでいう訴訟政策説は，固有必要的共同訴訟として扱う際に生じる訴訟上の問題点（共同訴訟人たるべき者が多数にのぼる場合の確定の難しさや，提訴非同調者の取扱いの問題〔☞ Unit 13〕等）を考慮し，紛争解決の実効性なり判決の矛盾回避の必要性なりをカウントして政策的に決定するというものであるが，上述のⓑ（被告側が共同になる）・ⓒ（管財人や選定当事者につき，提訴者になれないような者はそもそもその地位に就かない）の類型では，そもそもそうした訴訟上の問題点が顕在化しないものであったといえそうである。

　いずれにしても，我が国の固有必要的共同訴訟論では伝統的に，訴訟法上の理由に基づく観点が混入していて，議論としては，実体法的観点と訴訟法的観点（ないし訴訟政策的観点）とを併せた衡量により，「訴訟共同の必要」があるかどうか（＝固有必要的共同訴訟になるかどうか）を決めているのが一般的傾向とさ

---

13) なお，ⓐでも，それが対内的な訴訟になる場合，すなわち，管理処分権が分属している者たちの間で「内部紛争」状態になり，内輪のケンカとなった場合，原告と被告に分かれて争うことにはなる。ただ，一方は（管理処分権が）帰属する，他方は帰属しない，と，主張が対立する争いであり，積極・消極の立場の差はあるものの，管理処分権の帰属をめぐる訴訟の追行自体は訴訟上「全員で」なされている，ということもできる。
14) 松本＝上野 760 頁以下参照。

れていることになる。本 Unit では,「実体法的観点」と「訴訟法的観点(ないし訴訟政策的観点)」という,我が国のやや大括りなファクターを,もう少しだけ具体化して,「訴訟共同の必要」を決定している主たる要因は,主として「実体法上の理由」に基づく必要性なのか「手続法上の理由」に基づく必要性なのか,という視座で,判例法理を検討の上,整理し直してみたい。

> **Column** その訴訟事件が「固有必要的共同訴訟」であることを論証する際に……
>
> 　学生の答案を見ていて,その訴訟事件が固有必要的共同訴訟である,ということを論じるのに,無理矢理,従来型の「実体法上の管理処分権の共同行使」に引き寄せて書いているものが多いことに気づく。近時散見されている一定の類型の判例(後掲(2))では,実体法的観点を無視しているわけではないけれども,明らかに実体法上の理由(「実体法上の管理処分権の共同行使」の必要性)に基づいておらず,特定の手続法上の理由に基づいて「訴訟共同の必要」を導き出している。こうした判例を素材に作問された試験では,旧来型の,「実体法上の管理処分権の共同行使の必要性」一本槍では,正解に辿り着けない。近時の「固有必要的共同訴訟」該当性をめぐる争いの主戦場は,実はそうした類型にあるともいえるから,答案を書く際には充分に注意されたい。

(2) 「手続法上の理由に基づく」固有必要的共同訴訟

　共同所有関係に関する訴訟で,判例上,「訴訟共同の必要」が,実体法上の理由に基づくものではなく,専ら手続法上の理由に基づくとみられるものが,近

---

15) ここでの議論は,固有必要的共同訴訟の「訴訟共同」の必要について,訴訟法上の観点を混入させる我が国ならではの議論を前提にしたものである。すなわち,固有必要的共同訴訟の内部で,その「訴訟共同」が「実体法上の理由に基づく」必要性と「手続法上の理由に基づく」必要性のいずれが決定因になっているか,という切り口で判例を整理しておこう,ということである。換言すれば,各事件で判例が「実体法上の観点」も「訴訟法上の観点」もどちらも勘案しているのは前提として,「訴訟共同の必要」を導き出した直接の「観点」(決定因)を,その訴訟を「固有必要的共同訴訟」と性質決定した「理由」として抽出してみよう,ということである。
　なお,ここでいう「手続法上の理由」は,訴訟政策説の挙げる訴訟法上の要因と必ずしも一致するわけではない。訴訟政策説の挙げる共同提訴の容易さなどは,結果的にそうなることはあっても,「訴訟共同の必要」の決定因とは考えないからである。

年いくつかある。前述の通り，我が国では，「固有必要的共同訴訟」該当性に，実体法上の観点のみならず手続法上の観点までも含めて考えるのが一般的であるので，その中で手続法上の観点を強調しても理論的な破綻はないようではある。しかし，本来型が実体法上の理由（＝管理処分権の共同行使の必要性）に基づくものだとすれば，本来型からはかなり離れるか，あるいは完全に離れているのではないかと思われるケースである。

① 共有地についての境界確定訴訟

共有地についての境界確定訴訟に関し，最判昭和 46・12・9（民集 25 巻 9 号 1457 頁・判時 667 号 27 頁・判タ 277 号 151 頁）は，以下のように判示している。

> 「土地の境界は，土地の所有権と密接な関係を有するものであり，かつ，隣接する土地の所有者全員について合一に確定すべきものであるから，境界の確定を求める訴は，隣接する土地の一方または双方が数名の共有に属する場合には，共有者全員が共同してのみ訴えまたは訴えられることを要する固有必要的共同訴訟と解するのが相当である。」

この最判は，境界確定訴訟の法的性質について最高裁が「形式的形成訴訟」説に立っていることを前提としたものと考えられる[16]。そうすると訴訟の対象は「公法上の筆界（地番と地番の境界）」ということになる[17]。それゆえ，「土地の所有者が地番と地番との境界そのものについて管理処分権を有しないことは明らかである」と調査官解説（注16）は明言する。少なくとも「管理処分権の共同行使の必要性」という「実体法上の理由」は根拠にならない。

そこで，「境界確定訴訟を私人間の訴訟として認めるかぎり，最も密接な利害関係を有し，社会的にも紛争の当事者であり，その者に対し判決をすればその紛争を解決しうる者に当事者適格を与えるべきであり」「かかる者として相隣接する地番の土地の所有者に当事者適格を認めるべきであ」り，「土地が数名の共有に属する場合には，境界の確定につき共有者全員が共同の利害関係を有すると解され（民法 251 条参照），また地番と地番との境界は共有者全員について

---

16) 最判解民事篇昭和 46 年度 406 頁以下〔柴田保幸〕。
17) 形式的形成訴訟は，実質は非訟事件であるとされるところから，形成訴訟の形式はとるものの厳密な意味での「訴訟物」はない，と言われることも多い。そのため，ここでは，通常の訴訟事件なら「訴訟物」にあたるものに，「訴訟の対象」という表現を用いておく。

合一に確定すべきものである」から，訴訟共同の必要がある，としている。

　すなわち，境界の確定について隣接共有地の共有者は全員，共有地の範囲が確定されるという意味で「最も密接な利害関係」を共通に有している。それはもちろん，訴訟法上，共有者全員に当事者適格を認める理由にはなるのであるが，隣地共有者が全員揃わないと当事者適格が認められない（＝訴訟共同の必要がある）理由にはなっていない。境界確定訴訟では，訴訟の対象とされているのは「公法上の筆界」であるが，「公法上の筆界」が実体法上，訴訟共同の必要を導くことはない。

　当事者適格の決め方について，判例は，現在に至るまで，「訴訟における当事者適格は，特定の訴訟物について，誰が当事者として訴訟を追行し，また，誰に対して本案判決をするのが紛争の解決のために必要で有意義であるかという観点から決せられるべき事柄である。」（最判平成 26・2・27〔民集 68 巻 2 号 192 頁・判時 2215 号 94 頁・判タ 1399 号 84 頁〕）という考え方を一貫して採っている。これは，実体法上の権利帰属主体が当事者適格を有するとする実体的当事者概念ではなく，判決の名宛人になるべき者が当事者適格を有するとする形式的当事者概念を基礎とするものである。形式的形成訴訟では，「公法上の筆界」に「最も密接な利害関係」を有する者全員に当事者適格を与え，またこの者らが全員揃ってのみ当事者適格が認められるとするのが，「紛争の解決のために必要で有意義である」と評価した，ということになる（なお，☞後掲 Column）。これは，訴訟法上，当事者適格を与えるべきかを評価し，かつ決定しているということになるから，境界確定訴訟は，「手続法上の理由」に基づいて訴訟共同の必要性が認められている類型，と言える。

② 遺産確認の訴え

　まず議論の前提として，遺言無効確認の訴えが必要的共同訴訟かどうかを確認しておく必要がある。後述するように，判例で遺言無効確認の訴えが「固有必要的共同訴訟」とされなかったことが，遺産確認の訴えの必要性を生じさせたからである。

　そこで遺言無効確認の訴えの「固有必要的共同訴訟」該当性について，最判昭和 56・9・11[18]（民集 35 巻 6 号 1013 頁）は，「原審の適法に確定した事実関係のも

とにおいて，本件遺言無効確認の訴が固有必要的共同訴訟にあたらないとした原審の判断は，正当として是認することができる。」としており，原審は第一審の判断を支持している。第一審判決は，以下のとおりである（強調部筆者，以下同じ）。

> 「確認訴訟として許容せらるべき遺言無効確認の訴は，**その実質が相続財産に対する相手方の権利の全部又は一部の不存在の主張であること及び相続財産に対する共同所有関係は合有ではなく共有と解すべきであることに鑑みれば**，遺言無効確認の訴を，当事者以外の者にまで判決の効力を及ぼすべき特種の訴と解さなければならない法的根拠に乏しいものといわなければならない。ただ遺言につき遺言執行者がある場合には遺言に関係ある財産については相続人は処分権能を失い，遺言執行者のみが遺言の執行に必要な一切の行為をする権利義務を有するので，遺言執行者を被告として遺言無効確認の訴を提起でき，かかる場合の判決の効力は受遺者に及ぶけれども，これは遺言執行者が前述の資格において自己の名を以つて受遺者のため被告となつた訴訟担当の場合に該当するものとして民訴法 201 条 2 項〔筆者注：現 115 条 1 項 2 号〕により利益帰属主体たる受遺者に判決の効力が及ぼされることによるものにすぎないのである。
>
> 即ち遺言無効確認の訴は通常の確認訴訟であつて，固有又は類似の必要的共同訴訟と解すべきものではない。」

どちらかというと類似必要的共同訴訟にはならない理由が掲げられているが，通常の確認訴訟に過ぎず固有必要的共同訴訟にもあたらないとしており，それは，判示中の太字で強調した部分（実体法上の観点）を主たる理由とするものであろう。ただし，遺産「共有」という共同所有関係が，常に実体法上合一確定を要しないとしてよいものかどうかは，手続法上の要請次第でもあることが，同最判の調査官解説からも窺える。[19]

---

18) 判時 1023 号 48 頁・判タ 454 号 84 頁。
19) 本件昭和 56 年最判を，「単に相続分及び遺産分割の方法を指定したにすぎない」ような遺言無効確認の訴えについては固有必要的共同訴訟にあたらないものとした判例，と射程を狭く解することも可能ではあるが，本件最判の調査官解説（最判解民事篇昭和 56 年度 500 頁以下〔淺生重機〕）は，射程は相当に広い，とする（数人の遺言執行者を指定したにすぎない遺言のような特殊な場合のみ射程が及ばないと解するのであろう。最判解民事篇平成 16 年度（下）427 頁〔太田晃詳〕参照）。
　実体法的観点としても，山本克己「遺産分割の前提問題の確認対象としての適格性」法教 284 号（2004）78 頁以下が指摘するように，遺言について共同相続人に管理処分権が共同的に帰属するとは言い難い，ということもあるし，遺言の内容が広汎すぎて，例えば後見人の指定のみを内容とする遺言では，後ろに遺産分割が控えているにしても「訴訟共同の必要」までは要しないという場合

ともあれ，遺言無効確認訴訟では，推定相続人間の遺産を巡る争いが合一的な解決を得られなくなり，そこで代わって登場したのが，共同相続人間において特定の財産が被相続人の遺産に属することの確認を求める「遺産確認の訴え」ということになる。

遺産確認の訴えについては，最判昭和 61・3・13[20] (民集 40 巻 2 号 389 頁) が，以下のように判示して，その確認の訴えとしての適法性を認めた。

> 「当該財産が現に被相続人の遺産に属すること，換言すれば，当該財産が現に共同相続人による遺産分割前の共有関係にあることの確認を求める訴えであつて，その原告勝訴の確定判決は，当該財産が遺産分割の対象たる財産であることを既判力をもつて確定し，したがつて，**これに続く遺産分割審判の手続において及びその審判の確定後に当該財産の遺産帰属性を争うことを許さず**，もつて，原告の前記意思によりかなつた紛争の解決を図ることができるところであるから，かかる訴えは適法というべきである。もとより，共同相続人が分割前の遺産を共同所有する法律関係は，基本的には民法二四九条以下に規定する共有と性質を異にするものではないが（最高裁昭和 28 年（オ）第 163 号同 30 年 5 月 31 日第三小法廷判決・民集 9 巻 6 号 793 頁参照），共同所有の関係を解消するためにとるべき裁判手続は，前者では遺産分割審判であり，後者では共有物分割訴訟であつて（最高裁昭和 47 年（オ）第 121 号同 50 年 11 月 7 日第二小法廷判決・民集 29 巻 10 号 1525 頁参照），それによる所有権取得の効力も相違するというように制度上の差異があることは否定しえず，その差異から生じる必要性のために遺産確認の訴えを認めることは，分割前の遺産の共有が民法二四九条以下に規定する共有と基本的に共同所有の性質を同じくすることと矛盾するものではない。」

もある。前掲・淺生解説 508 頁は，固有必要的共同訴訟の方が望ましいとしつつも，そうすると理想を追うあまり訴訟を極端に複雑化させ，かつ関係者に無用の負担を課す結果となるから，固有必要的共同訴訟説に利点があることを認めながらその説に徹底できないのであろう，とする。

なお，実体法的観点より根本的な理由は，手続法上の理由すなわち「遺産分割手続の前提としての訴訟」性（実効性確保）という点だという立場から，重点講義（下）344 頁は，遺産分割手続が後行するという視点で眺めれば，むしろ，遺言無効確認の訴えは原則的には固有必要的共同訴訟だとしてよいとされる。

もっとも，判例は，後ろに遺産分割が控えている局面では，遺産分割手続の「対象」となる範囲については「遺産確認の訴え」を，遺産分割手続の「主体」の範囲については「相続人の地位不存在確認の訴え」を固有必要的共同訴訟として認め，合一確定を図ることで，遺産分割手続の前提としての訴訟については手当てしていると評価することも可能である。

[20] 判時 1194 号 76 頁・判タ 602 号 51 頁，百選〔第 5 版〕24 事件〔加藤哲夫〕。

この昭和61年最判が，遺産分割の手続の前提として「当該財産が遺産分割の対象たる財産であること（相続人間で当該財産の遺産帰属性を争えないこと）」を既判力をもって確定することが紛争の抜本的解決につながるという（手続法上の）理由から，確認の利益を認めていることを受けて，最判平成元・3・28は，以下のように判示した。

> 「遺産確認の訴えは，当該財産が現に共同相続人による遺産分割前の共有関係にあることの確認を求める訴えであり，その**原告勝訴の確定判決は，当該財産が遺産分割の対象である財産であることを既判力をもつて確定し，これに続く遺産分割審判の手続及び右審判の確定後において，当該財産の遺産帰属性を争うことを許さないとすることによつて共同相続人間の紛争の解決に資することができるのであつて，この点に右訴えの適法性を肯定する実質的根拠がある**のであるから（最高裁昭和57年（オ）第184号同61年3月13日第一小法廷判決・民集40巻2号389頁参照），右訴えは，共同相続人全員が当事者として関与し，その間で合一にのみ確定することを要するいわゆる固有必要的共同訴訟と解するのが相当である。」

　遺産共有という共有関係の確認である，という「実体法上の観点」を含んではいるものの，それは「固有」必要的共同訴訟とする決定的理由になったというより，「必要的」共同訴訟になるか「通常」共同訴訟になるか（「合一確定の必要」性の判断）を左右している度合いが大きい。むしろ，**遺産分割の手続**（協議も，協議が調わない場合の調停や審判も，共同相続人全員の関与が必要）**の前提**となる訴訟，という訴訟の性質が，共同相続人全員が当事者として訴訟に関与することを要請する，という「手続法上の理由」から訴訟共同の必要（＝「固有」必要的共同訴訟該当性）を導いているものと見られる。すなわち，平成元年最判の調査官解説

---

21) 民集43巻3号167頁・判時1313号129頁・判タ698号202頁，百選〔第5版〕100事件〔越山和広〕。
22) 田中・前掲注2) 105頁。
23) 遺産共有という共有関係の確認であるとした判示理由（実体法的観点）が，共有者間の共有関係確認の訴えを固有必要的共同訴訟とした判例の流れと整合的であることは確かであるし，そうした観点を含んでいることは確かであるが，本件で訴訟共同の必要を肯定した決定的考慮と言えるのは，手続法上の理由の方であると考えるのが多数的見解と思われる（越山・前掲注10) 211頁，重点講義（下）345頁参照）。
　なお，この遺産確認の訴えについての昭和61年最判・平成元年最判の判示は，最判平成26・2・14（裁時1598号1頁）でも引用・確認されている。
24) 田中・前掲注2) 104頁。なお，同105頁で，本判決は判文上「訴訟政策的観点のみを重視しているかのようにもみえるけれども」そうではない，と注意を促している。

で示されているように，「共同相続人全員の関与を要求する遺産分割手続の前提手続としての実効性を確保する必要性」という，手続法上の理由が訴訟共同の必要を直接演繹しているのである。

　身内同士の相続争いでは，身内同士で敵・味方に分かれざるを得ず，原告側か被告側かのいずれかで全員が雁首を揃えることはできない。この平成元年最判によれば，共同相続人の身内同士で敵味方，すなわち，原告側・被告側に分かれても，当事者のいずれの側にいるかはともかくとして，共同相続人全員が当事者にさえなっていれば，当該財産の遺産帰属性を共同相続人全員について既判力により確定できるから，合一確定を達成できるとしている。少なくとも「管理処分権の共同行使の必要性」という実体法上の理由により固有必要的共同訴訟とされているのではない類型では，当事者のいずれかの側で雁首を揃えていないと合一確定が達成できないわけではない，ことは明らかにされた。ここでいう「合一確定」は，実体権（管理処分権）の帰属についての合一確定であって，原告だろうが被告だろうが全員が既判力ある判断に服する「当事者」にさえなっていれば，達成できるものである。実体法が共同行使を要請しているわけではないので，行使について原告被告いずれかの側で雁首を揃えた訴訟共同をしなくても，達成できる「合一確定」だということである。

　ただこの場合，40条の働き方と合一確定の意味はいちおう問題となる。純粋な対内紛争で，共同所有関係にある者（X_1〜X_5）のみが全員「訴訟当事者」となり，複数ずつ原告側・被告側に分かれている（原告側 X_1〜X_3，被告側 Y_1〔=X_4〕・Y_2〔=X_5〕）のであれば，40条の規律は，原告側と被告側で，相互に「共同訴訟人」と「相手方」として規律すれば足りる。また「合一確定」も，この者らの間では既判力によって同一の判断内容が確定される必要が手続法上要請されていたわけであるから，対内訴訟の判決確定後，原告側の間（例えば，X_1 vs X_2）で，あるいは被告側（例えば，Y_1 vs Y_2）の間で，紛争が生じ，前訴と同一の訴訟物たる権利関係に関わる訴訟が係属した場合にも，前訴判決の既判力の拘束はかかっていると考えられる。

Column　境界確定訴訟と「共有物分割・遺産分割手続の前提」論

　興味深いのは，①の最判昭和 46・12・9 を引用して，共有地についての境界確定訴訟が固有必要的共同訴訟であることを確認した最判平成 11・11・9（民集 53 巻 8 号 1421 頁・判時 1699 号 79 頁・判タ 1021 号 128 頁）の調査官解説が，提訴非同調者を被告にまわした処理（☞ Unit 13）に関して，「問題の所在」という節の冒頭で，相隣接する土地の共同所有者に境界確定ができないと，「例えば，共有物分割や遺産分割の前提としてその対象となる土地の範囲を確定するために境界の確定が必要とされる場合」にそうした手続が進められなくなってしまう，と指摘している点である。既に，「共有物分割・遺産分割手続の前提」としての訴訟，という訴訟の性質論（手続法上の理由！）が，（限られた局面ではあるが）ここで登場していることに注目しておきたい。

　もっとも，このこと自体は本件では固有必要的共同訴訟になる理由とされてはおらず（むしろ，前述のように，土地の境界に密接な利害関係を有する隣地共有者全員を，当事者として手続に関わらせた方が紛争解決にとっても必要かつ有意義である，という手続的評価が理由），判示上も，ごく一般的な表現で，「共有者のうちに右の訴えを提起することに同調しない者がいる場合であっても，隣接する土地との境界に争いがあるときにはこれを確定する必要があることを否定することはできない」とされているのみである。

③　相続人の地位不存在確認の訴え

　前述した遺産確認の訴え（②）が，遺産分割の客体を確定するものであるのに対し，相続人の地位不存在確認の訴えは，遺産分割手続の主体の範囲を確定するのに資するものである。

　最判平成 16・7・6 は，以下のように判示する。

> 「被相続人の遺産につき特定の共同相続人が相続人の地位を有するか否かの点は，遺産分割をすべき当事者の範囲，相続分及び遺留分の算定等の**相続関係の処理における基本的な事項の前提となる事柄**である。そして，共同相続人が，他の共同相続人に対し，その者が被相続人の遺産につき相続人の地位を有しないことの確認を求める訴えは，当該他の共同相続人に相続欠格事由があるか否か等を審理判断し，遺産分割

---

25)　最判解民事篇平成 11 年度（下）696 頁以下〔佐久間邦夫〕。特に 702 頁参照。
26)　民集 58 巻 5 号 1319 頁・判時 1883 号 66 頁・判タ 1172 号 143 頁。

前の共有関係にある当該遺産につきその者が相続人の地位を有するか否かを既判力をもって確定することにより，遺産分割審判の手続等における上記の点に関する紛議の発生を防止し，共同相続人間の紛争解決に資することを目的とするものである。このような上記訴えの趣旨，目的にかんがみると，上記訴えは，共同相続人全員が当事者として関与し，その間で合一にのみ確定することを要するものというべきであり，いわゆる固有必要的共同訴訟と解するのが相当である。」

本件最判の調査官解説は[27]，「共同相続人間で被相続人の遺産につき相続人の地位の不存在を確定する確認の利益（即時確定の利益）が認められるのは，**遺産分割手続等の前提問題として，相続人の範囲についての争いをなくすことにある**」としたうえで，上記②で掲げた遺産確認の訴えと同様に，この確認の利益を肯定する限り，固有必要的共同訴訟と解するのが相当だとする。すなわち，②の遺産確認の訴えと同様，「**共同相続人全員の関与を要求する遺産分割手続の前提手続としての実効性を確保する必要性**」という手続法上の理由が，訴訟共同の必要を演繹することになるのである[28]。

この点は，最判平成22・3・16（民集64巻2号498頁・判時2081号12頁・判タ1325号82頁）でも同様とみられる[29]。

(3) まとめ

以上①～③までみてくると，結局，「訴訟共同の必要」性を判断するのに，実体法的観点を踏まえていないわけではない（ただしそれは，「固有」必要的共同訴訟になるか否かというより，むしろそもそも「必要的共同訴訟」になるか否か〔＝合一確定を要するか否か〕を左右する要因となっている度合いが大きい）が，それは伝統的な

---

27) 太田・前掲注19）421頁以下，特に431頁。
28) 太田・前掲注19）431頁は，目的物件について一定数の数人の間に共有関係が存するか否かについての争いは固有必要的共同訴訟と解されているが，本件最判が「**遺産分割前の共有関係にある当該遺産につきその者が相続人の地位を有するか否かを既判力をもって確定する**」と判示するのは，そうした実体法的観点を踏まえている，とする。それ自体はその通りで，実体法的観点は含まれているが，相続人の地位不存在確認の訴えは，直接には，共有権確認訴訟でも共有関係確認訴訟でもなく（共有者たる人の範囲を確定する訴訟である），共有権の処分でもないので，実体法上の理由（「管理処分権の共同行使の必要」）が「訴訟共同の必要」を直接演繹しているわけではない。
29) 本件最判は，最判平成16・7・6をそのまま引用している。本件最判の調査官解説である最判解民事篇平成21年度（上）149頁〔田中一彦〕も，共同訴訟人の一方が「相続権不存在確認」請求の被告とはなっていないと考えてその者の控訴を却下した結果，共同被告間で相続人の範囲が区々になり，遺産分割手続等において解決困難な問題を生じ，本件訴訟の趣旨・目的を没却する，とする。

「管理処分権の共同行使の必要」という実体法上の理由からは離れ，上記の①類型を除くと（①でも後に遺産分割の手続が控えている場合は同様の考慮ができるが），②や③の類型にみられるように，「共同相続人全員の関与を要求する遺産分割手続の前提手続としての実効性を確保する必要性」という手続法上の理由が専ら「訴訟共同の必要」を演繹する，というカテゴリーを判例は認めてきている[30]，と総括できる。

　以上のような総括に頷くかどうかはともかくとして，少なくとも「管理処分権の共同行使の必要」からは「訴訟共同の必要」が直接導けない類型であることは確かである。そうすると，とりわけ近年の上記各判例において「訴訟共同の必要」性ひいては「固有必要的共同訴訟」該当性を認める理由についての判示における「実体法上の観点」が，従前の本来型とは異質のものであること，しかもそうした実体法上の観点は背後に引っ込んで，手続法上の要請こそが主たる理由になっていること，は肯認できよう。

　「必要的共同訴訟」になるか否かの部分（「合一確定の必要」性の有無）では実体法上の観点をベースにしつつも，「固有」必要的共同訴訟になるか否か（「訴訟共同の必要」性の有無）を決定するにあたっては「手続法上の理由」に基づいている，という類型の固有必要的共同訴訟が，従来型の「管理処分権の共同行使の必要」を理由とする固有必要的共同訴訟の類型と並んで，我が国では認められている，という視座が本 Unit の結論である。

　ある訴訟事件を，「固有」「必要的」共同訴訟にあたるとするか，通常訴訟（個別訴訟か，当事者が共同訴訟にする場合でも通常共同訴訟）に過ぎないとするか，の性質決定[31]にあたっては，「必要的」共同訴訟になるか否かと「固有」必要的共同訴訟になるか否かの両者の観点が，常にゴチャ混ぜで検討されることになってしまうので，上記の視座はなかなか気付きづらい。この性質決定にあたり，一般に，「実体法上の管理処分権の帰属態様を基準に，訴訟法上の観点（紛争解決

---

30) なお判例は，手続法上の理由によって「合一確定」を要するとみることができる場面でも，遺言無効確認の訴えを固有必要的共同訴訟とはしなかったように（注19）参照），手続法上「訴訟共同」を躊躇させるファクターがあると「固有必要的共同訴訟」とはしない，と判断することもある。手続法的観点の内部で「訴訟共同の必要」性の有無を衡量することもある，ということである。
31) 必要的共同訴訟の性質決定問題において，対になる概念は，「固有」か「類似」かではなくて，「固有必要的共同訴訟」か「通常訴訟（個別訴訟）」か，であることについては，☞1(3)。

の実効性,判決の矛盾回避の利益,第三者への影響 etc.）からも調整する」とするのが判例・多数説の立場であると説かれることが多い。しかし，これでは，訴訟法上の観点が，まさに「政策的」過ぎて，同一次元で多様な要因を重視するか否かの衡量をする際に，個人個人の主観で結論が左右されてしまう。むしろ，以下のように段階を踏んで考えると，思考経済にかなう。
（ⅰ）実体法上の観点から，管理処分権が単独行使できない場合かどうかを判断して，最低限「単独行使できない（可能性がある）場合」に「必要的」共同訴訟になりうる，と性質決定し，
（ⅱ）そのうえで，㋑管理処分権の共同行使の必要がある場合か，㋺管理処分権の共同行使の必要がない場合か，に分け，
（ⅲ-1）㋑については，原則として，「訴訟共同の必要」を超えて「提訴共同の必要」まである（実体法上の理由に基づく「固有」必要的共同訴訟に該当する）と考え，
（ⅲ-2）㋺については「訴訟共同の必要」をもたらす手続法上の理由があるかを問い，その理由が存在すれば，（手続法上の理由に基づく）「固有」必要的共同訴訟と性質決定する。[32]

　上記②や③の判例は，身内同士で敵・味方（原告側・被告側）に分かれないと訴訟自体が成立しない「対内訴訟」であり，実体法上の理由ではなく手続法上の理由から「訴訟共同の必要」が認められた（すなわち「固有」必要的共同訴訟になるとされた）類型である。「合一確定の必要」に関しても，管理処分権の共同行使の必要という実体法上の理由がないため，管理処分権の帰属が既判力によって合一に確定できれば足りる，という意味の「合一確定」で足り，原告側でも被告側でもどちらでもいいからとにかく全員訴訟当事者になって（「提訴共同」ではない「訴訟共同」），既判力を受けることで達成できる「合一確定」である。
　本来，「合一確定」が，管理処分権の分属している者全員で，既判力によって

---

[32] ここでいう「手続法上の理由」には，判例上，(1)管理処分権の帰属に関し訴訟当事者全員につき既判力で確定する必要（判例上は「共同相続人全員の関与を要求する遺産分割手続の前提手続としての実効性を確保する必要性」がある類型）や，(2)既判力が拡張される者にその密接な利害関係から手続に関与させる機会を実質的に保障する必要（判例上は，隣地が共同所有関係にある場合の境界確定訴訟の場合），があるが，多種多様な訴訟法的要因の政策的な軽重の衡量が多いというわけではなく，比較的明確である。

全員に帰属が確定できれば達成できるものだ．とすると，少なくとも実体法が「管理処分権の共同行使」を要請していない（＝実体法上の理由に基づく「固有」必要的共同訴訟でない）場合，原告側で全員が雁首を揃えないといけないような「提訴共同」は不要である．

では，実体法が「管理処分権の共同行使」を要請していると考えられてきた場面では，第三者を相手方とする「対外訴訟」だと，必ず「提訴共同」に従わなければならないだろうか．合一確定の必要が，上記のような「帰属の合一確定」で足りるなら，全員が同じ側に雁首を揃える必要はないので，一定の条件下で，対内訴訟のように，提訴共同ではない訴訟共同で足りるとする余地はないのであろうか．

これが次の Unit 13 で検討する「提訴非同調者」の処理の問題である．難解な問題だが，頑張って，次の Unit へと読み進めてみてもらえると嬉しい．

🏃 Advanced
「必要的共同訴訟」〜母法国ドイツとの呼称の違い

　本 Unit の **Advanced** は，他の Unit と異なり，比較法的なお話である。母法ドイツ法と我が国の民訴法における「必要的共同訴訟」について，もちろんよく似た規定とカテゴライズを持ちながら，「固有必要的共同訴訟」のカテゴリーについて別々の展開を見せているように思うからである。

　ドイツのごく一般的な教科書では，**Introduction** に述べたとおり，以前は，日本法で言う「類似必要的共同訴訟」については「特別共同訴訟」という表現を用いていたことが記されている。[33]
　古い文献によれば，「必要的共同訴訟」という呼称自体，昔の Reichsgericht（大審院）の判例を含めた実務上の言い方であるとされる。学説上は，頭に「いわゆる（sogenannt）」を付け足して「『いわゆる』必要的共同訴訟」と呼んでいた。さらに，より好まれたのは「実体的（materielle）」共同訴訟，という呼称であったという。[34]
　もっとも最近では，母法国ドイツでは，固有必要的共同訴訟のことを「実体法的」必要的共同訴訟とか**「実体法上の理由に基づく」必要的共同訴訟**と呼び，類似必要的共同訴訟のことを「訴訟法的」必要的共同訴訟，**「訴訟法上の理由に基づく」必要的共同訴訟**と呼んで，我が国同様に，必要的共同訴訟の二類型としている。すなわち，講学上，「実体法上の理由から共同訴訟人たるべき者が全員揃ってのみ訴え又は訴えられることができる」ために訴訟共同が必要な場合を，「実体法的必要的共同訴訟」と呼び，「複数の共同訴訟人たるべき者のうち一人が単独で訴え又は訴えられることはできるが，いったん複数の共同訴訟人たるべき者が共同して訴え又は訴えられる場合には，すべての訴訟の裁判が，訴訟

---

33) Jauernig/Hess, Zivilprozessrecht 30. Aufl., C. H. Beck 2011, S. 332ff.
34) Hachenburg, Die besondere Streitgenossenschaft, Bensheimer 1889, S. 1ff.

法上の理由から合一に，すなわち裁判が同内容にかつ同時に，なされなければならない」場合を，「訴訟法的必要的共同訴訟」と呼んでいる。後者の「訴訟法上の理由」は，片面的であれ両面的であれ判決効が拡張されている場合を指し，したがって「訴訟法的必要的共同訴訟」とは，我が国では一般に「類似必要的共同訴訟」と称しているものにあたるわけである。

　法文上はどのようになっているかというと，必要的共同訴訟について，ドイツ民事訴訟法典（ZPO）62条1項が，「争われている権利関係が共同訴訟人の全員に対して合一にのみ確定されうる場合（第1文）」または「その他の理由から共同訴訟が必要的である場合（第2文）」と規定している。これは，前者が「訴訟法的」必要的共同訴訟，後者が「実体法的」必要的共同訴訟の規律であると把握されている。古くは「特別共同訴訟」と言われ，必要的共同訴訟とは呼ばれなかった（我が国で言う）「類似」必要的共同訴訟のほうが，むしろ本来型であるような規定ぶりで，我が国のように「類似」必要的共同訴訟なる名称が用いられない理由がよくわかる。しかし，呼称を別にすれば，我が国で言うところの「類似必要的共同訴訟」と，ドイツ法で言うところの「訴訟法的必要的共同訴訟」とで，内容的な差異はほとんど見受けられない。

　ドイツ法では，実体法的必要的共同訴訟と訴訟法的必要的共同訴訟は，画然と区別されるべき二つの類型とされており，前者に，我が国のような手続法的理由を混入させることはないようである。[35]「類似」必要的共同訴訟は，日独で概ね差は見られないが，我が国の「固有必要的共同訴訟」は，現象としては，母法ドイツ法から離れて独自の展開をしているということになる。

　私自身は，現在では，「固有」・「類似」必要的共同訴訟，という正・副のような語感のある（しかも「固有」が既に従来の本来型でないような類型を包含している）カテゴライズよりも，ドイツ法のような「実体法的」・「訴訟法的」必要的共同訴訟といった並列的な用語にしたほうがわかりやすいのではないか，と考えている。ただ，並列的な用語にするにしても，我が国では，本文で述べたように，

---

35) Rosenberg/Schwab/Gottwald, Zivlprozessrecht 17. Aufl., C. H. Beck 2010, S. 244ff.; Jauernig/Hess, aaO. など。もっとも，この「実体法上の理由に基づく（実体法的）」または「訴訟法上の理由に基づく（訴訟法的）」必要的共同訴訟という呼称が万能でないことも認めている。

判例上,「固有」必要的共同訴訟のカテゴリーの中に,判決効の拡張を伴わない「手続法上の理由」に基づくものが混入するという独自の展開を見せているので,現代のドイツ民訴法のような用語とは別のものを考案する必要があろう。

Unit 13

固有必要的共同訴訟

その2　提訴非同調者の処理と「合一確定」の意義

Die übersichtliche Einführung in das Zivilprozessrecht

Unit 13 「固有必要的共同訴訟」（その 2）

Introduction
共同提訴を拒むと被告に回される？

　ある訴訟事件を，固有必要的共同訴訟にあたる，と性質決定した際，その手続法上の最大の難点が，原告側で「訴訟共同の必要」がある場合に，提訴非同調者がいたときの処理である。

　Unit 12 で説明したように，実体法上の理由で固有必要的共同訴訟とされる場合，管理処分権の共同行使を実体法が要請しているということで，共同行使の一環として「提訴共同」が必要視される。

「北ニケンクヮヤソショウガアレバ
ツマラナイカラヤメロトイヒ」

（宮沢賢治『雨ニモマケズ』より）

　「北に喧嘩や訴訟があれば，つまらないからやめろ」と言うような人がいて，その人が，提訴共同の要される訴訟で原告側に入るべき立場にいたら——
　別段，共有権者同士で仲が悪いわけでも法的な対立があるわけでもない，ただその人が「訴訟なんてまっぴらゴメンだ」という人だったとしても——提訴したい人たちの裁判を受ける権利を守るために，提訴に同調しない人も被告にして訴えることを常に許す，とすべきだろうか。

原告側で共同訴訟人たるべき者の中で，様々な理由や事情により，訴訟なんかしたくない，という者が1人でもいると，全員が当事者適格を失い，訴えは却下されてしまう，ということになると，提訴したい者たちの裁判を受ける権利にとって深刻な不利益を生じるおそれがある。学説上は，有力学説により，共同原告となることを拒む者（被告側に付いたわけではないが原告とも共同歩調を取らない者も含む）を被告に回して提訴することを許す処理が提唱され，共同原告と，本来的被告および潜在的原告（提訴非同調者）の間の一種の三面的訴訟と解するよう，永く説かれてきた。平成8年改正の際にも，立法には至らなかったが，提訴非同調者の処理は，重要な検討課題の一つであった。

　しかし，提訴非同調者を被告に回す，という処理は，本来共同原告たるべき者が被告に回されることに起因する種々の手続上の懸念や問題（☞後掲最判平成11・11・9の千種補足意見や，Advanced 参照）から，有力説の主張にもかかわらず最高裁が頑なに依拠しなかった，あるいは依拠すべきでないとされてきた，いわば「禁じ手」だったのである。Unit 12 で分析した新類型の「固有」必要的共同訴訟の受容を経て，この「禁じ手」を平成20年最判がとうとう一般的に利用し始めたわけである。

　さて，その意義を探るべく，固有必要的共同訴訟における提訴非同調者の処理の問題を，基本事項からゆっくり辿っていこう。

---

1) 重点講義（下）336 頁参照。

1 固有必要的共同訴訟における提訴非同調者の取扱い

まず最初に、ある訴訟を「固有必要的共同訴訟」と性質決定した場合に生じうる困難な問題、すなわち提訴非同調者の取扱いについて、近時の判例理論を、「訴訟共同の必要」の観点から確認しておきたい。

(1) 「訴訟共同の必要」に起因する諸問題

固有必要的共同訴訟で、「訴訟共同」が必要とされる場合に、訴訟上の難点がいくつかある。

第一に、共同訴訟人たるべき者に、行方不明者や失踪者が含まれていたらどうするか。これは、不在者の財産管理人の制度（民25条）や失踪宣告の制度（民30条）で、一応、対応可能であるとされる。

第二に、入会権者など、人数が多い場合にその全員を捕捉しきれるか、より具体的には、全員だと思って提訴したら後から欠落が判明したという場合、即、不適法却下とされてよいのか、という問題がある。これについては、訴訟手続の進行状況に応じて当事者適格を弾力的に捉えることで対応する、という方策が提案されている[2]。すなわち、事実審の初期には、できる限り関係人を当事者にする努力をしていなければ訴え却下とすべきだが、その努力をしていたにもかかわらず、控訴審の判決間際や上告審になって欠落が判明した場合には、そのまま現状当事者となっている者だけで適法と考えよ、というものである。

しかしながら、欠落が判明した者が共同訴訟参加（52条）をしてきた場合には、瑕疵は治癒されると考えてよいが、それがなされないまま、固有必要的共同訴訟で本案判決を許す処理には、実務的な妥当性はともかく、理論的に抵抗感がある[3]。もともと持分権による個別訴訟処理が可能な場面で、そのような処

---

[2] 重点講義（下）335頁。
[3] この見解（重点講義（下）335頁）は、この「当事者の欠落」問題ゆえに固有必要的共同訴訟としないと短絡的に考えるのではなく、あくまで共有権一般に「固有必要的共同訴訟」たるべきことを要求しておき、やむを得ない当事者欠落場面になったら持分権による個別訴訟の処理に移行すればよい、としており、もともと通説より「固有必要的共同訴訟」と解する範囲が広い。その、通説より広い部分が、ここでの問題で念頭に置かれている。

理が可能でも，共有権に関わる訴訟については，できる限り「訴訟共同」を要求することとし，やむを得ない事情で当事者の欠落が判明した場面においてのみ，持分権による個別訴訟処理に移行する（欠落者以外の者の持分権による個別訴訟として適法視する），という限定された局面での処理には，賛同すべきである。しかし，もともと個別訴訟処理ができない場面での当事者欠落の判明は，理論的には却下をもたらすと言わざるを得ないであろう。

(2) 「訴訟共同の必要」と提訴非同調者の問題

　第三の難点は，原告側で訴訟共同の必要がある場合，原告側の訴え提起に加わらない者がいた場合の処理である。

　例えば，ⓐむしろ紛争の相手方に立場が近いとして提訴を拒絶する場合，ⓑ訴訟そのものがとにかくイヤだとして訴訟に反対だという場合，ⓒいま訴え提起に逸る一部の者こそが短兵急であり，もっとじっくり証拠を揃えるなり訴訟の準備をするなりしてから訴えを提起すべきだと考えてひとまず加わらないと判断する場合など，訴え提起に加わらない動機は様々である。固有必要的共同訴訟では，こうした「提訴非同調者」がいた場合，残余の者だけでは当事者適格を有しないから，このままでは，提訴したい者の訴権が奪われかねない。しかし，上記ⓐの場合はともかくとして，ⓑの提訴非同調者を「お前のせいで私の『裁判を受ける権利』が阻害される」と責めることは妥当ではない。ⓒの場面で責められるべきは，むしろ今訴え提起に走っている提訴希望者の方で，その者らに訴訟を許せば，その者らの準備不足に起因する拙劣な訴訟追行（とそれによる期待外れの結果）によって，残る提訴非同調者の裁判を受ける権利が（それは正当に受けるべき権利であろう）実質的に阻害されてしまうおそれすらある。

　したがって，提訴非同調者がいる場合には提訴したい者の出訴の途が閉ざされてしまって妥当でないから，とにかく常に出訴させてやる方策を採るべきだ，という考え方は，一方の利に偏していると言わざるを得ない。

　では，どのように考えるべきであろうか。以下で判例による対処を確認しておこう。

2 提訴非同調者の処理に関する二つの重要判例

判例は，平成 10 年代以降，二つの異なる場面において，一定の条件下で，提訴非同調者を被告に回す処理を認めるに至った。

(1) 最判平成 11・11・9

第一は，Unit 12 でも取り上げた，最判平成 11・11・9[4]である。

この事件で，提訴非同調者を被告にすれば「訴訟共同の必要」を充たすとされたのは，境界確定訴訟の特殊性によるところが大きい。境界確定訴訟は，一般に，「形式的形成訴訟」とされており，その実質は非訟事件であって処分権主義が妥当しないものとされている。したがって，仮に原告側にいたとしてもその申立てに裁判所が拘束されるわけではなく（民訴 246 条の枠外），その意味で，被告側にいたとしても，訴訟に関与する機会が与えられている限りでは，提訴後の当事者としての訴訟上の地位について，原告の地位と変わりがないと考えられるからである。

このことを，同最判の補足意見において千種秀夫裁判官は，以下のようにいう（引用文の強調部は筆者による。以下同じ）。

> 「私は，境界確定の訴えにおいて，共有者の一部の者が原告として訴えを提起することに同調しない場合，この者を本来の被告と共に被告として訴えを提起することができるとする法廷意見の結論に賛成するものであるが，これは，飽くまで，<u>境界確定の訴えの特殊性に由来する便法</u>であって，右の者に<u>独立した被告適格を与えるものではなく，他の必要的共同訴訟に直ちに類推適用し得るものでない</u>ことを一言付言しておきたい。」

> 「……非同調者は，これを被告とするといっても，隣地所有者とは立場が異なり，原審が『二次被告』と称したように特別な立場にある者として理解せざるを得ない。にもかかわらず，これを被告として取り扱うことを是とするのは，判示もいうとおり，境界確定の訴えが本質的には非訟事件であって，訴訟に関与していれば，その申立てや主張に拘らず，裁判所が判断を下しうるという訴えの性格によるものだからである。」

---

[4] 民集 53 巻 8 号 1421 頁（判時 1699 号 79 頁・判タ 1021 号 128 頁）。

さらに、千種補足意見は、このような処理の問題性についても、付言している。

「土地の境界は、土地の所有権と密接な関係を有するものであり、かつ、隣接する土地の所有者全員について合一に確定すべきものであるから、境界の確定を求める訴えは、隣接する土地の一方又は双方が数名の共有に属する場合には、共有者全員が共同してのみ訴え、又は訴えられるのが原則である。したがって、共有者の一人が原告として訴えを提起することに同調しないからといって、その者が右の意味で被告となるべき者と同じ立場で訴えられるべき理由はない。もし、当事者に加える必要があれば、原告の一員として訴訟に引き込む途を考えることが筋であり、また、自ら原告となることを肯じない場合、参加人又は訴訟被告知者として、訴訟に参加し、あるいはその判決の効力を及ぼす途を検討すべきであろう。」

「事実、共有者間に隣地との境界について見解が一致せず、あるいは隣地所有者との争いを好まぬ者が居たからといって、他の共有者らがその者のみを相手に訴えを起こし得るものではなく、その意味では、その者は、他の共有者らの提起する境界確定の訴えについては、当然には被告適格を有しないのである。したがって、仮に判示のとおり便宜その者を被告として訴訟に関与させたとしても、その者が、訴訟の過程で、原告となった他の共有者の死亡等によりその原告たる地位を承継すれば、当初被告であった者が原告の地位も承継することになるであろうし、判決の結果、双方が控訴し、当の被告がいずれにも同調しない場合、双方の被控訴人として取り扱うのかといった問題も生じないわけではない。」

すなわち、本来的には提訴非同調者が被告適格を有していないのではないかという問題、原告の一人の死亡により被告にされた提訴非同調者に当然承継が生じた場合の処理の問題、原告と本来的被告の双方の控訴で提訴非同調者が控訴しなかった場合の提訴非同調者の地位はどのようになるか（双方の被控訴人になるのか）という問題、が指摘されている。

他にも次のような問題が指摘できよう。上記（1(2)）のⓒのような当事者が一人で訴えを提起しても、残りは全部被告に回していいことになるか、という問題、そして、上訴で、被告に回した提訴非同調者（潜在的原告）が改めて原告に回ることを希望した場合の処理の問題である。理論的には、被告に回す処理が許されるかどうかが根本的な問題であり、これを乗り越えてしまった以上、上記の細かな諸問題については、事案に応じて、訴訟法内部で解決できないものでもないともいえる。全員が関与してさえいれば訴訟共同の必要は充たされる

というのであるから，被告とするか原告とするかは，固有必要的共同訴訟の問題としてはもはやどちらでもいいことなのであり，上記の諸々の問題は，別の訴訟政策的配慮によって結論を出すべき事柄である。

つまり，理由付けは「相手方との公平」でも「審理の錯雑化の防止」でもよいが，裁判実務において，事案に応じて，より難点が少ない結論を選択することで訴訟法上解決を図ることもできなくはないであろう。例えば「事件の利害関係人が多数存する場合に，その大多数に訴え提起の意思が未だない場合には，少数者が訴訟手続により紛争を解決すべき法律上の利益は未だ認められない」としたり，「いったん被告とされた以上は，従前の訴訟行為との矛盾が生じることを避けるため，あるいは相手方のそれまでの訴訟追行を無に帰せしめないために，その者の地位は原告には移動しない」と結論づけることも考えられる。また，「訴訟の審理がそんなに進んでいない段階であれば弊害が少ないから，潜在的原告が，本格的に原告として訴訟追行する意思があるなら，原告として扱ってよい」とすることも，「潜在的原告が，訴えが時期尚早として訴え提起に反対していたのに，被告として訴え提起されてしまった場合には，その意思に応じて改めて原告側として訴訟追行することを認めるべきだ」とすることも考えられる。しかしいずれも，「固有必要的共同訴訟だから」こうすべきだ，という解決ではない。

(2) 最判平成20・7・17

第二は，Introductionでも少し触れた最判平成20・7・17で[5]，これは，より一般的に提訴非同調者を被告に回す処理を認めた重要な判例である。この事案は，特定の土地が入会地であるのか第三者の所有地であるのかについて争いが生じたため，入会集団の一部の構成員が，当該第三者を被告として当該土地が入会地であることの確認を求めようとしたというものである。従来，こうしたケースについては，入会権の総有的性格から，管理処分権の共同行使を要すると考えられ，この実体法上の理由から，第三者に対する対外訴訟では，原告側での提訴共同が必要である，と見られていた[6]。

---

5) 民集62巻7号1994頁・判時2019号22頁・判タ1279号115頁，百選〔第5版〕97事件〔山本弘〕。

しかし，この平成20年最判では，提訴非同調者がいることにより全員で訴え提起ができない場合には，提訴非同調者も被告に加えて全員が「訴訟当事者」になれば，当事者適格を欠くとして訴え却下されることはない，と判断されている。

具体的には，以下のような判示をしている（重要な判例なので，やや長い引用になるが我慢されたい）。

「特定の土地が入会地であることの確認を求める訴えは，……入会集団の構成員全員が当事者として関与し，その間で合一にのみ確定することを要する固有必要的共同訴訟である。そして，入会集団の構成員のうちに入会権の確認を求める訴えを提起することに同調しない者がいる場合であっても，入会権の存否について争いのあるときは，民事訴訟を通じてこれを確定する必要があることは否定することができず，<u>入会権の存在を主張する構成員の訴権は保護されなければならない</u>。そこで，入会集団の構成員のうちに入会権確認の訴えを提起することに同調しない者がいる場合には，入会権の存在を主張する構成員が原告となり，同訴えを提起することに同調しない者を被告に加えて，同訴えを提起することも許されるものと解するのが相当である。このような訴えの提起を認めて，判決の効力を入会集団の構成員全員に及ぼしても，構成員全員が訴訟の当事者として関与するのであるから，構成員の利益が害されることはないというべきである。

最高裁昭和34年（オ）第650号同41年11月25日第二小法廷判決・民集20巻9号1921頁は，入会権の確認を求める訴えは権利者全員が共同してのみ提起し得る固有必要的共同訴訟というべきであると判示しているが，上記判示は，土地の登記名義人である村を被告として，入会集団の一部の構成員が当該土地につき入会権を有することの確認を求めて提起した訴えに関するものであり，入会集団の一部の構成員が，前記のような形式で，当該土地につき入会集団の構成員全員が入会権を有することの確認を求める訴えを提起することを許さないとするものではないと解するのが相当である。

したがって，特定の土地が入会地であるのか第三者の所有地であるのかについて争いがあり，入会集団の一部の構成員が，当該第三者を被告として，訴訟によって当該土地が入会地であることの確認を求めたいと考えた場合において，訴えの提起に同調しない構成員がいるために構成員全員で訴えを提起することができないときは，上記一部の構成員は，訴えの提起に同調しない構成員も被告に加え，構成員全員が訴訟当事者となる形式で当該土地が入会地であること，すなわち，入会集団の構成員全員が当該土地につ

---

6) 最判昭和41・11・25（民集20巻9号1921頁・判時468号39頁・判タ200号95頁）。

いて入会権を有することの確認を求める訴えを提起することが許され，構成員全員による訴えの提起ではないことを理由に当事者適格を否定されることはないというべきである。」

ここでいう「訴権の保護」が，提訴非同調者がいた場合に常に発動するものかについて，本件の調査官解説は，以下のようにいう。

「本件のような事例においては，**訴訟手続によって紛争を解決すべき法律上の利益を当事者が有している**と認められる上」，「入会集団の一部の構成員が入会権確認の訴えを提起することを許さないとするのは，**管理処分権行使の方法における厳格性を貫こ**うとする余り，その本体である入会権の対象たる入会地の権利が入会集団から不正に移転されてしまっても，その状態を訴訟手続により是正できないという不都合な結果を招くおそれがある」。「本判決が『入会権の存在を主張する構成員の訴権は保護されなければならない』としたのは，以上の点を考慮して，入会集団の権利保護の必要性を重視したものと考えられる。」

すなわち，保護に値する訴権行使の利益が当事者にあることを前提として，もし提訴非同調者を被告側に回す処理を許さないとした場合，「入会権の対象たる入会地の権利が入会集団から不正に移転されてしまっても，その状態を訴訟手続により是正できないという不都合な結果を招くおそれがある」ならば（＝条件），「訴権の保護」の必要があり，したがって提訴非同調者を被告側に回すことが正当化できる，ということである。この，**条件付きの「訴権の保護」**の必要性という点こそが，前掲平成 11 年最判における「提訴非同調者を被告に回す処理」の根拠（処分権主義も証明責任も妥当しないので，当事者が原被告いずれの立場で訴訟に関与するかは判断を左右しない）が使えない本件固有の根拠であり，かつ前掲平成 11 年最判では妥当しない理由付けである（平成 11 年最判では仮に提訴非同調者を被告側に回す処理を認めなかったとしても，権利の不正な移転はない）。

Column 「条件付きの『訴権の保護』」という理解

実は，この平成 20 年最判の事案では，被告に回された提訴非同調者は，Intro-

---

7) 最判解民事篇平成 20 年度 404 頁以下〔髙橋譲〕，特に 415 頁。なお，提訴非同調者を被告に回す以外に，学説上提案されている方策の当否についても簡潔にまとまっている（同 414 頁以下）。

duction に掲げたような「雨ニモマケズ」的性格の（単に訴訟を嫌がる）者だけというわけではなく，他の共同原告とはむしろ敵対的で，本来的被告と結んで入会地の権利を本来的被告に移転させようとしている者が含まれていた。上記のような「条件付きの『訴権の保護』」という理解に立っても，その条件をクリアする提訴非同調者がいた，ということである。したがって，もし，「条件付きの『訴権の保護』」という縛りが判例の射程に及ぶとすると，第三者への不正な権利移転を企図しているわけではない「雨ニモマケズ」的な提訴非同調者だけしかいなかった場合は，むしろ被告に回すことは許されないとされることもありうる，ということになる。

ただし，判決文自体から，「条件付きの『訴権の保護』」という縛りが読み取れるわけではなく，あくまで調査官の解説から読み取れるに過ぎない，という点は，注意を要する。

さらに，本件最判の調査官解説では，少なくとも狭義の共有関係の確認を求める訴えについては本件判旨の射程が及ぶとする[8]。

そうすると，本件最判の判示は，実体法上の観点（管理処分権の共同行使の必要。ここでは「共有〔総有〕の性質を有する入会権の確認」が，共同でなされる必要があること）では，原告側で雁首を揃えるという「提訴共同の必要」しか根拠づけられないところ，上記のような限定的な意味での「訴権の保護」の必要という手続法的な要請が，提訴非同調者を被告に回す処理を正当化している（それは狭義の共有関係の確認全般に妥当する）ものと，把握することができる。

このような意味での「訴訟共同の必要」（原被告に分かれても，訴訟に関与してさえいれば，最終的には合一確定を達成できる）[9]についても，実体法の要請する「提訴共同」からの変容を，手続法的な要請から根拠づけようとしていることがわかる。判例法理上は，たとえ従来は実体法上，「合一確定の必要」の達成のために，

---

8) 髙橋（譲）・前掲注7) 416頁。
9) この点は，平成20年最判の判示上，被告に回されても訴訟に関与さえしていれば，判決効を及ぼしても提訴非同調者の利益が害されることはない，ということで，提訴非同調者を被告に回してもよいとする（「訴権の保護」と並ぶ）根拠に挙げられている。これだけみると，その根拠は，あくまで訴訟上の地位として原告から被告への変更による不利益はない，という手続法上の観点に基づくものであるが，類似必要的共同訴訟（全員が揃わないと当事者適格が与えられないという訴訟共同の必要はない）との違いとして，あくまで共有者全員に当事者としての関与を要求するのは，実体法上の観点による。「必要的」共同訴訟になるか通常訴訟（個別訴訟）になるかを分ける「合一確定の必要」の判断にあたっては，実体法上の観点が大きな役割を果たしている。

管理処分権の共同行使の必要から「提訴共同」が要請されていると見られていた場面ですら，常に「提訴共同」を要するわけではなく，一定の条件下では「訴訟共同」で足りる，とされる段階に入ったということになる。

(3) 「訴訟共同の必要」についての判例の変遷

つまり，「訴訟共同の必要」は，いささか図式的に言えば，以下の三段階を踏んできていると見られる。

第一段階は，管理処分権が共同行使されることを民法が要請しているため，すなわち，訴訟上も，管理処分権が共同で行使されないと権利の管理処分についての判断が合一に確定しないため，訴訟共同（この段階では，提訴共同と同義）の必要がある，と見ていた段階である（性質上，必要的共同訴訟たりうる場面を念頭に置き，持分権や保存行為・不可分債権債務の理論により，権利の個別行使が可能とされて，それ故に個別訴訟とされる場合はひとまず捨象しておく。以下同じ）。

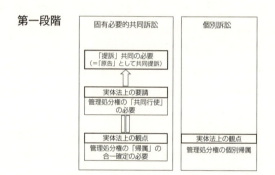

実体法上の観点＝実体法上の要請→合一確定の必要＝「提訴」共同の必要

次に**第二段階**として，共有者間の内部紛争（対内訴訟）では，一方が原告・他方が被告，というように原被告に分かれざるを得ないし，全員が「訴訟当事者」にさえなっていれば判断の合一確定は達成できるとして，必ずしも提訴共同を必要視しない「訴訟共同の必要」（全員が「訴訟当事者」になっているという意味で

---

10) この場合には当該紛争に対する態度の如何にかかわらず，つまり原告たる共有者と対立関係になくとも，提訴非同調でありさえすれば当然に被告に回される。

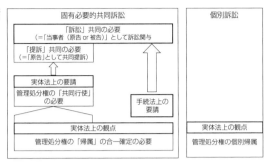

実体法上の観点→権利帰属の合一確定の必要，手続法上の理由→「訴訟」共同の必要，という新ルートの登場

の訴訟共同）を認める判例が登場する。この時期の判例においては，管理処分権の共同行使の必要という実体法上の理由ないし要請がなく，手続法上の理由で「固有」必要的共同訴訟が要請されていると見られる事案が多く，少なくとも提訴共同の必要は要請されていなかったと言える。しかし，「必要的」共同訴訟になるか個別訴訟（通常訴訟）になるかを分ける実体法上の観点としては，管理処分権の帰属につき合一確定の必要があるか否かだけが判断基準となっている。

その意味では，（たとい「提訴共同」することに実体法上の要請がある場面でも）既判力を全員が受けることで合一確定が達成できるならば，当事者が原告側にいるか被告側にいるかにかかわらず全員が「訴訟当事者」になることで，管理処分権の帰属に関する「合一確定」自体は達成しうる，ということが明確に認識される段階にあったといえる。

そして平成20年最判によって，**第三段階**に入った。対内訴訟でなくても（＝共同訴訟人たるべき者が必然的に原被告に分かれることになる〔原被告に分かれないと訴訟にならない〕，のではなくとも），かつ，対第三者との関係で，本来は実体法上の要請により管理処分権の共同行使（＝提訴共同）をすべき対外訴訟の場面でも，条件付きの「訴権の保護」の必要という手続法上の要請から，提訴非同調者を

---

11) 平成11年最判は，境界確定訴訟の形式的形成訴訟としての特殊性を根拠として，ここでいう第三段階の「訴訟共同の必要」を導いていることになるが，あくまで境界確定訴訟の特殊性による（そこでの実体法上の観点は，管理処分権ではなく，境界を接する隣地所有権についての利害関係）ので，ここでは脇に措いておく。

Unit 13 「固有必要的共同訴訟」(その2)

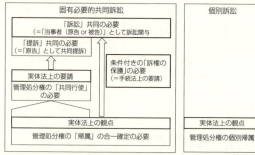

第一段階のように「実体法上の観点＝実体法上の要請」であるケースでも、手続法上の要請により、権利帰属の合一確定の必要、かつ提訴共同ではない訴訟共同の必要、という扱いにする類型の登場

被告として訴えを提起することが許される、とした段階に至ったのである。
　すなわち、
　① 共有者間での当該紛争に対する態度（共有者側に立つか第三者側に立つか）の如何にかかわらず、明確な反対者は当然に被告としてよく、明確な反対者でなくても、提訴に非同調であれば、それだけで被告に回して訴え提起が可能であり、
　② 管理処分権を分属して有する者が全員「訴訟当事者」になってさえいれば、管理処分権の帰属についての合一確定も達成できる、
という第二段階での処理を前提に、[12]
　③ それを、対外的紛争における態度が積極・消極に割れているという意味での共有者内部の対立に敷衍しながら、
　④ （しかしそれだけでは対第三者との関係で提訴共同から逸脱してよい理由とするには足りないので）条件付きの「訴権の保護」の必要（＝管理処分権行使の方法における厳格性〔＝提訴共同によってのみ当事者適格を認めるとすること〕を貫くことによる不都合）という手続法上の観点で補強して、[13]

---

12) 髙橋（譲）・前掲注7) 415頁参照。
13) 平成20年最判は、「構成員全員による訴えの提起ではないことを理由に当事者適格を否定されることはない」と判示しつつ、そのことに起因する問題は残っているので（☞ **Advanced**)、遺された問題があってもそれを押し切るべき理由として、条件付きの「訴権の保護」論が必要だったと言える。

本来，対第三者訴訟については提訴共同であるべき（権利者全員雁首揃えて原告として訴え提起すべき）とする実体法上の要請を緩めて，被告に回す処理を認める「訴訟共同」を許す段階に至ったのである。

この段階では，管理処分権の共同行使の必要（共有者個々人では管理処分できない）という「実体法上の要請」は意義を減じられ，「実体法上の観点」としては共有者の権利の管理処分についての判断（管理処分権の帰属）の合一確定さえ維持できれば足りるものとして見られていることになる。つまり，実体法上の観点が，必要的共同訴訟になる理由でもあり，提訴共同を要請する理由でもあった第一段階とは別のルートが追加されたのである。実体法上の観点は，通常訴訟（個別訴訟）でいいのか必要的共同訴訟にすべきなのか（＝「合一確定」を要求するのか）を分けるところでだけ機能する（「提訴」共同を要請しない）。そして，判決効の拡張のないところで合一確定を実現する手続法上の観点が「訴訟共同の必要」の決定因となる，という新ルートである。

この意味で，「実体法上の理由に基づく（合一確定の必要）」という抽象的な言葉は，現時点では一定の場面でその内容を明らかに変えてきていると言える。

(4) まとめ～旧来と異なる「固有」必要的共同訴訟の把握

以上，各判例の当否はともかくとして，Unit 12 と本 Unit を通じ，「訴訟共同の必要」に関して，判例理論の現在の到達点を素描してきた。以下の3点について，ここでまとめておこう。

第一に，「管理処分権の共同行使の必要」という実体法上の要請から離れ，「管理処分権の共同行使の必要」があるとは言えない場面で，主に「共同相続人全員の関与を要求する遺産分割手続の前提手続としての実効性を確保する必要性」という手続法上の理由から「訴訟共同の必要」を演繹している場合があること（☞ Unit 12）。[14]

第二に，「管理処分権の共同行使の必要」はないが，手続法上の理由から「固

---

[14] 境界確定訴訟も「管理処分権の共同行使の必要」があるとは言えない場面だが，その独自の個性が強すぎて汎用性が少ないので，ここでは一応脇に措いておく。

有」必要的共同訴訟とされる場合（上記「第一」の場面），実体法が「提訴共同」を要請しないため，原告だろうが被告だろうがとにかく関係者（権利者）が全員訴訟当事者になることで必要的共同訴訟としては充分とする「訴訟共同」で足りる可能性が生じること。この際，「合一確定」の必要は，実体法上の管理処分権の行使ではなく帰属が権利者全員に既判力で確定できれば（＝原告でも被告でもとにかく訴訟当事者になっていれば）足りるものであることが，明確に認識されてきたこと（☞ Unit 12, 13）。

　第三に，「管理処分権の共同行使」の必要がある場面でも，提訴非同調者の処理に関して，一面で「管理処分権の共同行使の必要」という実体法上の要請から生じる「提訴共同の必要」を離れ，条件付きの「訴権の保護」という手続法上の理由を打ち出して，提訴共同の必要を離れることで生じる懸念を押し切る。他面，提訴非同調者を被告に回すことでも「訴訟共同の必要」は充足し，かつ原告でも被告でも「訴訟当事者として」権利者全員が関与すれば管理処分権の帰属についての合一確定も達成できる，と考える場合を認めたこと（☞ Unit 13）。

　民訴法の中でも，統一的な説明が難しいとされる領域でもあり，理解が容易でない部分も，判例上解決が明示されていない問題も遺されている。まずは判例の大まかな展開を摑んだに過ぎないこの Unit 13 も，Unit 12 と併せ，その意味でなお発展途上である。しかし，本書のように判例の理屈を理解できるのなら，少なくとも，個々の事案で固有必要的共同訴訟にあたるかどうかが問われる場面で，以下のような，旧来の「論証パターン」をいつもいつも無理矢理当てはめたり，機械的に答案に書くような愚は避けることができよう。

　すなわち，そのような「論証パターン」とは，例えば，「判例によれば」とか「判例同旨」とか書いておきながら，どんな問題であっても，
　①「実体法上管理処分権の共同行使の必要があるから」固有必要的共同訴訟になる，とか，
　②「提訴非同調者がいるために訴えが提起できないと，提訴したい者の訴権が守られないから，訴訟政策的に」固有必要的共同訴訟と解すべきではない，とか，
　③「提訴非同調者がいるために訴えが提起できないと，提訴したい者の訴権

が守られないから，訴訟政策的に」提訴非同調者を被告に回して固有必要的共同訴訟たることを維持する処理が許される，

などとするものである。特に②・③は同じ根拠付けを用いながらも，真逆の結論を引き出しているということにお気づきだろうか。

①②③だけでは，判例の理屈を説明しきれない段階に来ていることは理解しておいてほしい。

Advanced
平成20年最判で遺された問題

　本来的には管理処分権の共同行使の必要性があると見られている類型で，対第三者訴訟（対外訴訟）でも潜在的原告（提訴非同調者）を被告に回す処理を認めた最判平成20・7・17は，これまで頑なに依拠しなかった「禁じ手」の，初めての一般的利用ケースである。提訴非同調者を被告に回す処理という「禁じ手」を利用することに，問題や懸念が種々ありうることは，既に前掲平成11年最判でも千種補足意見が挙示している。

　常に提訴共同を要するとすることが，過剰な規律でありうることは既に指摘されていた。他方，この規律によって押さえ込んでいたはずの訴訟上の諸問題が，この規律からの解放により顕在化することとなった。平成20年最判についても，髙橋調査官解説が，さらに遺された二つの懸案を示している[15]。

　すなわち，ⓐ被告に回す処理をした場合の判決の効力は，被告に回された潜在的原告と本来的被告（被告第三者）との間ではどうなるか，という問題と，ⓑ入会集団の一部の構成員が第三者に抹消登記手続を求める給付請求だったらどう扱われるか，という問題である。

(1) 潜在的原告と本来的被告との間における判決の効力

　このうち，ⓐの問題については，前述の（第二・）第三段階において，「実体法上の観点」が，「実体法上の管理処分権の帰属についての判断が共有者ごとに区々にならない」という程度の意味まで後退した合一確定になっているとはいえ（そのための手段としての「訴訟共同の必要」は維持されている），被告相互間（被告に回された潜在的原告と本来的被告との間）に判決効が及ぶことも認めないと合一確定にならず首尾一貫しない[16]。

---

[15] 髙橋（譲）・前掲注7）415・416頁。
[16] 髙橋（譲）・前掲注7）422頁も同旨を説く。逆に，そうした相被告間での既判力による拘束がなくてもよい場合を認めた事案と理解するのは，河野正憲「判批」判タ1333号（2010）42頁以下。

Advanced

　既に対内訴訟では，本来の共同所有関係にある者（X_1〜X_5）が複数ずつ原被告に分かれている（原告側 X_1〜X_3，被告側 Y_1〔＝X_4〕・Y_2〔＝X_5〕）場合，対内訴訟の判決確定後，原告側の間（例えば，X_1 vs X_2）で，あるいは被告側（例えば，Y_1 vs Y_2）の間で，紛争が生じ，前訴と同一の訴訟物たる権利関係に関して訴訟が係属した場合にも，前訴判決の既判力の拘束はかかっていると考えられる（☞ Unit 12の2(2)②）。これに，対外訴訟（対・本来的被告 Y_3）が組み合わさった複合形態が本件である，といえる。

　なお，前掲平成11年最判の原審のように，潜在的原告で被告に回された提訴非同調者を「二次被告」として三面訴訟として扱う，あるいは，前掲平成11年最判自身も，上訴において47条4項を類推している，というところからすれば，独立当事者参加があった場合と同様の「三面訴訟」状態と理解し，そのような意味で40条（の準用。47条4項）による規律，そして既判力の拘束を考えることもできよう[17]。

　ただ，必要的共同訴訟と独立当事者参加とは，40条の規律が働くこと自体は共通するものの，独立当事者参加では，本訴当事者と参加人とが利害対立関係にあって，参加人が40条の準用により本訴当事者の訴訟行為を牽制できるようにしようとしているものである。したがって牽制さえできれば，請求の定立がない当事者・参加人間で既判力が生じなくても差し支えないわけである。しかし，固有必要的共同訴訟では，共同訴訟人間（もちろんそこには請求の定立はない）でも既判力が及んでいると考えないと，本質的に要請されている「合一確定」が達成できない。

　本件は，実質的に，対外訴訟（原告側 X_1〜X_3 vs 被告側 Y_3）での合一確定，そして対内訴訟（原告側 X_1〜X_3 vs 被告側 Y_1〔＝X_4〕・Y_2〔＝X_5〕）での合一確定が各々要請されている訴訟の複合形態である。しかも，これらがすべて同一の「訴訟物たる権利関係」の存否についての合一確定を意味しており（独立当事者参加では，訴訟物たる権利関係相互に同一性はないのが通常），かつ，複合形態でも40条の規律が一応働いている。とすれば，本件での共同被告間，すなわち本来的被告（Y_3）

---

17) 独立当事者参加では，平成8年改正以降，片面参加も認められている（47条1項）が，その場合，有力な反対説もあるものの，請求の定立がない当事者間には請求が定立された当事者間での既判力は働かないとされる。

と潜在的原告（提訴非同調者 Y_1〔$=X_4$〕・Y_2〔$=X_5$〕）との間でも，（原告側 X_1〜X_3 間と同様に）既判力の拘束が及ぶと考えるべきである。またこれは，潜在的原告が本来的原告として登場していれば当然の帰結と言えるので，本件の共同被告間において既判力の拘束が及ぶとすることは不当なものではないであろう。

(2) 給付請求でも同じ処理は可能か？

また⑥の問題については，平成 20 年最判での「条件付きの『訴権の保護』」論からすれば，給付請求の場合も，提訴非同調者を被告に回す処理は許される余地がある。つまり，給付の訴えの当事者適格は，給付を請求する権利の帰属主体であると主張する者に原告適格があるとされるのだとすると，入会権のように共有者個人ではなく共有権者全員に権利が帰属するとされる場合でも，原告たる共有者が自ら給付を請求する権利があると主張する限り，原則的にその者にもその請求の相手方にも適格を認めざるを得ない（「訴訟共同の必要」としては，条件付きの「訴権の保護」論により提訴非同調者を被告に回すことで当事者適格が認められる）とされる余地は残る。[18]

ただし，最判昭和 57・7・1 は，[19] 入会地に関する地上権設定仮登記の抹消登記手続請求は，特段の事情のない限り入会部落の構成員の一部の使用収益権に基づく妨害排除請求（この場合は構成員各人で原告適格を有する）と見ることはできず，入会権自体に基づく妨害排除請求であるから，

---

18) たとえ原告が（実体法上の権利の帰属主体にならない）権利能力なき社団であっても，固有の原告適格を認めた判例がある（最判平成 23・2・15〔裁判集民 236 号 45 頁・判時 2110 号 40 頁・判タ 1345 号 129 頁〕）。権利能力なき社団が，自分に帰属すると主張する実体権を訴求しても，それは当事者適格の問題ではなく，本案の問題とするのである。

また最近，権利能力なき社団の事案についてではあるが，判例は，原告に，自分に帰属しない実体権（構成員に総有的に帰属する実体権）について給付を請求する訴訟の当事者適格を認めており，訴訟担当と法構成しなくても固有の適格を認めているとも見られる（最判平成 26・2・27〔民集 68 巻 2 号 192 頁・判時 2215 号 94 頁・判タ 1399 号 84 頁，百選〔第 5 版〕10 事件〔田邊誠〕〕）。実体法上，原告以外に帰属し，原告が単独で行使できない権利関係の存否が，訴訟上争われる場合に，それが確認訴訟であれば，紛争の抜本的解決につながるときは原告に確認の利益も当事者適格も認められうるのは確かだが，給付訴訟でもそうした原告に固有の当事者適格が認められないわけではないのである。

なお，リーガルクエスト民訴 549 頁〔菱田雄郷〕は，このような給付訴訟で，提訴非同調者を被告に回す処理をすることは，確認訴訟以上に困難とならざるを得ないとする。

19) 民集 36 巻 6 号 891 頁・判時 1054 号 69 頁・判タ 478 号 159 頁。

「かかる妨害排除請求権の訴訟上の主張，行使は，入会権そのものの管理処分に関する事項であつて，入会部落の個々の構成員は，右の管理処分については入会部落の一員として参与しうる資格を有するだけで，共有におけるような持分権又はこれに類する権限を有するものではないから，構成員各自においてかかる入会権自体に対する妨害排除としての抹消登記を請求することはできない」

と判示している。

　もっとも，この昭和57年最判でも検討された最判昭和41・11・25は[20]，入会部落の構成員の一部の者が，入会部落民に総有的に帰属する入会権そのものの確認，およびこれに基づく妨害排除としての抹消登記手続を求めた場合に，権利者全員が「共同してのみ提起しうる」固有必要的共同訴訟というべきとされた判例である。この昭和41年最判に関して，少なくとも入会権の確認については平成20年最判の「条件付きの『訴権の保護』」論で，「提訴共同の必要」が克服されているといえる。抹消登記手続請求についても，やはり同様に考える余地を生じていないとは言えない。

　いずれにせよ，なお考え続けていかなければならない問題である。

---

[20]　前掲注6)。

Unit 14

控訴・上告に対する判決

その1　控訴

Die übersichtliche Einführung in das Zivilprozessrecht

Introduction
「第一審」判決,「第一審裁判所」と控訴・上告

　控訴も上告も,判決に対する「不服申立て」である。控訴の場合は,「第一審の終局判決(第一審判決)」に対する不服申立て(281条1項)であり,上告の場合は,「原判決(第一審の終局判決も第二審〔控訴審〕の終局判決も含む)」に対する不服申立て(311条)である。上告の場合は,対象となる終局判決が,第一審のものである場合も控訴審のものである場合もありうるので「原判決」としか言いようがないが,控訴の場合は,対象は第一審の終局判決に決まっているので,「第一審判決」というのである。それに合わせて,控訴の場合は原審を「第一審裁判所」,上告の場合は「原裁判所」という。法文上も,「控訴」の章(281条ないし310条の2)では「第一審判決」「第一審裁判所」という文言を用い,「原判決」「原裁判所」という文言は用いられてはいない。ただ,控訴でも「原判決」「原裁判所」という用語を用いるのが,むしろ実務慣行のようであり,上告審で破棄自判するとき「原判決を破棄し,第一審判決を取り消す」というような場面でのみ「第一審判決」という言葉が出てくるようである。

　なお,初学者は,上告が第一審判決に対してもなされる,ということがピンと来ないようであるが,上告が第一審判決に対してなされる場合には,ⓐ第一審が高等裁判所である場合,ⓑ第一審が地方裁判所である場合,ⓒ第一審が簡易裁判所である場合,があり,具体的には次の通り,結構いろいろな種類がある。
　ⓐの場合は,裁判所法が17条で高等裁判所に「他の法律において特に定める権限」として第一審の管轄を付与している場合である。多くは,準司法的機能を有する行政委員会・行政機関[1]の判断に不服がある場合で,当該行政委員会等を相手方として行政事件訴訟を地方裁判所に提起すべきところ(憲76条2項後段参照),準司法的機能に鑑み各種法律がその手続を省略し,高等裁判所を第一審としている[2]。なお,

---

1) 例えば,特許権・商標権等に関する審査や審判を行う特許庁,選挙の効力に関する審査を行う選挙管理委員会,海難を発生させた海技士等の懲戒を行う国土交通省の海難審判所などがこれに属する。
2) 他に準司法的機関の判断が先行しないものもあり,これには,地方自治法245条の8所定の,各

高等裁判所が第一審であっても，上訴としては「上告」であって，控訴ではない（最高裁判所は控訴事件には裁判権がない〔裁 7 条〕ので，控訴審のない二審級となる）ということには注意すべきである。

ⓑの場合は，第一審が地方裁判所の事件で，控訴審を省略して直ちに上告審に法令の解釈・適用に関する争いについてのみ判断を求める「飛越上告（飛躍上告）」の合意がある場合（281 条 1 項ただし書）がこれに属する[3]。上告裁判所は最高裁判所となる。もともと上告審は，原判決においてなされた事実の確定に法令違反がある場合には，原判決の確定事実に拘束されることはない（321 条 1 項）が，飛越上告の合意がある場合は，二度目の事実審である控訴審による「第一審の事実確定の過誤の是正の機会」を両当事者が自ら放棄していることになるから，第一審判決の事実の確定には（それが不適法であろうがなかろうが）不服がない旨の合意をしたものと見ることができる。したがって，飛越上告の合意をした当事者に，第一審判決における事実の確定が違法であることを理由とした上告を許さないという規制も考えられなくはない。しかし，規定としては，飛越上告の場合には，上告裁判所には原判決における事実の確定が違法であることを理由とした破棄が許されない（321 条 2 項），という形で表現されているのみである。いずれにせよ，飛越上告の際に，第一審判決における事実の確定の違法を理由とすることはできない，という解釈に争いはない。

ⓒの場合は，第一審が簡易裁判所の事件（裁 33 条 1 項 1 号参照）で，飛越上告の合意がある場合（281 条 1 項ただし書）であり，上告審が高等裁判所になること以外は，「飛越上告」について前述した通りである。

大臣・都道府県知事による法定受託事務の代執行訴訟，および，地方自治法 251 条の 5・252 条所定の，国・都道府県の関与の取消しまたは不作為の違法確認の訴えの第一審（いわゆる職務執行命令訴訟の流れをくむ）などがある。さらに，人身保護法 4 条の人身保護請求事件のように，地方裁判所に加えて高等裁判所にも第一審の管轄を付与し，いずれからも最高裁判所に上告できる（人保 21 条）としたものもある。

3) 他に，人身保護法 4 条で地方裁判所に人身保護請求した場合，最高裁判所に対する上訴（すなわち上告）が認められている（人保 21 条，なお 22 条）。

また公職選挙法 25 条は，選挙人名簿の登録についての異議についての選挙管理委員会の決定に不服がある場合に地方裁判所への提訴を認めている（公選 25 条 2 項）。この地方裁判所の判決に対する控訴はできないが最高裁判所に上告できるものとされている（公選 25 条 3 項）。

いずれも，迅速な事件処理を目的としたものである。

Unit 14 控訴・上告に対する判決(その1)

1 控訴審の判決

(1) 控訴審判決の種類

控訴審でなされる判決は,主文に登場するものをみてみると,仮執行宣言(310条),訴訟費用や更正決定(最判昭和40・10・12〔裁判集民80号691頁〕)のような付随的裁判や訴訟終了宣言を除いて,以下の4種である。

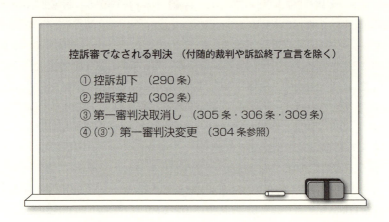

すなわち,①**控訴却下**(290条),②**控訴棄却**(302条1項・2項),③**第一審判決取消し**(=控訴認容。305条・306条・309条〔なお299条参照〕),④**第一審判決変更**(304条参照),の4種類である。④の第一審判決変更とは,③のように判決主文で「取消し」を宣言せずに,第一審判決を「変更する」という主文で,305条に基づき第一審判決を内容的に取り消し,さらに自判する場合を指す。内容的には,③の一場面と見てもよい。

上記のうち,③の第一審判決取消しと④の第一審判決変更の場合が,いわば控訴認容だが,主文では「控訴を認容する」とは書かない。これは,第一審判決で漠然と「原告の請求を認容する」とは書かない(給付判決なら「……を支払え」とか「……を明け渡せ」,確認判決なら「……を確認する」などと具体的に書かれる)のと同様である。

(2) 「第一審判決取消し」とセットになる措置

　控訴認容にあたる③の**第一審判決取消し**（305条・306条・309条〔なお299条参照〕）と④の**第一審判決変更**の場合には，代わりの措置を併せて採らなければならない。305条「第一審判決を不当とするとき」と306条「第一審の判決の手続が法律に違反したとき[4]」では，第一審判決の請求の当否についての判断が正しくても取り消される。309条「管轄違い」の場合には，第一審判決を専属管轄違反（299条参照）と判断するときは，第一審判決の請求の当否についての判断が正しくても取り消される。これらの場合には，第一審判決が取り消されている範囲で，当該事件に応答する判決が有効に存在しなくなってしまうから，その結果，事実審として訴え・請求の審理・判決をしなければならなくなるのである。

　そこで，第一審判決取消しとセットになる措置には，ⓐ**自判**・ⓑ**差戻し**・ⓒ**移送**の3種類がある。

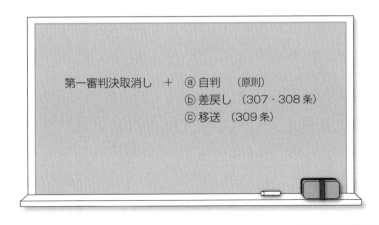

第一審判決取消し　＋　ⓐ 自判　（原則）
　　　　　　　　　　ⓑ 差戻し（307・308条）
　　　　　　　　　　ⓒ 移送　（309条）

---

4) 初学者はよく間違えているが，306条でいう「判決の手続」は，講学上のいわゆる「第一審判決手続」全般のことではなく，243条以下に定められた「第5章　判決」の手続のうち，判決の成立手続（評決・作成・言渡しの手続）を指す。この「判決の手続」以外の訴訟手続に法律違反があった場合で責問権の喪失により瑕疵が治癒しない重大な違反があったときも取り消されるが，根拠条文は305条となる。ただし，差し戻す必要がない場合には，控訴審で，第一審が違反した手続をやり直し，または除去して自判すればよく，その結果，第一審判決の結論が相当であれば控訴を棄却すれば足りる（302条2項）ので，差し戻す必要がある場合（＝訴訟手続の違反ゆえに第一審判決の結論が維持できなくなっている場合）にのみ，305条により取り消される（308条2項参照）。条解民訴1587頁，1589頁，1595頁〔松浦馨＝加藤新太郎〕。

ⓐ 自判

　我が国民事訴訟法は「続審制」を採り、第一審も控訴審も事実審として、訴訟資料を収集・提出できる。したがって、第一審判決の口頭弁論終結当時は正しい結論であったとしても、控訴審で新たに提出された資料によって第一審判決の結論が維持できないという判断に至れば、第一審判決はやはり誤りとなって取り消される。その場合、第一審で提出された資料も、弁論が更新されることにより（296条2項）、控訴審でも判決に利用できるようになる。それと、控訴審段階で新たに提出された資料とを併せて判断材料とし、事実審として自ら判決をする、ということになる。これは、母法国ドイツと我が国が適正な裁判を獲得する機会を強化・保障するために、面倒でも事実審を二審級重ねる続審制を採用したことによる帰結である。「第二の事実審」である控訴審が自ら、誤った（または誤りとなった）第一審判決を取り消し、改めて正しい判決をするという、この「自判」が、控訴という第一審判決に対する不服申立てに対して、その不服申立ては正しい（第一審判決は間違っている）と判断した場合の原則的な応答となる。

　なお、「第一審判決の変更」とは、前述の通り、内容的には、第一審判決の取消しと控訴裁判所の自判がセットになっているものであるが、実際には、主文の形式上はそれ（第一審判決取消し＋自判）をそのまま表現するのではなく、ただ「第一審判決を次のとおり変更する」と主文に記載するのが実務慣行であるとされる。[5]

ⓑ 差戻し

　控訴という不服申立てに対して控訴裁判所が自判をしない場合の応答として、必ず差し戻すことを要する場合（**必要的差戻し**）と差し戻すことが**できる**とされているにすぎない場合（**任意的差戻し**）がある。

　305条により第一審判決を取り消すにあたり、第一審判決が訴えを不適法として却下した判決（訴訟判決）であったときは、控訴裁判所は事件を第一審裁判

---

[5]　濱口浩「民事控訴審判決主文の基礎」判時2186号（2013）4頁。同稿によれば、この「変更」型主文では、控訴が一部しか認められない場合でも「その余の控訴を棄却する。」という主文は掲げないのが通例である、という。

所に差し戻さなければならない（307条本文）。いわゆる**必要的差戻し**である。その趣旨は，訴訟判決の場合，第一審では訴訟要件の判断に集中して本案について充分な審理がなされていない場合も少なくないことから，本案について当事者の審級の利益を保障するために，第一審へ事件を差し戻して，再度，第一審の本案の審理をやり直さなければならないとしたものである。したがって，控訴裁判所が，第一審判決が却下判決の理由とした訴訟要件ではなく，別の訴訟要件が具備されていないと判断したときは，本案についての審級の利益を保障する必要がなく，改めて訴訟判決を自判することは，妨げられない。

ただ，第一審判決が訴訟判決で終局した場合でも，請求に理由がないことが明らかである場合（そもそも主張が首尾一貫しておらず，訴え〔請求〕自体が有理性を欠いている等）や，第一審の訴訟記録や判決から相当程度本案について実体審理がなされていることが明らかであり，本案についての審級の利益を害するおそれがない場合は，「事件につき更に弁論をする必要がない」（307条ただし書）ので，差し戻す必要はない。

さらに，控訴裁判所が第一審判決を取り消すにあたり，第一審で「事件につき更に弁論をする必要がある」と判断した場合は，事件を「第一審裁判所に差し戻すことができる」（308条1項）。いわゆる**任意的差戻し**である。これも第一審における本案についての審級の利益を保障する趣旨によるものである。例えば，第一審で擬制自白とされたものが控訴審の判断ではそうでない場合などは，自白によって不要証とされ，それ以上審理をしなかった部分について，第一審で改めて弁論・審理をやり直す必要があるので，差し戻すことができる。

---

6) 松浦＝加藤・前掲注4) 1590頁。
7) 308条2項については，前掲注4) 参照。
8) 松本＝上野843頁。
9) 差し戻される第一審裁判所は，必ずしも同一の合議体・裁判官である必要はない。上告審の破棄差戻判決による差戻審では，325条4項の制限があるが，控訴審の取消差戻判決による差戻審には，その制限もない（ただし，実務的には，他に裁判官がいないなど特別の事情がある場合を除いて，差戻し前の裁判官が再び差戻し後の手続を担当することはないとのことである。松浦＝加藤・前掲注4) 1593頁)。

Unit 14 控訴・上告に対する判決 (その1)

Ⓒ 移送

305条による第一審判決取消しの理由が，管轄違いであるときは，判決で事件を管轄第一審裁判所に移送しなければならない（309条）。控訴審では，任意管轄違反は主張できないので（299条1項），ここでいう管轄違いは，専属管轄違反となる（なお，299条2項参照）。管轄のない第一審裁判所に差し戻すわけにはいかないので，専属管轄のある第一審裁判所にダイレクトに移送するのである。

第一審判決を取り消す場合には，以上の三つの措置のどれかをセットにしなければならないということを覚えておいてほしい。学生の答案で，「第一審判決を取り消すべきである」とだけ書いて満足しているものをよく見かけるが，取り消された第一審判決の代わりにどうすべきなのかというところまで書かなければ，第一審判決が喪われたままほったらかしの状態，という答案を書いて満足していることになってしまう。第一審判決を取り消すとしたら，どういう自判をすべきなのか，あるいは事件を第一審裁判所に差し戻すべきなのか，はたまた事件を管轄裁判所に移送すべきなのかについてまで，必ずセットで示すべきである。

(3) 控訴が不適法却下される場合

控訴が不適法却下（上記(1)①：290条「控訴が不適法でその不備を補正することができない[10]」）されるのは，控訴要件（控訴の適法要件）を欠いている場合である。例えば，控訴期間経過後に控訴がされた場合や，第一審判決が全部請求認容であるのに理由中の判断（相殺の抗弁についての判断〔114条2項〕を除く）が不服だとして控訴の利益がないにもかかわらず控訴された場合がこれにあたる。いずれも第一審裁判所がそれを却下（287条1項[11]）していなかった場合に（条文上，第一

---

[10] 附帯控訴を含めると，もう一例あり，相手方の控訴に対して附帯控訴を提起した場合，相手方の控訴が取り下げられたり却下されたりすると，附帯控訴がその附従性により失効する（293条2項本文）場合も，附帯控訴の却下となる（大阪高判昭和38・11・29〔民集19巻2号493頁所掲〕）。このとき，附帯控訴は，主たる控訴の係属という適法要件を欠くために，却下されるというのが理由であろう。これに対し，附帯控訴の附従性による失効は当然失効であって，これについて判断する必要はないとする文献もある（司法研修所編『民事第二審判決書について』〔法曹会，1975〕75頁）。

[11] ちなみに，控訴状に記入する宛先は，控訴裁判所（「○○高等裁判所　御中」等）であるが，控

審裁判所が控訴を却下しなければならないのは控訴の適法要件の不備が補正不能であることが「明らか」な場合に限られる），控訴裁判所によってなされる却下判決である。

控訴の適法要件の不備が補正不能であるときは，控訴裁判所は民訴法290条により口頭弁論を経ないで判決で却下できる（87条3項にいわゆる「特別の定め」の一例である）。この場合，言渡期日の通知も不要とされている（規179条による同156条ただし書の準用）。明白に補正不能とは認められない場合には，口頭弁論を要するが，最終的に訴訟要件を欠くと判断されれば，290条によらずに判決で控訴却下となる。

(4) 控訴が棄却される場合
(a) 原則

控訴が棄却される（上記(1)②）のは，第一審判決が結論において相当であると判断されるとき（302条1項「第一審判決を相当とするとき」・2項「第一審判決がその理由によれば不当である場合においても，他の理由により正当であるとき」）である。控訴棄却判決は，先述の控訴却下判決と異なり，必ず口頭弁論を経てなされる（87条1項。290条参照）。

よくある勘違いとして，第一審判決が「訴え却下」で，控訴審もその判断が相当だとしている場合に，控訴も「却下」だ，としてしまうという点が挙げられる。控訴却下は，前述したとおり，控訴が適法要件（控訴要件）を欠いている場合にする判決である。これに対し，第一審判決の結論が相当であると判断していれば，第一審判決の結論が「訴え却下」であろうが「請求棄却」であろうが「請求認容」であろうが，控訴裁判所は，原則として，「控訴棄却」判決をしなければならない（302条，特に2項）。[12]

訴状の提出先は，第一審裁判所のみである（286条1項）。旧法では控訴裁判所にも提出できたのを平成8年改正で改めた。控訴の提起の有無を第一審裁判所の書記官がすぐ把握できるので迅速に判決の確定証明（規48条）が出せること，第一審裁判所による適法性審査（控訴の適否についての形式的事項の審査）といわゆる「原審却下」（287条）が迅速にできることが，主な改正理由である。なお裁判長による控訴状の審査は，第一審裁判所の裁判長ではなく，287条で第一審裁判所による控訴却下が行われず，第一審裁判所の書記官により控訴裁判所の書記官に記録（控訴状を含む訴訟記録）が送付（規174条）されてから，控訴裁判所の裁判長が行う（288条）。

[12] 判決理由中の判断は，相殺の抗弁についての判断を除き，既判力を生じないので，三審級を保障する必要はない（控訴を認容して判決を取消し・変更する必要がない）。したがって，第一審判決が

(b) 例外

ただし，この原則にも二つだけ例外があり，いずれも，同じ結論の主文でも既判力の内容・範囲が変わってしまう場合である。

一つ目の例外は，第一審判決が「訴え却下」で，控訴審の判断としても結論的には「訴え却下」で相当とするが，しかし，第一審とは別の理由で「訴え却下」と判断した場合である。

これは，訴訟判決（訴え却下判決）の既判力が，個々の訴訟要件の存否の判断に生じるとされているからである。第一審が，ある訴訟要件を具備していないと判断して「訴え却下」判決をしたものの，控訴審では，第一審の判断とは別の訴訟要件を欠いていると判断した場合，訴訟判決の既判力の内容が第一審判決と控訴審判決とで変わってしまうため，控訴棄却をせずに，第一審判決を取り消して改めて「訴え却下」の自判をすべきであるとされる。

二つ目の例外が，第一審判決が「請求棄却」で，控訴審の判断としても結論的には「請求棄却」で，「請求棄却」は維持されるのだが，しかし，第一審裁判所が被告の相殺の抗弁を容れて「請求棄却」を導いたのに対し，控訴裁判所は相殺以外の別の理由でそもそも訴求債権が存在しないとして「請求棄却」と判断した場合である。判決理由中の判断であるのに，例外的に既判力を生じる相殺の抗弁についての判断（114条2項）が，この例外を導く。

判決理由中の判断だけに不服があるような場合は，そもそも控訴の利益（不服の利益）を欠き，控訴は却下される。しかし，判決理由のうち，相殺が認められて請求が（全部ないし一部）棄却されたような場合は話が別で，相殺以前にそもそも訴求債権が認められず請求が棄却された場合とは，同じ「請求棄却」でも既判力の対象が違う。そもそも原告の訴求債権が不存在であると判断されれば，114条1項の既判力だけが生じるが，被告の相殺の抗弁が認められて請求が全部棄却された場合には，114条1項で「（原告の）訴求債権の不存在」に加え

その理由だけが不当であるものの結論は相当である（別の理由から結論を維持できる）場合には，控訴棄却でよいのである。

114条2項で「(被告の) 反対債権の不存在」にも既判力が生じてしまうのである。既判力を生じさせるからには三審級の機会を保障しなければならず，また生じる範囲の違う既判力はそれぞれに三審級を保障しないといけないから，「114条1項＋114条2項」により「反対債権の不存在」にまで既判力が生じてしまった場合，その被告には，「114条1項」による既判力だけを生じさせるべく不服が認められる。そして，第一審判決の「請求棄却」によって，「114条1項＋114条2項」の既判力が生じるのに対し，控訴裁判所がそもそも原告の訴求債権が不存在であると考えて，「114条1項」による既判力だけを生じさせれば足りると判断する場合には，302条2項にもかかわらず，第一審判決を取り消すべきことになる。そして，改めて「請求棄却」の自判をすることになる。

2　第一審判決を取消し・変更できる範囲〜不利益変更禁止の原則

(1)　不利益変更禁止の原則とは何か

「控訴」という「不服申立て」は，言い換えれば，原判決において負けた (不利益) 部分を不服として，その部分について原判決の取消し・変更を求める申立てである。この控訴という不服申立てがなされると，控訴裁判所は，控訴 (附帯控訴でも同じ) によってなされた**不服申立ての限度**においてのみ，第一審判決の取消し・変更をすることができる (304条)。その結果，控訴人は，相手方 (被控訴人) から附帯控訴 (293条) がなされない限り，自分の不服申立ての限度を超えた判決をなされることがない，ということになる。

不服申立ての限度を超える，というのは，「不利益な部分を第一審判決以上に有利に変更して下さい」という控訴人の不服申立てについてその限度を超える，ということだから，控訴人にとっては第一審判決よりもっと不利益に変更されてしまう，ということを意味する。したがって，控訴人は，相手方からの控訴 (285条の控訴期間内) または附帯控訴 (控訴期間を徒過した場合や控訴権を放棄していた場合) によって第一審判決の取消し・変更がありうる範囲が拡張されない限り，自己の不服申立ての限度を超えて自己に不利益に第一審判決を変更されることはない，ということになる。これを，**不利益変更禁止の原則**という。

逆に，控訴人が，自分で，「この不利益の部分を有利に変更してください」と

申し立てている以上，その変更を求めている部分・範囲以上に，控訴人に有利に変更することはできない（同じように，敗訴部分＝不服がありながら控訴をしなかった当事者も，不服申立てしていない部分につき，有利に変更されることはない）。例えば，当事者が900万円訴求していて600万円の一部認容判決しかもらえなかった場面を考えてみよう。この場合，不利益としては300万円分ありうるが，控訴人自身が100万円の部分についてだけ控訴した場合，いくら控訴裁判所が第一審の敗訴部分300万円全部が実は存在する，という判断に至ったとしても，控訴人の不服申立ては100万円部分に限られているから，不服が申し立てられていない範囲について，控訴人に有利に原判決を変更することはできない（これを，**利益変更禁止の原則**という。不利益変更禁止と表裏一体の関係にある）。そもそも裁判所は当事者の申し立てていない事項について判決をすることはできない（246条）から，この処分権主義（申立拘束主義）が，上訴審でも現れたものだというふうにも理解されている。

　不利益変更禁止の原則があれば，敗訴者は，控訴しても（相手方が控訴・附帯控訴をして第一審判決の変更範囲を拡げない限り）第一審判決以上に不利益に変更されることはないという保障が得られるし，そのように控訴権の行使を側面から保障してくれれば，その限りでは安心して控訴ができるともいえそうである。また，そういった保障がないときよりも控訴が促されることになれば（それが結果的に相手方の控訴・附帯控訴を促す結果になったとしても），誤った判決が是正される機会も増えることになる（不利益変更禁止の原則を，申立拘束主義の上訴審における発現と見るより，このような政策的目的を追求したものだと理解する考え方も有力である）。

(2) 不利益変更禁止原則は具体的にどのように働くか

> 【ケース1】原告が，被告に対し，1000万円の支払を求めて給付訴訟を提起し，第一審判決でその請求は800万円だけ一部認容された。この第一審判決の後，被告は控訴せずに，任意に800万円を弁済したが，原告は1000万円全額が認められなかったのが不服だとして，控訴した（被告は附帯控訴もしなかった）。控訴審で，被控訴人たる第一審被告は，800万円の弁済の事実を主張した。

> 控訴裁判所は，この弁済が認められるうえ，原告の債権額はやはりもともと全部で 800 万円に過ぎなかった，との判断に至った。控訴裁判所はどのような判決をすべきか。

　ここで，控訴裁判所は第一審判決で認められなかった 200 万円部分はもともとなかったという判断をしている。そして，控訴審で被控訴人たる第一審被告から新たに提出された「第一審判決後 800 万円の弁済をした」という事実が認められることにより，控訴審の口頭弁論終結時点では控訴人（第一審原告）の訴求債権は全部不存在となっているという判断に至ったわけだから，800 万円の金銭債権の存在を認めた第一審判決が控訴審段階では誤りとなった。だから，第一審判決を取り消し，原告の請求を棄却する，と自判することになる——と考えてしまうと，実は間違いなのである。

　このケースでは，原告だけが控訴をし，被告は控訴も附帯控訴もしなかったので，控訴審で第一審判決の取消し・変更の範囲とできるのは，控訴人たる第一審原告の不服部分，すなわち，第一審判決での一部敗訴部分（1000 万円 − 800 万円 = 200 万円）だけである（296 条 1 項・304 条）。不利益変更禁止原則により，控訴人には，相手方の控訴や附帯控訴がない限り第一審判決における自らの勝訴部分を不利益に変更されないことが保障されるので，請求が（一部）認容された 800 万円分については取消し・変更されない。【ケース 1】では，控訴裁判所はたまさか，この 200 万円部分はもともとなかったという判断をしているが，仮にそうでなくても，800 万円の弁済を認めて第一審判決の認容額を下回る金額に第一審判決を変更する，ということはできないから，**控訴を棄却**する（第一審判決を維持する。少なくとも，一部敗訴部分を取消し・変更する理由はない）にとどめなければならない。[13] これが不利益変更禁止原則のもたらす具体的帰結である。

　第一審被告としては，控訴，せめて相手方が控訴した以上，弁済後に附帯控訴をして，第一審判決での認容額 800 万円部分についても「取消し・変更の範囲」に含ませておくべきだったということになる。[14]

---

13) 福岡高判〔上告審〕平成 18・6・29（判時 1983 号 82 頁・判タ 1224 号 268 頁）参照。
14) もし，第一審被告が，不利益変更禁止の原則を知らないか，もしくは気づかず，附帯控訴をしていないのであれば，この結果はやむを得ないことになる。ただ，控訴審で，附帯控訴をしないまま，

Unit 14 控訴・上告に対する判決(その1)

> 【ケース2】原告が、被告に対し、主位的に売買代金1000万円の支払を求め、かつ、売買契約の有効性が認められなかった場合に備えて予備的にも売買の目的物の返還を求めて、訴えを提起した。第一審判決では、主位的請求(1000万円の代金支払請求)は棄却された(主文第1項)が、予備的請求(目的物の返還請求)は認容された(主文第2項)。
> (i) この第一審判決の後、**原告は控訴**したが、被告は控訴も附帯控訴もしなかった。控訴裁判所が、(i-①)第一審裁判所とは逆に、予備的請求については理由がないので棄却すべきであるが主位的請求は理由があるので認容すべき、との判断に至った場合、あるいは、(i-②)主位的請求も予備的請求も両方とも理由がないので棄却すべき、との判断に至った場合、の各場合について、どのような判決をすべきか。
> (ii) この第一審判決の後、**被告は控訴**したが、原告は控訴も附帯控訴もしなかった。控訴裁判所は、第一審裁判所とは逆に、予備的請求については理由がないので棄却すべきであるが主位的請求は理由があるので認容すべき、との判断に至った。控訴裁判所はどのような判決をすべきか。

請求の予備的併合(法律上両立しえない複数の請求に順位を付けて、先順位請求〔=主位的請求〕が認容されることを後順位請求〔=予備的請求〕の審判のための解除条件とした併合態様)と、不利益変更禁止の問題が【ケース2】である。

(i) 原告のみが控訴した場合

(i-①)については、第一審判決を取り消すこと自体はよい(第一審原告の不服申立て通りなので、不利益変更禁止には抵触しない)。どの範囲で取り消すべきかが問題となるが、主位的請求認容の自判をすれば解除条件が成就して予備的請求

弁済を主張する被控訴人(第一審被告)の意思は、当該弁済によって債務は消滅していてそれ以上の支払義務はない、との意思であって、実質的には第一審判決の取消し・変更を求めているものと言えよう。しかし、黙示の控訴ないし附帯控訴の提起はやはり認めがたい(控訴の提起は訴え提起同様、書面主義をとり、控訴状が必要〔286条。なお、附帯控訴についても293条3項〕)。控訴裁判所としては、不利益変更禁止の原則による帰結について釈明(149条1項)をして、附帯控訴を実質的に促すべきであろう。こうした裁判所の釈明について、裁判所の中立性の観点から疑問を呈する考え方もないわけではない。しかし、被控訴人の主張が法廷に顕れていて、その主張から有利な判決の変更を求めていることが明らかであるものの、単に附帯控訴という法的手立てを知らなかったり気づかなかったりするだけ、という場合には、こうした釈明が法的知識の欠缺を救い当事者間の公平を回復するものという評価が可能である。

については判決する必要がなくなるから，主位的請求棄却部分だけを取り消せば足りる，と考えることもできそうである。しかし，この場合，**第一審判決の主位的請求棄却・予備的請求認容ともに取り消す**べきだというのが通説的見解である。そうしないと，予備的請求認容部分について第一審判決で認容されているという範囲が取り消されず残ってしまい，控訴審で主位的請求認容・第一審でも予備的請求認容という二つの矛盾した請求認容判決を得た外観を呈するからである。[15]

（i-②）は，予備的請求について第一審判決の結論が誤りであったことになるので，予備的請求認容部分について第一審判決を取り消す，ということになりそうである。しかし，第一審判決のうち予備的請求が認容された部分には，控訴人たる第一審原告に不服はないので，不利益変更禁止の原則によって，第一審判決を維持しなければならない。第一審判決の主位的請求棄却部分の結論は相当であるという判断であるから，結局，両請求全体として第一審判決を維持，すなわち，**控訴棄却**の判決をすべきことになる。

（ii）　被告のみが控訴した場合

この場合に，第一審判決が予備的請求を認容している部分を取り消すべきなのは問題なくわかるだろう。やや難しいのは，第一審判決で主位的請求を棄却している部分を請求認容に変更（ないし取消し・自判）できるか，である。判例[16]と多数説は，第一審判決の主位的請求棄却部分に控訴人たる第一審被告の不服はないから，（第一審原告の控訴も附帯控訴もない以上，第一審判決の主位的請求棄却部分は控訴審の審判対象にならないから）変更できない，としている。すなわち，第一審判決の予備的請求認容部分のみ請求棄却に変更（取消し・自判）することになる。

学説上は，㋐主位的請求と予備的請求の一体性（両請求が非両立であり，裏表の関係にあること）から，第一審判決の予備的請求認容部分への不服申立てであったとしても，両請求の統一的審判として第一審判決の主位的請求棄却部分も控訴審の審判対象になると考えるべきであり，㋑控訴審で主位的請求棄却が認容

---

15) 重点講義（下）642頁。
16) 最判昭和58・3・22（判時1074号55頁・判タ494号62頁，百選〔第5版〕111事件〔岡庭幹司〕）。

に変更されるにしても，認容額等が第一審判決の予備的請求認容額等と比べ，より不利益とされない限り，不利益変更禁止原則にも反しないから，㋒主位的請求認容の判断に至った心証通りの判決をすることができる，とする有力説がある[17]。

　しかし，予備的併合の場合といえど，上訴審の審判対象は「不服申立て」である以上，やはり原則通り，原告に対して，控訴あるいは附帯控訴という，第一審判決の取消し・変更を求める不服申立てを要求すべきであること，また，上訴審で主位的請求認容の心証通りの判決をしたければ附帯控訴を促す釈明によるべきであることを考えると，判例・多数説の結論でよいように思われる。

　なお，予備的相殺の抗弁と不利益変更禁止の関係については，Unit 10 をもう一度確認してほしい。

---

17) 重点講義（下）642 頁以下にこうした学説の対立をわかりやすくまとめた整理がある。

🏃 Advanced
「不利益変更禁止」の原則と「合一確定」の要請

　40条により「合一確定」が要請される必要的共同訴訟と，47条4項により40条の準用があり「合一確定」が要求される独立当事者参加訴訟においては，判決内容の合一確定を達成しようとすると（不）利益変更となってしまう場合がある。この場合，優先すべきは「合一確定」の要請だろうか，それとも「不利益変更禁止」の原則だろうか。

(1) 独立当事者参加と「合一確定」
　訴外PからYを債務者とする甲債権が，XとZに二重譲渡され，XがYに甲債権の履行請求訴訟を提起したところ，Zが甲債権の所有者は自分であると主張し，Xに対し，Zが甲債権の債権者であることの確認請求，Yに対し，甲債権の履行請求を立てて，独立当事者参加したというケースを考えてみたい。
　第一審判決は，Zが甲債権の債権者であると判断し，X→Y請求：棄却，Z→X請求：認容，Z→Y請求：認容，という内容となった，とする。

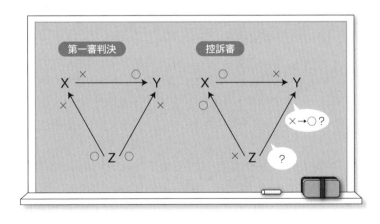

　Xのみが控訴したところ，控訴審では，第一審とは逆に，Xこそが甲債権の債

権者であるという判断に至った場合，X が不服を有している第一審判決の X→Y 請求棄却部分と Z→X 請求認容部分を取り消し，「X→Y 請求：認容，Z→X 請求：棄却」という自判（変更）をする，ところまでは問題はない。問題は，Y が不服申立て（控訴や附帯控訴）をしていない Z→Y 請求認容部分を，「合一確定」の要請から，「Z→Y 請求：棄却」に変更してよいか（不服申立てをしていない Y に有利に変更してしまってよいか），ということである。

この問題について，判例は[18]，

> 一審判決中「Z」の「Y」に対する請求を認容した部分は，「X」のみの控訴によっても確定を遮断され，かつ，控訴審においては，「Y」の控訴または附帯控訴の有無にかかわらず，<u>合一確定のため必要な限度で</u>一審判決中「Z→Y 請求認容」部分を「Z」に不利に変更することができると解するのが相当である，

旨を判示した（「」部分と下線部は筆者）。

不利益変更禁止の原則は，不服申立てをした当事者に不服範囲以上の不利益に原判決を変更できないこと，利益変更禁止の原則は，不服申立てをしていない当事者の有利に原判決を変更できないことである。したがって，Z が不服申立てをしていない（全部勝訴していて不服の利益がないから不服申立てできない）以上，（上記判例は Z に不利に変更できる旨判示しているが）正確には，「Z→Y 請求認容」部分を，不服申立てをしていない Y に有利に変更することの問題である。いずれにしても，合一確定に必要な限度で Y について利益変更をしたのであるから，利益変更禁止原則ないし同原則を基礎づけている処分権主義（申立拘束原則）に対し，合一確定の要請を優先させた判例と言える。もともと，合一確定の要請のある訴訟は，訴訟手続において 40 条により処分権が制約を受けており，判決においても「合一確定」のために処分権（申立てへの拘束）が制約を受けることを明らかにした判例とも言えよう。「合一確定のため必要な限度」というのは，合一確定のために不要な場合には（不）利益変更禁止が維持されるべきということでもある。例えば，上記事案で Y のみが控訴した場合，第一審判決中で Y に不服のある「Z→Y 請求：認容」部分を「Z→Y 請求：棄却」に変更することは問題ないが，「X→Y 請求：棄却」部分を「X→Y 請求：認容」に変更

---

[18] 最判昭和 48・7・20（民集 27 巻 7 号 863 頁・判時 715 号 51 頁・判タ 299 号 294 頁，百選〔第 5 版〕106 事件〔山本和彦〕）。

することには合一確定の要請からの必要がない。XもZも甲債権の債権者でなかったり、甲債権が消滅時効にかかっていたり、等の理由で、X→Y請求もZ→Y請求も共に棄却されることはありうる。そういうことからすれば、Yのみが控訴した場面で、「X→Y請求：棄却」部分を「X→Y請求：認容」に変更することは、許されないと解される[19]。

(2) 固有必要的共同訴訟と「合一確定」

さらに、近時、必要的共同訴訟でも、合一確定の要請が（不）利益変更禁止に優先するとの判例が登場している[20]。上記昭和48年最判が引用された上で、要旨は、

> 原告甲の被告乙及び丙に対する訴えが固有必要的共同訴訟であるにもかかわらず、甲の乙に対する請求を認容し、甲の丙に対する請求を棄却するという趣旨の判決がされた場合には、上訴審は、甲が上訴又は附帯上訴をしていないときであっても、合一確定に必要な限度で、上記判決のうち丙に関する部分を、丙に不利益に変更することができる。

というものである。

この事案は、原審が、固有必要的共同訴訟である「相続人の地位不存在確認請求」訴訟を、固有必要的共同訴訟として扱わなかったために、共同被告毎にバラバラの内容の判決がなされてしまったというものである。甲の乙・丙に対する「丙の相続人の地位不存在確認請求」訴訟が、第一審判決では「甲の請求を棄却する」とだけ書かれていたことから、控訴審が乙に対してはそもそも請求が立っていないと判断した上で、甲の控訴に対し、丙への請求棄却部分を取り消して請求を認容する一方で、乙に対しては控訴の利益を欠くから控訴却下とした（その結果、甲乙間では第一審判決の「請求棄却」が維持されてしまうことになった）。この帰結は固有必要的共同訴訟における合一確定の要請に反するから、「合一確定に必要な限度で」、乙・丙に対する請求すべて（不服申立てをしなかった第一審原告甲に不利益な部分も含め）について原判決を破棄した上で、不服申立てをしなかった甲に不利益な部分も利益に変更できるとされた。

---

19) 山本（和）・前掲注18) 223頁。
20) 最判平成22・3・16（民集64巻2号498頁・判時2081号12頁・判タ1325号82頁）。

ここで，注意すべきは，「合一確定に必要な限度で」ということを，とにかく甲乙間も甲丙間も同じ「請求認容」で内容が統一されていれば足りる，と考えて，控訴審判決の「甲→丙請求：認容」部分は上告を棄却して原判決維持，「甲→乙請求：控訴却下」部分のみ破棄して「甲→乙請求：認容」の自判，としてしまうミスである。いずれも内容的には，甲の請求は，乙に対しても丙に対しても「認容」なので，合一確定となっているかのようであるが，本当は，固有必要的共同訴訟である甲の「丙の相続人の地位不存在確認請求」は，乙・丙両者に対してなされなければならないものである（乙丙両者を被告としなければ被告適格を欠く）。すなわち，甲の「乙」に対する請求を認容，甲の「丙」に対する請求を認容，と二つの判決が主文上別々に並ぶのではなく，甲と乙・丙両者との間で甲の「乙ら（＝乙・丙）」に対する請求を認容（「丙が相続人の地位にないことを確認する」），という一つの判決主文にしなければならない（両請求の審理・判決段階をバラバラにしてはならない）のである。[21]

(3) 「合一確定」が要請される程度は同じか？

「合一確定」の要請は，なるほど，判決内容の合一を達成するために，弁論主義や処分権主義，（不）利益変更禁止の原則等に対し，優先的な規律となっている（☞ Unit 2 注19））。しかし，ひとくちに合一確定の要請といっても，①関係者全員が訴訟手続に関与し40条の規制をかけることで，判決内容の統一を図ろうとした固有必要的共同訴訟と，②判決効の拡張される者同士で共同の訴訟追行をする場合に，判決効の矛盾衝突を避けるために40条で規制をする類似必要的共同訴訟と，③参加人の利益を損なうような当事者の訴訟追行を牽制する

---

[21] 法律審である上告審では，破棄した場合「差戻し」が原則で「自判」はむしろ例外とされる。しかしここで，上記のように，「甲→乙請求：控訴却下」部分のみを破棄して「甲→乙請求：認容」の自判，とするのは，上告審で，「甲→丙請求：認容」，「甲→乙請求：認容」を並べて確定させたい（甲→乙請求部分を原則通り差し戻してしまうと，原裁判所で「認容」となるかどうかは未確定）という意識があったのだろうと推測される。ただ，「甲→丙請求：認容」のほうも，上告棄却により原判決が確定するだけのことで，原判決と上告審判決とで，（たとえたまたま内容が同じように見えても）判決の審級・訴訟段階がバラバラになってしまっていることは同じである。両請求について破棄し，「甲と，乙・丙との間で」請求認容の自判をするか，あるいは両請求とも破棄差戻しの上，原裁判所で，一つの判決で合一確定させるというのでもよいが，全請求の審級・判決の段階は同じにしなければならないのである。

ために 40 条の規制を準用している独立当事者参加訴訟、とでは、自ずから要請から生じさせるべき規律に強弱があってもしかるべきとも思われる。①では、40 条の規制がないと目的が達成できないか、40 条の規制に服させるのが必要的に望ましい訴訟類型を慎重に選別して固有必要的共同訴訟としているので、合一確定の要請を、他の諸主義・原則に優位させることには違和感が少ない。ただ、②や③では、例えばこの Unit でも見たように、上訴の場面で、上訴しない（不服申立てをしない）当事者の利益変更禁止が問題とされているが、そもそも上訴当事者の地位を与えなければ利益変更禁止は問題にならないとも考えられ、合一確定の要請故に上訴しなくても上訴当事者とすべきかどうかは、考[22]えるべき問題である。[23][24]

---

22) 類似必要的共同訴訟（②）では、共同訴訟人の一人が訴えを取り下げたとき、残った共同訴訟人の受けた判決の効力がその者に及ぼされることは認められている。判例（後掲注 23 参照）は、移審効や確定遮断効のみ維持したが、取下げのときのように上訴しなかった者を共同訴訟から切り離して、上訴しなかった共同訴訟人への判決を先に確定させてしまい（移審効や確定遮断効を否定）、しかし先に確定した上訴しなかった共同訴訟人への判決の効力ではなく、後に確定する他の共同訴訟人たちへの判決の効力が通有性を持つと解釈して（民訴 338 条 1 項 10 号参照）、上訴しなかった者にも後者の判決効を及ぼす、という規律でも足りる、と解することもできる。確定遮断効や移審効を維持するかどうかは別として、いずれにせよ上訴人の地位を与える必要性は、必ずしもないのかもしれない。

他方、独立当事者参加（③）でも、例えば他の当事者間の訴訟を牽制する必要を感じなくなった参加人が参加前の両当事者の同意を得て参加申出を取り下げても、参加前の当事者間の訴訟の状態に戻るだけに過ぎない。独立当事者参加では、参加人の知らない間に本訴当事者間で参加人に不利益なことをされてしまうことを牽制するための 40 条準用なので（中野貞一郎『民事訴訟法の論点Ⅰ』〔判例タイムズ社、1994〕180 頁）、牽制の必要を感じず上訴をしなかった者について、なお上訴人の地位を与えて 40 条の規制に服させる必要性は高くない。

これらのことからすると、②・③で上訴しない者の上訴審での地位について、上訴当事者としての地位を与えて上訴当事者としての規制に一律に服させる必要性は、各々について一考の余地があろう。

23) 類似必要的共同訴訟で上訴しなかった共同訴訟人について、確定遮断効や移審効は肯定しつつも上訴人の地位にはつかないとした判例として、最大判平成 9・4・2（民集 51 巻 4 号 1673 頁・判時 1601 号 47 頁・判タ 940 号 98 頁）、最判平成 12・7・7（民集 54 巻 6 号 1767 頁・判時 1729 号 28 頁・判タ 1046 号 92 頁）がある。
24) 山本（和）・前掲注 18）223 頁参照。

Unit 15

控訴・上告に対する判決

その2　上告

Die übersichtliche Einführung in das Zivilprozessrecht

Unit 15 控訴・上告に対する判決（その2）

🚪 Introduction
破棄か，取消しか

　民訴法の条文上，控訴審では，控訴を認容する（控訴という不服申立てを理由ありとする）場合には，「第一審判決の取消し」となる（304条ないし309条）が，上告審では，上告を認容する（上告という不服申立てを理由ありとする）場合は，「原判決の破棄」（325条ないし326条）となる。

　母法ドイツ法ではいずれも同じ Aufhebung（取消し）の語を用いるのに対して，我が国では「取消し」・「破棄」と，異なる用語を用いている。これは，我が国の上告がフランス法の破毀制度に倣っていたからだとされる。[1] すなわち，上告審における取消しについて「破棄（旧法の表現では破毀）」の語が選ばれたのは，自判ができる点でやや違いはあるものの，法解釈の統一のための専従機関として設置されたフランス法の「破毀」制度の内容に範をとって，上告審を法律審かつ「事後審」としたためである。[2]

　民事訴訟では，事実審である控訴審と法律審である上告審とで，不服申立ての内容（上告では，憲法違反や重大な手続違反〔＝絶対的上告理由〕，判決に影響を及ぼすことが明らかな法令違反しか，不服申立ての理由にできない）も，取り消す対象も異なるため，「取消し」・「破棄」の使い分けは合理的である。事実審では，法の解釈・適用の誤りも正すが，事実認定の当否も見直す。これに対して，法律審では，原審の手続や判断における法の解釈・適用の誤りを正すだけで，原則的に事実認定そのものは正さない[3]

---

1) 明治民事訴訟法の制定に先立ち，大審院を設置するにあたっての太政官布告〔「大審院諸裁判所職制章程」・「控訴上告手続」〕は，井上毅が，フランスの破毀院を調査し立案した。鈴木正裕＝鈴木重勝編『注釈民事訴訟法（8）』（有斐閣，1998）337頁〔遠藤功〕。なお，大正15年改正前の旧々民事訴訟法423条では，控訴審で「取消し」ではなく「廃棄」という表現が用いられている。
2) フランスでは，「破毀院は，第一審裁判所及び控訴院が判決を言い渡した後の第三審裁判所ではないことである。破毀院は，本質的に，本案について判断するのではなく，原判決において専権的に認定された事実に対して法令が正しく適用されているかどうかを判断することを求められている」（www.courdecassation.fr/IMG/File/Cour_cassation_presentation_Japonais.pdf）と説明され，法律審かつ事後審的性格が強調されている。もっとも，我が国の上告制度全体を見ると，（フランスの破毀院にも影響を受けた）ドイツ法を継受したものとされる。鈴木正裕＝鈴木重勝編・前掲注1）202頁以下〔鈴木正裕〕。

(事後審。321条1項。経験則違背〔という法令違反〕による事実認定の誤りを発見したときも、認定した事実に不足があるので、原裁判所に事件を差し戻し、改めて事実認定をさせる。その際に、上告審のした判断に、差戻し後の裁判所は〔引き続きの上訴審も含め〕拘束される〔325条。破棄判決の拘束力〕)。

---

3) 321条でいう確定された「事実」に、生（ナマ）の具体的事実に法的評価を加えて初めて認定される、いわゆる規範的事実（「過失」など）は含まれない（「過失」を基礎づける具体的事実が、含まれる）。また職権調査事項に属する事実は、そもそも含まれない（322条）。

1 上告と上告受理申立て

(1) 「上告受理申立て」制度創設の背景

　戦前の大審院では最高 47 名の大審院判事を抱えていた時期もあったが、戦後の最高裁判所は 15 名の最高裁判所裁判官（長官と判事）で事件処理に当たっている（もっとも最高裁調査官〔裁判官（判事）が嘱任される〕が補佐に付くが）。人員だけみても、最高裁の事件処理負担の重さは想像できよう。

　平成 8 年の民事訴訟法の大改正以前は、最高裁判所は上告を実際上ほぼ無限定に受けていた。その負担を軽減するため、簡裁の事物管轄の拡大（→上告審が高裁どまりになる事件の拡大）などいくつかの微細な手当てがなされたものの、根本的な事態の打開にはほど遠かった。そこで、事件数が昭和 62 年以降増加傾向にあって、刑事上告事件その他の事件数も考え併せると負担過重の状態にあり、また今後も増加傾向は続くと思われる点、そして、原判決に影響を及ぼすことが明らかな一般法令違反（旧民訴 394 条）に藉口し、実質的には原審の事実認定や証拠の採否を非難するに過ぎないような「実のない」上告が多く、最高裁に課せられた憲法判断と法令解釈の統一という責務を迅速かつ十二分に全うすることが困難な状況にある点、の二つを主たる理由として、平成 8 年改正において、「最高裁判所に対する上訴制度の整備」がうたわれた。これは、「争点および証拠の整理手続の整備」「証拠収集手続の拡充」「少額訴訟手続の創設」と並んで、平成 8 年改正における四本柱の一つであり、これを受けて、最高裁に対する「上告受理申立て」制度が創設された。

(2) 平成 8 年改正後のしくみ

　高等裁判所に対する上告は、旧法下のそれとほぼ変更がないが、最高裁判所への上告では、「判決に影響を及ぼすことが明らかな法令違反」を理由とすることはできず（312 条 3 項は、高等裁判所に対する上告に限定された）、代わって「判例

---

4) 法務省民事局参事官室編『一問一答新民事訴訟法』（商事法務, 1996）6 頁。
5) 上告が不適法でその不備を補正できないこと等を理由として却下する場合の裁判形式のみ、最高裁への上告も高裁への上告も、判決から「決定」に変更された（317 条 1 項）。

上告と上告受理申立て

上告審	高裁	最高裁	
	上　告	上　告	上告受理申立て
上告権	上告の利益＋ 312条1項「憲法違反」or 312条2項「絶対的上告理由」or 312条3項「判決に影響を及ぼすことが明らかな法令違反」 の主張	上告の利益＋ 312条1項「憲法違反」or 312条2項「絶対的上告理由」 の主張	―
上告理由	312条1項～3項に該当する事由	312条1項・2項に該当する事由	
上告受理申立権	―	―	上告の利益＋ 「判例違反その他の法令の解釈に関する重要な事項を含む（318条1項）」、312条1項・2項以外の法令違反（318条2項） の主張
上告受理申立理由			318条1項に該当する事由
破棄理由	上告理由と同じ（325条1項）	上告理由と同じ（325条1項）＋「判決に影響を及ぼすことが明らかな法令違反（325条2項）」	「判決に影響を及ぼすことが明らかな法令違反（325条2項）」

民事訴訟法Visual Materials 126頁より

違反その他の法令の解釈に関する重要な事項を含む」312条1項・2項以外の法令違反を主張して，申立てにより上告審として事件を受理するかどうかを決める上告受理申立制度が採用された（318条1項・2項）。[6]

　上告受理の申立てに対して受理の決定がなされたときは上告があったものとみなされ，かつ，重要でないとして318条3項で排除されたもの以外の上告受理の申立ての理由が上告理由とみなされ（318条4項），その後の手続は上告のそれになる。上告受理申立ての手続には，上告の申立ての手続規定が準用され（318条5項），上告受理申立てには確定遮断効も与えられ（116条），一定の要件のもと執行停止も認められており（403条・404条），上訴として位置づけられている（したがって，補助参加人も本条の申立てができる〔45条1項〕。なお，上告と同様，被保佐人・被補助人等の特別授権事項〔32条2項2号〕・訴訟代理人の特別委任事項〔55条2項3号〕になっている）。[7]

---

[6] 立法担当官の説明によれば，原判決において最高裁判所の判例に違反する判断がなされた場合には常に「法令の解釈に関する重要な事項を含むものと認められる」とされるわけではなく，原判決がそうした判例違反の判断をしてもなお，「法令の解釈に関する重要な事項を含むものと認められ」なければ受理されないことがありうるものと考えられている（研究会423頁以下参照）。
[7] 不受理の場合も「不受理決定」がなされる。

以下では，上告受理申立てについても受理の決定があった場合を念頭に，通常の上告と一括して，上告（審）として説明をしていく。

> **Column** 「判決に影響を及ぼす」要件と，上告受理申立てとの関係
>
> いずれ上告につながる「上告受理申立て」であるが，上告につながる以上「原判決を破棄してほしい」という不服申立てが含まれなければならない。上告受理申立てから上告とみなされた場合の破棄理由は「判決に影響を及ぼすことが明らかな法令の違反」（325条2項）。325条1項による破棄は，312条1項または2項の事由があることを理由とするので，上告受理申立てが対象とならない〔318条2項〕）となる。そこで，上告受理申立てでは，受理するか否かの判断において「判決に影響があるか否か」を問わないとした立法者の制度設計と，どう平仄を合わせるかが問題となりうる。この問題の説明としては，以下の説明が優れている。
>
> すなわち，「上告受理申立て」には，受理の申立てと本案の申立て（破棄申立て）の二種類が含まれているが，本来の上告受理申立ての意味での申立ては，裁判所に受理についての応答義務があるという意味では，前者の申立てだけである。前者の申立てについて，法令解釈に関する重要事項性の有無の判断をして，受理決定がなされて初めて，そこで後者の本案の申立てとしての効力が本条4項により生じて，裁判所にも破棄すべきかどうかの判断義務が生じる[8]。

2 上告審の判決

(1) 上告審判決の種類

上告審でなされる判決は，主文に登場するものをみてみると，以下の3種類である。
①**上告却下**（317条。ただし，直接には「決定」を規定している），②**上告棄却**（319条）[9]，③**原判決破棄**（325条）の3種類である。控訴の場合とほぼ同様である。

---

[8] 研究会414頁・419頁（伊藤眞発言。福田剛久判事も賛意を示している）。
[9] 棄却の場合でも，上告審が最高裁判所である場合には，上告理由が「明らかに」312条1項（憲法違反）・2項（絶対的上告理由）に規定する事由に該当しないときは，「決定」で棄却できる（317条2項）。旧法下で，312条1項・2項の事由が形式的に主張されているにすぎず実質的には適法な上告と見られないような場合にも，手間のかかる判決で上告を棄却するしかなかったのを，最高裁の

2　上告審の判決

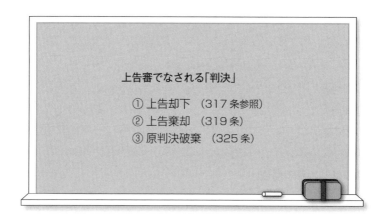

上告審でなされる「判決」
① 上告却下　（317条参照）
② 上告棄却　（319条）
③ 原判決破棄　（325条）

(2) 上告が不適法却下される場合

　上告が不適法却下（上記①）されるのは，不服の利益（上告の利益）を欠いていたり，312条1項・2項（高裁への上告ではさらに312条3項）の事由の主張がなかったり，上告期間経過後に上告が提起されていたり，といったように，上告要件（上告の適法要件）を欠いている場合である。

　上告却下は，まず316条1項各号に該当する場合に，決定による処理がありうる。316条1項各号に該当することを理由とする上告却下が原裁判所でなされる場合（316条）は，判決ではなく決定で「しなければならない」が，上告裁判所でなされる場合（317条1項）も，裁判形式は判決ではなく決定ですることが「できる」。こうした上告却下「決定」を経なかった場合には，上告裁判所において「判決」

> **民訴**
> （原裁判所による上告の却下）
> 第三一六条①　次の各号に該当することが明らかであるときは，原裁判所は，決定で，上告を却下しなければならない。
> 　一　上告が不適法でその不備を補正することができないとき。
> 　二　前条第一項の規定に違反して上告理由書を提出せず，又は上告の理由の記載が同条第二項の規定に違反しているとき。
> ②　前項の決定に対しては，即時抗告をすることができる。

　負担軽減を図るべく平成8年改正で，317条2項を新設して最高裁が簡易に上告を棄却できるようにしたものである。決定書は裁判官の記名押印で足り（民訴規50条），さらに最高裁が決定をする場合には，決定書の内容を調書に記載させることで決定書を代替できる（調書決定。民訴規50条の2）。

で却下されることになる。[10]

　なお，いわゆる原審却下（316 条 1 項）の場合は，316 条 1 項 1 号（上告が不適法でその不備を補正することができないとき）・同 2 号[11]（315 条 1 項に違反して上告理由書を提出せず，または上告の理由の記載が 315 条 2 項に違反しているとき）に該当することが「明らか」である場合に限られるから，それ以外の場合について，さらに上告裁判所による上告却下（317 条 1 項）という適法性審査のスクリーニングが連なっている。

(3) 上告が棄却される場合

　上告が棄却される（上記②）のは，上告の理由がないと判断されるときである。控訴棄却判決が必ず口頭弁論を経てなされる（87 条 1 項。290 条参照）のに対し，上告審は，法律審かつ事後審であって，上告状・上告理由書・答弁書その他の書類の書面審理が原則である。口頭主義の欠点として，「複雑・精緻な法律論が口頭で陳述されても理解が困難である」という点が挙げられるが，法律審たる上告審においては，その欠点を顕現させないように，書面主義による補完の一環として，上告理由書の提出が上告の適法要件とされている。

　書面審理により，上告に理由がないと判明した場合には，訴訟経済上，または上告裁判所の負担軽減の観点から，口頭弁論を経ないで判決で上告を棄却できるものとされている（319 条）。87 条 3 項にいわゆる「特別の定め」の一つが 319 条であり，必要的口頭弁論の原則に対する例外の一つである。もっとも，上告裁判所が最高裁判所であるときは，317 条 2 項により「決定」で上告が棄却[12]

---

10) よく目にするのは，原判決を一部破棄したのと併せて，部分的に上告理由書（ないし上告受理申立理由書）の提出がない等の理由で一部却下している事案である（近時では，福岡高判平成 20・8・21〔判時 2029 号 23 頁〕，最判平成 22・4・8〔民集 64 巻 3 号 609 頁・判時 2085 号 90 頁・判タ 1327 号 75 頁〕，最判平成 23・3・22〔裁判集民 236 号 225 頁・判時 2118 号 34 頁・判タ 1350 号 172 頁〕，最判平成 23・10・25〔民集 65 巻 7 号 3114 頁・判時 2133 号 9 頁・判タ 1360 号 88 頁〕，最判平成 23・12・8〔民集 65 巻 9 号 3275 頁・判時 2142 号 79 頁・判タ 1366 号 93 頁〕など）。
11) なお，316 条 1 項 2 号所定の，上告理由書の「期間内（上告提起通知書の送達を受けた日から 50 日以内。規 194 条）の提出」や「方式にかなった記載」は，控訴にはない，上告特有の適法要件である。
12) 答弁書は準備書面の一つであって，口頭弁論が開かれれば提出が必要とされる（161 条 1 項，297 条，313 条）が，上告審では口頭弁論が開かれなくても，提出が命じられることがある（規 201 条）。

されることが圧倒的に多く，[13]この場合は決定手続であるからもともと口頭弁論を開くかどうかは任意（民訴87条1項ただし書）である。

最高裁判所においては，口頭弁論を経ないで判決で上告を棄却する場合，判決言渡期日を指定するが，当事者に対し判決言渡期日の呼出状を送達しないまま，指定した期日に公開法廷で判決を言い渡す，という取扱いをしている。[14]もっとも，平成8年改正時に規則156条が新設され，この場合，判決言渡期日が書記官から当事者に「通知」されることとなった（規186条，179条による準用）。

(4) 「原判決破棄」とセットになる措置

上告認容にあたる③の原判決破棄は，上告に理由がある場合（325条1項前段：憲法違反〔312条1項〕・絶対的上告理由〔312条2項各号〕の事由がある場合，および，325条1項後段：上告裁判所が高裁の場合，判決に影響を及ぼすことが明らかな法令違反〔312条3項〕がある場合）になされるのが原則であるが，**上告裁判所が最高裁判所である場合**においては，当事者の申し立てた上告理由とは別に「判決に影響を及ぼすことが明らかな法令の違反」があるときも破棄されうる（325条2項。「職権破棄」[15]

---

13) 新コンメンタール1091頁〔笠井正俊〕。
14) 条解民訴1643頁〔松浦馨＝加藤新太郎〕。判例（最判昭和44・2・27〔民集23巻2号497頁・判時550号62頁・判タ233号83頁〕）の処理を踏襲したものであるが，このような処理の理由は，判決言渡しには当事者の在廷を要しないし（251条2項），判決正本は当事者に送達される（255条）ので，当事者に実害はない上，この場面で呼出状を送達すると，言渡し前に上告棄却の判決を当事者に推知させてしまう弊害が生じるためだ，とされていた（最判解昭和44年度（上）70頁〔豊水道祐〕）。最高裁では口頭弁論を経ないで上告棄却判決をする処理が一般化していたが，この場合，口頭弁論終結日に判決言渡期日を「告知」するという実務上の取扱いは享受すべくもない。それにもかかわらず「通知」をしないのは問題だという学説の批判を受けて，平成8年改正で最高裁判所における言渡期日の「通知」をすることにしたのである（最高裁判所事務総局民事局監『条解民事訴訟規則』〔司法協会，1997〕324頁）が，なお，口頭弁論を経ないで訴えを不適法却下する判決の場合は，言渡期日の「通知」も要求されていない（規156条）。
15) 当事者の不服申立てに含まれていなくとも，職権調査事項（322条参照）について判断の誤りが発見され，それが「判決に影響を及ぼすことが明らか」であると判断されれば，325条2項の破棄につながる。

　なお，325条2項は，同条1項と異なり，破棄差戻し・破棄移送が「できる」という規定ぶりである。すなわち，325条2項にいわゆる「判決に影響を及ぼすことが明らかな法令の違反」が認められても最高裁が破棄差戻し・破棄移送をするかどうかは，裁量によるとされる（差戻し・移送をするか自判をするかの裁量ではなく，立法に関与した実務家は，破棄するか否か自体を裁判所の裁量と考えているようであるが，「法令違反」が判明した場合に職権破棄自体を裁量とする考え方に対しては研究者側からは反対も強い。研究会409頁以下参照）。

とも呼ばれる。最高裁における**上告理由と破棄理由の不一致**）。この場合には，原判決が破棄されている範囲で，当該事件に応答する判決が部分的に有効に存在しなくなってしまう（原判決言渡しの効力が喪失する）から，代わりの措置を併せて採らなければならない。

それには，条文上，ⓐ**破棄差戻し**または**破棄移送**とⓑ**破棄自判**の2種類（内容的には3種類）がある。

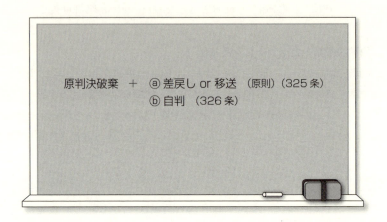

原判決破棄 ＋ ⓐ 差戻し or 移送 （原則）（325条）
　　　　　　　ⓑ 自判 （326条）

ⓐ 差戻し・移送

上告審は法律審であるので，原判決を破棄したら，事実審である原裁判所に差し戻して再審理させるのが原則である。ただ，差戻しを受けた裁判所では，原判決に関与した裁判官は，差戻し後の裁判に関与できないところ（325条4項），差し戻されるべき原裁判所が人員（不足）の関係で，同規定を遵守できない場合を慮って，原裁判所と「同等の他の裁判所に移送」することもできるとされている。[16]後述するが，原判決を破棄して自判する場合，控訴審に代わって[17]

---

16) 松浦＝加藤・前掲注14）1656頁。
17) かつて控訴するにあたって控訴状を第一審裁判所と控訴裁判所のいずれにも提出できた旧法下で，管轄権を有しない控訴裁判所に控訴状が提出され，提出をされた控訴裁判所も，管轄権ある控訴裁判所に移送せずに第一審裁判所に廻送した結果，廻送された控訴状を受理した時点で控訴期間が徒過してしまったために控訴が却下された，という事案で，最高裁は，管轄権ある控訴裁判所に移送すべきであったとして，原判決を破棄した上で管轄権ある控訴裁判所に移送した（最判昭和25・11・17〔民集4巻11号603頁，百選Ⅰ〔新法対応補正版〕32事件〔五十部豊久〕〕）。

「第一審判決を取り消し,事件を○○地方裁判所に移送する」ということはありうるが,それはここでの破棄移送ではなく,自判の内容が(第一審判決取消しと併せ)移送だったに過ぎないことになる。

なお,破棄判決は,差戻し・移送後の裁判所に対する拘束力を有している。すなわち,上告審の破棄判決が破棄の理由とした法律上の判断および事実上の判断[18]は,差戻しまたは移送を受けた裁判所を拘束する(325条3項。より一般的に裁4条の規定がある)。上級審と下級審が互いに異なる見解を変えないことによって,まるで卓球のピンポン玉のように,事件をやりとりして最終的な解決を図れないのでは困ることから,上級審の判断に拘束力を持たせたものである。

ⓑ 自判

法律審たる上告審においては,自判は例外である。

まず,専属管轄規定に違背してなされた第一審判決に対する控訴がある。控訴審がこれを管轄権ある第一審裁判所に移送せずに判決した場合,この原判決を破棄するときは,控訴審に代わって,「第一審判決取消し+事件を〔管轄権ある〕第一審裁判所へ移送」という内容の自判をする[19]。さらに,誤って訴訟判決をした第一審判決に対する控訴があり,控訴審が誤りを看過してこの控訴を棄却してしまった場合,この原判決を破棄するにあたっても,「第一審判決取消し+差戻し」という内容の自判をする[20]。いずれも,上告審がいったん原裁判所に差し戻して,さらに第一審裁判所に差戻し・移送をさせるのでは迂遠だからである[21]。

---

18) ここでいう事実上の判断は,上告審が自ら事実判断をする事項に限定され,「職権調査事項につき上告審のなした事実上の判断だけを指すもので,訴の本案たる事実に関する判断を含まない」ものとされている(最判昭和36・11・28〔民集15巻10号2593頁〕)。したがって,差戻審では,上告審判決の前提となった差戻前控訴審判決の確定した事実関係と異なる事実関係を認定した上で,差戻前控訴審判決と同一の結論に達することもできる(札幌高判平成21・7・10〔LEX/DB文献番号25441034〕)。
19) 最大判昭和39・3・25(民集18巻3号486頁・判時366号11頁・判タ161号80頁),最判平成5・2・18(民集47巻2号632頁・判時1477号55頁・判タ833号155頁)等。
20) 最判平成6・1・25(民集48巻1号41頁・判時1504号91頁・判タ857号109頁)。
21) 松浦=加藤・前掲注14) 1661頁。

さらに，原判決を破棄するにあたって，事実審による事実の確定を追加する必要がない（原判決において確定した事実のみに基づいて裁判できる）ときは，むしろ自判しなければならない（326条）。

326条1号は，「憲法その他の法令の適用を誤ったことを理由として判決を破棄する場合」において，事件が，すでに原判決において確定した事実だけに基づいて，（改めて法適用を正しくやり直しさえすれば）裁判をすることができるときは，自判しなければならない，と規定している。

326条2号は，「事件が裁判所の権限に属しないことを理由として判決を破棄するとき」には，自判しなければならないと規定する。これは，当然に訴えを却下しなければならない場面であり，それ以上事実の確定をする必要がないためである。この「裁判所の権限に属しないこと」というのはあくまで例示に過ぎず，上告審が職権調査で事実を確定して（322条）訴訟要件の欠缺を認定できる場合一般に適用される，と解するのが通説である。したがって自判の内容は，最終的に訴え却下の訴訟判決を確定させるものとなる。より具体的には，第一審判決が訴訟判決であって控訴審判決が「第一審判決取消し＋差戻し」判決であったところ，この原判決に対して上告がなされた場合，上告審が訴訟要件欠缺との判断に至ったならば，原判決を破棄し，控訴審がすべきであった控訴棄却の自判をすれば，訴訟判決をした第一審判決が確定する。また，第一審も訴訟要件の欠缺を看過して本案判決をしており，控訴審もそれを正さなかった場合，上告審としては，原判決を破棄したうえで，控訴審がすべきであった内容の自判をするが，その内容は「第一審判決取消し＋訴え却下（自判）」ということになる。

なお，原判決を破棄できる範囲については，控訴審と同様に不利益変更禁止の原則が妥当する[22]（不利益変更禁止の原則については，Unit 10・14の解説に譲る）。

---

[22] なお，選択的併合と不利益変更禁止について，最判昭和58・4・14（裁判集民138号567頁・判時1131号81頁・判タ540号191頁）および最判平成元・9・19（裁判集民157号581頁・判時1328号38頁・判タ710号121頁）とその調査官による判例誌囲み解説参照。

3　破棄差戻し・破棄移送か，破棄自判か

　326条は破棄自判しなければならない類型を規定しているだけで，破棄自判できる場合については規定がない。325条1項・2項は，いずれも「次条〔326条〕の場合を除き」，と規定するが，325条1項は破棄差戻しまたは移送を「しなければならない」となっているので，破棄自判すべき場面では自判が必要で，そうでなければ差戻し・移送となる。325条2項は，破棄差戻しまたは移送を「することができる」と規定するが，これが破棄する「権能」を意味しているに過ぎないのか，「裁量」を意味するのかについては議論がある。この点，高等裁判所が上告審である場合，「判決に影響を及ぼすことが明らかな法令の違反」があるときは，旧法下と変わらず，原判決を破棄「しなければならない」(325条1項後段)とされている。したがって，それとの対比上，および最高裁の負担軽減の趣旨からすると，破棄するかどうか自体が裁量であるとした規定ぶりと考えられる（さはさりながら，最高裁が「判決に影響を及ぼすことが明らかな法令の違反」を発見していながら，それを放置してよいと考えるべきか，疑問なしとしない）。

　いずれにしても，破棄するという判断に至った場合，「次条〔326条〕の場合」(＝自判しなければならない場合)にあたるかどうかが差戻し(・移送)か自判かの分岐点になる。しかし，前述した通り326条自体が，「事実審による事実の確定を追加する必要がない（原判決において確定した事実のみに基づいて裁判できる）かどうか」をメルクマールとしているので，この判断自体が上告審の裁量に委ねられている。個々の事件ごとに，事案適合的な配慮が要請される[23]，とされる所以である。

---

23)　松浦＝加藤・前掲注14) 1662頁。

Advanced
再審事由と破棄

　再審事由（338条1項）になっているが絶対的上告理由（312条2項）となっていないものが存在する。これについては，従前から議論がある。「再審事由が認められる場合に，上告を許さず確定させてわざわざ再審を提起させるくらいだったら，上告を認めて破棄して当該訴訟で解決してしまった方が訴訟経済に適うのではないか」とか，「338条1項ただし書きが再審の補充性を規定している（再審事由がある場合には控訴・上告ができることを前提にしている規定と解される）ことからすると，そうした処理（再審事由の訴訟内顧慮）を前提にしているのではないか」というものである。特に，最高裁の負担軽減も目的とした平成8年改正後において，「最高裁に上告させるのと，再審に委ねる（再審の訴えは，再審の申立てで取り消そうとしている原判決をした裁判所の専属管轄に服する。民訴340条）のとでは，後者の方が最高裁の負担軽減につながるから，再審事由を最高裁に対する上告理由と考えるべきではないのではないか」という主張もなされている。上告に絡む重要な問題なので，特に判例法理はどのように言っているか，ここで少し検討してみよう。

> **Column　絶対的上告理由（312条2項）**
>
> 　訴訟手続違反（手続法違反）は法令違反（公開主義違反など憲法違反と重なる部分もある）の一種であるが，手続上の誤りは，法律に関する解釈・適用の際の判断の誤りと異なり，その過誤と判決の結論への影響（312条3項）との間の因果関係の蓋然性が明確でない（例えば，6条のような専門性を趣旨としない一般の専属管轄に反した裁判所と本来の管轄裁判所とで，判決の結論が変わると証明できるか）。そこで，手続上の過誤のうち，適正な裁判への信頼確保・法秩序の維持・当事者の権利保護の保障等の観点から不問に付すことはできず重大であると評価されるものについては，「絶対的」に（判決の結論への影響〔＝因果関係〕の証明も不要で，影響がないことにつ

いての反証も許されないし,他の理由から原判決が正当として上告棄却とされる〔313条による302条2項の準用〕余地もない),その事由が認められればそれだけで原判決が破棄される(判決に影響を及ぼすものと割り切る)事由として,特にとりあげて規定され,絶対的上告理由と呼ばれる。[24]

上告申立ての適法要件としては,同事由があることを主張するだけで足りるので,ここでいう「絶対」性が実際上の意味を持つのは破棄理由としてである。

(1) 「絶対的上告理由」か,単なる「上告理由」か

再審事由になっているが絶対的上告理由となっていないもの,具体的には,338条1項4号ないし10号(9号については312条2項6号に包含されると見ない場合[25])について,再審事由を「上告理由」として上告審で顧慮することを認めるのが,旧法下の判例であり[26],通説の考え方であった[27]。

もっとも,通説の内部でも,「絶対的上告理由」になると見るか,単なる「上告理由」になると見るかには差異があった。旧法下ではいずれと解しても最高裁への上告が可能だったので大きな影響はなく,この差異はさほど重要視されてこなかった。しかし,現行の平成8年改正法では,絶対的上告理由と解せなければ,最高裁に対しては,上告受理申立て理由に過ぎなくなってしまうために,その検討が重要な意味を持つ。

338条1項ただし書は再審事由が絶対的上告理由になることを当然に予定していると見る見解(①説)では,もちろん「絶対的上告理由」と見ていることに

---

24) 菊井維大=村松俊夫『全訂民事訴訟法Ⅲ』(日本評論社,1986)238頁。
25) 判決に影響を及ぼすような重要な事項についての判断の遺脱は,338条1項9号の再審事由であると同時に,312条1項6号にいわゆる理由不備の甚だしいものにあたる,と解釈する考え方が,学説上主張されていた。
26) 旧420条1項(現338条1項)で,6号:大判昭和9・9・1〔民集13巻1768頁〕,最判昭和38・4・12〔民集17巻3号468頁〕,最判昭和53・12・21〔民集32巻9号1740頁〕,7号:最判昭和43・5・2〔民集22巻5号1110頁〕,8号:最判昭和60・5・28〔裁判集民145号73頁・判時1160号143頁〕(同趣旨:最判平成3・3・19民集45巻3号209頁)。これらは,再審事由があることが「判決に影響を及ぼすことが明らかな法令違反」に該当しそれが上告理由にあたる,とするものであった。(笠井・前掲注13)1074頁)。
27) 絶対的上告理由またはそれに準じるものと見るのが通説,と言われる。鈴木正裕=鈴木重勝編・前掲注1)254頁〔松本博之〕。少数説として三谷忠之『民事再審の法理』(法律文化社,1988)があるが,結論的には通説にほぼ従うようである(同『民事訴訟法講義〔第2版〕』〔成文堂,2004〕272頁)。

なる。他方、訴訟経済の観点から、訴訟法秩序全体の解釈上導かれる特別な上告理由であると解する見解（②説）[28]では、絶対的上告理由と見るかどうかについては議論が分かれる。さらに、再審事由は「法令違反」にあたると解する見解（③説）も有力であって、この見解によれば、再審事由は、現行法下では絶対的上告理由ではなく、高裁への上告理由ではあるが、最高裁へは上告受理申立て理由としてのみ勘案されうる事項となる。

(2) 判例法理はどのようなものか

旧法下では、「判決に影響を及ぼすことが明らかな法令の違反」は最高裁に対する上告の場合も上告理由となっていたところ、当時の判例もこの意味で上告理由（破棄理由）になるとしていたので、上記の③説が判例法理であるといえる。

実際、平成8年改正以降の判例で、338条1項9号についての最判平成11・6・29[29]は、原判決に9号の事由があることが必ずしも上告理由としての理由不備（312条2項6号）にあたらないとしつつ、338条1項9号の「判断の遺脱によって、原判決には判決に影響を及ぼすことが明らかな法令の違反があるものというべき」といい、同8号についての最判平成15・10・31[30]は、「原判決には民訴法338条1項8号に規定する再審の事由がある」場合には、「原判決には判決に影響を及ぼすことが明らかな法令の違反があったものというべきである」として、原判決破棄に至っている。

いずれも当該再審事由を絶対的上告理由として処理するのではなく、「判決に影響を及ぼすことが明らかな法令の違反」として処理（破棄）している[31]。

---

28) 竹下守夫「判批（最判昭和43・5・2）」法協86巻7号（1969）813頁以下。
29) 裁判集民193号411頁・判時1684号59頁。
30) 裁判集民211号325頁・判時1841号143頁。なお最判平成17・10・18（裁判集民218号79頁・判時1914号123頁）も同趣旨。
31) 立法担当者側の説明では、上告受理申立て事由としての318条1項にいわゆる「法令の解釈に関する重要な事項」には、「高等裁判所の誤った法令解釈を高等裁判所の判決として確定させることが適当ではない場合」もこれにあたるとされ（一問一答354頁）、ただ「すべての法令解釈の誤り、原判決に影響を及ぼすべき法令解釈の誤りを取り上げる」わけではなく、「事件の性質上、重要な事項を含んでいて、その〔高等裁判所の〕判断を確定させたのでは適当ではないという場合がこれに当たる」という見解が表明されている（研究会428頁〔柳田幸三発言〕）。したがって、再審事由を法令違反として扱うとしても、再審事由に該当する場合であれば「判決として確定させることが適当ではない場合」ということになるのが通例であろうから、上告受理申立て理由としての「法令の解釈に関

再審事由 （338条1項）	絶対的上告理由 （312条2項）
1号：法律に従って判決裁判所を構成しなかったこと。	1号：法律に従って判決裁判所を構成しなかったこと。
2号：法律により判決に関与することができない裁判官が判決に関与したこと。	2号：法律により判決に関与することができない裁判官が判決に関与したこと。
3号：法定代理権，訴訟代理権又は代理人が訴訟行為をするのに必要な授権を欠いたこと。	2号の2：日本の裁判所の管轄権の専属に関する規定に違反したこと。
4号：判決に関与した裁判官が事件について職務に関する罪を犯したこと。	3号：専属管轄に関する規定に違反したこと（第6条第1項各号に定める裁判所が第一審の終局判決をした場合において当該訴訟が同項の規定により他の裁判所の専属管轄に属するときを除く。）。
5号：刑事上罰すべき他人の行為により，自白をするに至ったこと又は判決に影響を及ぼすべき攻撃若しくは防御の方法を提出することを妨げられたこと。	4号：法定代理権，訴訟代理権又は代理人が訴訟行為をするのに必要な授権を欠いたこと。
6号：判決の証拠となった文書その他の物件が偽造又は変造されたものであったこと。	5号：口頭弁論の公開の規定に違反したこと。
7号：証人，鑑定人，通訳人又は宣誓した当事者若しくは法定代理人の虚偽の陳述が判決の証拠となったこと。	6号：判決に理由を付せず，又は理由に食違いがあること。
8号：判決の基礎となった民事若しくは刑事の判決その他の裁判又は行政処分が後の裁判又は行政処分により変更されたこと。	
9号：判決に影響を及ぼすべき重要な事項について判断の遺脱があったこと。	
10号：不服の申立てに係る判決が前に確定した判決と抵触すること。	

　平成8年改正以降の判例理解と同じ理屈は，338条1項8号のみならず，旧法下で同様の処理をしていた同6号・7号の判例（注26）参照）にも通用することになろう。さらに，338条1項4号ないし7号は，旧々法下で同じく「原状回復の訴え」の事由であった沿革からも，犯罪的行為による裁判の歪曲を是正する事由として性質上共通することからも，一体的な解釈上の処理に服するであろうから，同4号・5号も（同6号・7号と）同じ処理になることが推測される（なお，338条1項4号ないし7号は，同条2項の要件をも充足して高等裁判所への「上告理由」または最高裁判所での職権破棄事由となる）。

　338条1項10号については，従前も判例上は明らかではないが，前訴確定判決の既判力と抵触する判断をした原判決について，「判決に影響を及ぼすこと

する重要な事項」に該当し，かつ，破棄事由としての「判決に影響を与えることが明らかな法令違反」にも該当する，という扱いになるわけである（前掲注30）に引用した最判平成17・10・18はそのように処理したケース）。

32) 我が国の現行の再審の訴えは，大正15年改正前の旧々民訴法下では，母法ドイツ法と同様に，判決無効の訴え（取消しの訴え）と原状回復の訴えとに分かれていた。前者の事由は，現行民訴338条1項では1号ないし3号に相当し，後者の事由は同じく4号ないし8号と10号にほぼ相当していた。重点講義（下）784頁。

33) 竹下・前掲注28) 818頁以下。

が明らかな法令の違反」として，上記と同様の処理をしていくことが推測される。

　最後に，議論のあった338条1項9号（旧420条1項9号）については，「理由不備」の厳格化の観点から，再審事由（9号）の存在が常に絶対的上告理由（312条2項6号）と重なるわけではないが，「判決に影響を及ぼすべき重要な事項について判断の遺脱」（338条1項9号）がある場合には，常に，325条2項にいう「判決に影響を及ぼすことが明らかな法令の違反」を理由とする職権破棄の対象とされうることを，前掲平成11年最判が示したと言える。

事項索引

● あ行 ●

按分説············213
遺言無効確認の訴え············252
遺産確認の訴え············252
移　送············294
一事不再理説············139
一部請求············172
内側説············213
訴　え············**2**, 4, 7
訴えの提起············3
訴えの利益············4, **8**, 12

● か行 ●

拡大損害············181
確認対象の適否（確認対象適格）············101
確認（の訴え）の利益············94, 99, **101**, 118
仮定抗弁············**20**, 202
間接事実············16, **19**, 27, 49
間接証明············28
間接の明示行為············185
管理処分権············242
棄　却············2, 7
基準時············138
基準時後の新事由············**138**, 180
擬制自白············46, **59**
期待可能性············180
既判力············10, 100, **132**, 152, 172
　——の消極的作用············138, 153
　——の積極的作用············138, 153
　——の本質············134
却　下············2
給付の訴えの利益············**99**, 140
共同訴訟参加············222, **244**, 268
共同訴訟的補助参加············229
共同訴訟人独立の原則············31
禁反言············**55**, 162, 168, 177
境界確定訴訟············247, **251**, 270

形式的確定力············132
形式的形成訴訟············251, **270**
形式的不服説············207
形成の訴えの利益············100
形成力············100
権利失効の法理············162, **168**
合一確定············33, **243**, 304
控　訴············288
拘束力············153
拘束力説············138
控訴の利益············294
後発後遺症············181
抗　弁············20
抗弁事項············11
抗弁先行型············203
抗弁併存型············203
国際的訴訟競合············128
固有必要的共同訴訟············98, **240**, 266
　——と合一確定············305

● さ行 ●

債権者代位訴訟············157
再審事由············322
裁判上の自白············**43**, 47, 202
裁判所拘束力············30, **44**, 47, 53
債務不存在確認の訴え············112
債務名義············129
差戻し············292
参加の利益············220
残部請求の可否············172
三面訴訟············283
事後審············310
事実上の推定············28
事実審············292
失権効············177
執行力············100
実質的確定力············132
実質的再審査禁止············129

実体法説（既判力の本質）	134
自　白	32, **40**
自　判	292
釈　明	35
釈明義務	77
釈明権	66
遮断効	153
自由心証主義	17, **27**
主　張	24
主張共通の原則	17
主要事実	16, **19**, 27, 30, 49
消極的確認訴訟	119
消極的釈明	71
消極的訴訟要件	139
証拠共通の原則	31
上　告	288
上告受理申立て制度	312
証拠資料	**17**, 44
上訴の利益	207
勝訴判決要件	9
証明責任説	43
証明不要効	40
将来の権利関係	104
職権審査	13
職権探知主義	11, **16**
職権調査事項	11
職権破棄	317
処分権主義	**23**, 25, 72, 298
信義則	**158**, 175, 177
新実体的不服説	208
審判排除効	**44**, 47, 53
審理順序の強制	**200**, 204
請　求	**5**, 24
請求原因事実	20
請求の予備的併合	300
積極的釈明	71
絶対的上告理由	322
先決関係	**141**, 152, 155
先行自白	43
専属管轄	12
相殺の抗弁	196
相殺の担保的機能	202
相続人の地位不存在確認の訴え	257
相対効の原則	135
争点効	158

即時確定の利益	92, 101, **102**
続審制	292
訴権の保護	**274**, 277
訴訟共同の必要	**243**, 247, 258, 276, 279
訴訟資料	**17**, 44
——と証拠資料の峻別	17
訴訟能力	12
訴訟判決	5
訴訟物	23, 24, 94, **140**
訴訟物限定説	226
訴訟物非限定説	227
訴訟法説（既判力の本質）	135
訴訟要件	**4**, 8
外側説	213

● た行 ●

第一審判決の変更	292
対世効	135
中間確認の訴え	142
重複起訴（二重起訴）の禁止	**4**, **114**, 203
直接証明	28
通常共同訴訟	245
提訴非同調者	266
手形訴訟	124
撤回制限効	44
手続保障	160
——の第三の波	160
同一関係	**140**, 152
当事者拘束力	41, **44**, 52, 53
当事者尋問	44
当事者適格	13, 246, **252**
当事者能力	**4**, **12**
特定一部請求	185
独立当事者参加	307
——と合一確定	303
飛越上告	289
取消し	310

● な行 ●

任意管轄	13
任意的差戻し	293

● は行 ●

敗訴可能性説	43
破　棄	310

事項索引

破棄移送……………………318	法律審……………………310
破棄差戻し…………………318	補助事実……………16, **19**, 49
破棄自判…………………318	本案判決……………………6
判決効………………………222	本案判決阻却事由……………9
反射効………………………136	本案判決要件………………8
必要的共同訴訟……………240	
必要的差戻し………………293	● ま行 ●
否　認………………………20	矛盾関係……………142, 152, 156
飛躍上告……………………289	明示説………………………**172**, 187
不可撤回効………………**44**, 52, 53	申立て………………………2
附帯控訴……………………294	
不服の利益…………………207	● や行 ●
不要証効…………………**40**, 50, 59	予備的抗弁…………………202
不利益変更禁止の原則…209, **210**, 297, 304	予備的相殺の抗弁……………211
併合審理……………………116	予備的反訴…………………**118**, 205
別訴先行型…………………203	
弁論主義…………11, **16**, 23, 27, 66	● ら行 ●
──の第一テーゼ……**16**, 23, 27, 33, 34	利益変更禁止の原則………**298**, 304
──の第二テーゼ……**16**, 27, 33, 47, 58	類似必要的共同訴訟………**240**, 307
──の第三テーゼ……**16**, 30, 33, 34	
妨訴抗弁……………………11	
法的観点指摘義務……………79	
方法選択の適否……………95, **101**	
法律上の利害関係……………220	

判例索引

● 大審院 ●

大決大正 11・7・17（民集 1 巻 398 頁） ········· 225
大判昭和 7・2・12（民集 11 巻 119 頁） ········· 230
大判昭和 7・9・22（民集 11 巻 1989 頁） ········· 121
大決昭和 8・9・9（民集 12 巻 2294 頁） ········· 223, 230
大判昭和 9・7・31（民集 13 巻 1438 頁） ········· 243, 244
大判昭和 9・9・1（民集 13 巻 1768 頁） ········· 323
大判昭和 10・12・17（民集 14 巻 2053 頁） ········· 9

● 最高裁判所 ●

最判昭和 25・11・17（民集 4 巻 11 号 602 頁） ········· 318
最判昭和 30・12・26（民集 9 巻 14 号 2082 頁） ········· 92, 236
最判昭和 31・5・25（民集 10 巻 5 号 577 頁） ········· 30, 45
最判昭和 31・7・20（民集 10 巻 8 号 965 頁） ········· 138
最判昭和 31・10・4（民集 10 巻 10 号 1229 頁） ········· 93, 102, 236
最判昭和 32・6・7（民集 11 巻 6 号 948 頁） ········· 172, 180
最大判昭和 32・7・20（民集 11 巻 7 号 1314 頁） ········· 103
最判昭和 32・12・17（民集 11 巻 13 号 2195 頁） ········· 47
最判昭和 33・7・8（民集 12 巻 11 号 1740 頁） ········· 17
最判昭和 34・2・20（民集 13 巻 2 号 209 頁） ········· 173
最判昭和 36・11・28（民集 15 巻 10 号 2593 頁） ········· 319
最判昭和 37・8・10（民集 16 巻 8 号 1720 頁） ········· 172
最判昭和 38・4・12（民集 17 巻 3 号 468 頁） ········· 323
最判昭和 39・1・23（裁判集民 71 号 271 頁） ········· 220
最大判昭和 39・3・25（民集 18 巻 3 号 486 頁） ········· 319
最判昭和 40・10・12（裁判集民 80 号 691 頁） ········· 290
最判昭和 41・9・22（民集 20 巻 7 号 1392 頁） ········· 30, 45
最判昭和 41・11・25（民集 20 巻 9 号 1921 頁） ········· 273, 285
最判昭和 42・7・18（民集 21 巻 6 号 1559 頁） ········· 180, 181
最判昭和 43・4・11（民集 22 巻 4 号 862 頁） ········· 177, 181, 182
最判昭和 43・4・12（民集 22 巻 4 号 877 頁） ········· 33
最判昭和 43・5・2（民集 22 巻 5 号 1110 頁） ········· 323
最判昭和 44・2・27（民集 23 巻 2 号 497 頁） ········· 317
最判昭和 44・6・24（判時 569 号 48 頁） ········· 158
最判昭和 44・7・8（民集 23 巻 8 号 1407 頁） ········· 166
最判昭和 45・6・11（民集 24 巻 6 号 516 頁） ········· 36, 68
最大判昭和 45・7・15（民集 24 巻 7 号 861 頁） ········· 103

判例索引

最判昭和 46・10・7（民集 25 巻 7 号 885 頁）……………………………………247
最判昭和 46・12・9（民集 25 巻 9 号 1457 頁）…………………………247, 251, 257
最判昭和 47・2・15（民集 26 巻 1 号 30 頁）………………………………………93
最判昭和 48・4・5（民集 27 巻 3 号 419 頁）…………………………………25, 214
最判昭和 48・7・20（民集 27 巻 7 号 863 頁）………………………………33, 304
最判昭和 48・10・4（判時 724 号 33 頁）…………………………………………158
最判昭和 49・2・8（金判 403 号 6 頁）……………………………………………121
最判昭和 49・4・26（民集 28 巻 3 号 503 頁）……………………………………159
最判昭和 51・3・30（判時 814 号 112 頁）………………………………………227
最判昭和 51・9・30（民集 30 巻 8 号 799 頁）…………………………………158, 168
最判昭和 51・10・21（民集 30 巻 9 号 903 頁）…………………………………138
最判昭和 52・3・24（金判 548 号 39 頁）…………………………………………163
最判昭和 52・4・15（民集 31 巻 3 号 371 頁）……………………………………46
最判昭和 53・3・23（判時 886 号 35 頁）…………………………………………138
最判昭和 53・12・21（民集 32 巻 9 号 1740 頁）…………………………………323
最判昭和 56・7・3（判時 1014 号 69 頁）…………………………………………158
最判昭和 56・9・11（民集 35 巻 6 号 1013 頁）…………………………………252
最判昭和 56・9・24（民集 35 巻 6 号 1088 頁）…………………………………117
最判昭和 56・10・16（民集 35 巻 7 号 1224 頁）…………………………………73
最大判昭和 56・12・16（民集 35 巻 10 号 1369 頁）……………………………100
最判昭和 57・7・1（民集 36 巻 6 号 891 頁）……………………………………284
最判昭和 58・3・22（判時 1074 号 55 頁・判タ 494 号 62 頁）…………………301
最判昭和 58・4・14（判時 1131 号 81 頁・判タ 540 号 191 頁）………………320
最判昭和 59・1・19（判時 1105 号 48 頁・判タ 519 号 136 頁）………………158
最判昭和 60・5・28（民集 32 巻 9 号 1740 頁）…………………………………323
最判昭和 61・3・13（民集 40 巻 2 号 389 頁）………………………………254, 255
最判昭和 61・5・30（民集 40 巻 4 号 725 頁）……………………………………26
最判昭和 61・7・17（民集 40 巻 5 号 941 頁）……………………177, 180, 181, 182
最判昭和 61・9・4（判時 1215 号 47 頁・判タ 624 号 138 頁）…………………210
最判昭和 63・1・26（民集 42 巻 1 号 1 頁）………………………………………170
最判昭和 63・2・25（民集 42 巻 2 号 120 頁）……………………………………229
最判平成元・3・28（民集 43 巻 3 号 167 頁）………………………………242, 255
最判平成元・9・19（判時 1328 号 38 頁・判タ 710 号 121 頁）………………320
最判平成 3・3・19（民集 45 巻 3 号 209 頁）……………………………………323
最判平成 3・4・19（民集 45 巻 4 号 477 頁）……………………………………236
最判平成 3・12・17（民集 45 巻 9 号 1435 頁）……………………113, 122, 203
最判平成 5・2・18（民集 47 巻 2 号 632 頁）……………………………………319
最判平成 6・1・25（民集 48 巻 1 号 41 頁）……………………………………319
最大判平成 9・4・2（民集 51 巻 4 号 1673 頁）…………………………………307
最判平成 10・6・12（民集 52 巻 4 号 1147 頁）………163, 175, 188, 198, 214, 216, 217
最判平成 10・6・30（民集 52 巻 4 号 1225 頁）……………………190, 202, 207
最判平成 10・9・10（判時 1661 号 89 頁）………………………………………166
最判平成 11・1・21（民集 53 巻 1 号 1 頁）…………………………………95, 106
最判平成 11・4・22（判時 1681 号 102 頁・判タ 1006 号 141 頁）……………170
最判平成 11・6・11（判時 1685 号 36 頁・判タ 1009 号 95 頁）…………90, 235

最判平成 11・6・29（判時 1684 号 59 頁）⋯⋯⋯⋯⋯⋯⋯⋯⋯⋯⋯⋯⋯⋯⋯⋯⋯⋯324
最判平成 11・11・9（民集 53 巻 8 号 1421 頁）⋯⋯⋯⋯⋯⋯⋯⋯⋯⋯257, 267, 270
最判平成 12・7・7（民集 54 巻 6 号 1767 頁）⋯⋯⋯⋯⋯⋯⋯⋯⋯⋯⋯⋯⋯⋯307
最決平成 13・1・30（民集 55 巻 1 号 30 頁）⋯⋯⋯⋯⋯⋯⋯⋯⋯⋯⋯222, 223, 231
最判平成 14・1・22（判時 1776 号 67 頁）⋯⋯⋯⋯⋯⋯⋯⋯⋯⋯⋯⋯⋯⋯228, 230
最判平成 14・9・12（判タ 1106 号 81 頁）⋯⋯⋯⋯⋯⋯⋯⋯⋯⋯⋯⋯⋯⋯⋯⋯81
最判平成 15・10・31（判時 1841 号 143 頁）⋯⋯⋯⋯⋯⋯⋯⋯⋯⋯⋯⋯⋯⋯⋯324
最判平成 16・3・25（民集 58 巻 3 号 753 頁）⋯⋯⋯⋯⋯⋯⋯⋯⋯⋯⋯⋯118, 122
最判平成 16・7・6（民集 58 巻 5 号 1319 頁）⋯⋯⋯⋯⋯⋯⋯⋯⋯⋯⋯⋯⋯97, 257
最判平成 17・10・18（判時 1914 号 123 頁）⋯⋯⋯⋯⋯⋯⋯⋯⋯⋯⋯⋯⋯324, 325
最判平成 18・4・14（民集 60 巻 4 号 1497 頁）⋯⋯⋯⋯⋯⋯⋯⋯⋯⋯⋯⋯⋯⋯205
最判平成 19・5・29（判時 1978 号 7 頁・判タ 1248 号 117 頁）⋯⋯⋯⋯⋯⋯⋯100
最判平成 20・7・10（判時 2020 号 71 頁・判タ 1280 号 121 頁）⋯⋯⋯⋯183, 185
最判平成 20・7・17（民集 62 巻 7 号 1994 頁）⋯⋯⋯⋯⋯⋯⋯⋯⋯⋯⋯⋯272, 282
最判平成 22・3・16（民集 64 巻 2 号 498 頁）⋯⋯⋯⋯⋯⋯⋯⋯33, 97, 258, 305
最判平成 22・4・8（民集 64 巻 3 号 609 頁）⋯⋯⋯⋯⋯⋯⋯⋯⋯⋯⋯⋯⋯⋯316
最判平成 22・4・13（裁時 1505 号 12 頁）⋯⋯⋯⋯⋯⋯⋯⋯⋯⋯⋯⋯⋯⋯143, 166
最判平成 22・7・9（判時 2091 号 47 頁・判タ 1332 号 47 頁）⋯⋯⋯⋯⋯⋯⋯170
最判平成 22・7・16（民集 64 巻 5 号 1450 頁）⋯⋯⋯⋯⋯⋯⋯⋯⋯⋯⋯⋯⋯8, 135
最判平成 22・10・14（判時 2098 号 55 頁・判タ 1337 号 105 頁）⋯⋯⋯⋯82, 85
最判平成 23・2・15（判タ 1345 号 129 頁）⋯⋯⋯⋯⋯⋯⋯⋯⋯⋯⋯⋯⋯⋯⋯284
最判平成 23・3・22（判時 2118 号 34 頁・判タ 1350 号 172 頁）⋯⋯⋯⋯⋯⋯316
最判平成 23・10・25（民集 65 巻 7 号 3114 頁）⋯⋯⋯⋯⋯⋯⋯⋯⋯⋯⋯⋯⋯316
最判平成 23・12・8（民集 65 巻 9 号 3275 頁）⋯⋯⋯⋯⋯⋯⋯⋯⋯⋯⋯⋯⋯316
最判平成 24・12・21（判時 2175 号 20 頁・判タ 1386 号 179 頁）⋯⋯⋯⋯⋯100
最判平成 26・2・14（裁時 1598 号 1 頁）⋯⋯⋯⋯⋯⋯⋯⋯⋯⋯⋯⋯⋯⋯⋯⋯255
最判平成 26・2・27（民集 68 巻 2 号 192 頁）⋯⋯⋯⋯⋯⋯⋯⋯⋯⋯⋯⋯252, 284

● **高等裁判所** ●

大阪高判昭和 38・11・29（民集 19 巻 2 号 493 頁）⋯⋯⋯⋯⋯⋯⋯⋯⋯⋯⋯⋯294
名古屋高決昭和 43・9・30（高民集 21 巻 4 号 460 頁）⋯⋯⋯⋯⋯⋯⋯⋯⋯⋯234
広島高判昭和 46・3・23（高民集 24 巻 1 号 55 頁）⋯⋯⋯⋯⋯⋯⋯⋯⋯⋯⋯179
東京高決昭和 49・4・17（下民集 25 巻 1～4 号 309 頁）⋯⋯⋯⋯⋯⋯⋯⋯⋯231
大阪高判昭和 62・7・16（判時 1258 号 130 頁）⋯⋯⋯⋯⋯⋯⋯⋯⋯⋯⋯⋯⋯124
東京高決平成 2・1・16（判タ 754 号 220 頁）⋯⋯⋯⋯⋯⋯⋯⋯⋯⋯⋯⋯⋯⋯231
大阪高判平成 5・3・26（高民集 46 巻 1 号 13 頁）⋯⋯⋯⋯⋯⋯⋯⋯⋯⋯243, 244
大阪高判平成 7・3・17（判時 1527 号 107 頁・判タ 873 号 298 頁）⋯⋯⋯⋯105
大阪高判平成 8・1・30（判タ 919 号 215 頁）⋯⋯⋯⋯⋯⋯⋯⋯⋯⋯⋯⋯⋯⋯118
東京高判平成 8・4・8（判タ 937 号 262 頁）⋯⋯⋯⋯⋯⋯⋯⋯⋯⋯⋯⋯⋯⋯204
東京高判平成 9・8・6（判時 1620 号 84 頁・判タ 960 号 85 頁）⋯⋯⋯⋯⋯122
福岡高判平成 10・7・21（判時 1695 号 94 頁・判タ 1000 号 296 頁）⋯118, 126
東京高判平成 15・12・10（判時 1863 号 41 頁）⋯⋯⋯⋯⋯⋯⋯⋯⋯⋯⋯⋯⋯206
知財高判平成 17・10・11（LEX/DB 文献番号 28102078）⋯⋯⋯⋯⋯⋯243, 244
福岡高判平成 18・6・29（判時 1983 号 82 頁・判タ 1224 号 268 頁）⋯⋯⋯299
東京高判平成 19・12・12（LEX/DB 文献番号 28140475）⋯⋯⋯⋯⋯⋯⋯⋯206

東京高決平成 20・4・30（判時 2005 号 16 頁） ……………………………………………227
福岡高判平成 20・8・21（判時 2029 号 23 頁） ……………………………………………316
大阪高決平成 21・5・11（高民集 62 巻 2 号 1 頁） ………………………………………235
福岡高判平成 21・7・7（判時 2069 号 59 頁・判タ 1324 号 269 頁） …………………185
札幌高判平成 21・7・10（LEX/DB 文献番号 25441034） …………………………………319

● 地方裁判所・簡易裁判所 ●

東京地判昭和 41・9・3（判時 466 号 46 頁） ………………………………………………121
東京地判昭和 55・9・29（判タ 429 号 136 頁） ……………………………………………121
東京地判昭和 60・8・29（判時 1196 号 129 頁・判タ 594 号 119 頁） …………………121
静岡地判昭和 63・6・4（判タ 683 号 206 頁） ………………………………………………82
東京地判平成 3・2・18（金法 1298 号 28 頁） ……………………………………………122
東京地判平成 3・8・29（判時 1432 号 99 頁） ……………………………………………122
佐賀地判平成 6・8・26（判タ 872 号 292 頁） ……………………………………………140
東京地判平成 6・9・9（民集 53 巻 1 号 6 頁） ……………………………………………106
東京地判平成 7・12・25（判タ 919 号 238 頁） ……………………………………………124
大阪地判平成 8・1・26（判時 1570 号 85 頁） ……………………………………………204
神戸地判平成 8・5・24（高民集 29 巻 3 号 771 頁） ………………………………………126
東京地判平成 12・5・30（判時 1719 号 40 頁・判タ 1038 号 154 頁） …………………170
東京地判平成 13・8・31（判時 1772 号 60 頁・判タ 1076 号 293 頁） …………………116
東京地判平成 16・9・16（金法 1741 号 46 頁） ……………………………………………203
神戸地尼崎支判平成 17・9・22（労判 906 号 25 頁） ……………………………………123
大阪地判平成 18・7・7（判タ 1248 号 314 頁） ……………………………………………206
東京地判平成 19・3・26（判時 1965 号 3 頁・判タ 1238 号 130 頁） …………………106
佐賀地判平成 20・8・22（判時 2069 号 63 頁） ……………………………………………185
東京地判平成 22・3・8（判時 2090 号 32 頁・判タ 1353 号 138 頁） …………………206
東京地判平成 24・3・28（LEX/DB 文献番号 25493319） …………………………………126
東京地判平成 24・5・17（LEX/DB 文献番号 25494214） …………………………………170
高知地判平成 24・7・31（判タ 1385 号 181 頁） …………………………………………170
東京地判平成 24・10・15（LEX/DB 文献番号 25444977） ………………………………206
大阪簡判平成 24・11・8（LEX/DB 文献番号 25500145） …………………………………170
東京地判平成 24・12・18（LEX/DB 文献番号 25499349） ………………………………126
東京地判平成 25・2・19（判タ 1391 号 341 頁） …………………………………………128
東京地判平成 25・9・25（LEX/DB 文献番号 25514651） …………………………………127
東京地判平成 25・10・18（LEX/DB 文献番号 25445983） ………………………………190

著者紹介

勅使川原 和彦（てしがはら かずひこ）

略　歴

1991年早稲田大学法学部卒業，1993年早稲田大学大学院法学研究科修士課程修了，同年早稲田大学法学部助手，同専任講師，助教授，ミュンヘン大学客員研究員，早稲田大学法学部教授を経て，現在，早稲田大学法学学術院教授，博士（法学・早稲田大学）。
新司法試験考査委員（民事訴訟法），司法試験考査委員・予備試験考査委員（民事訴訟法）を歴任。

主要著作

『民事訴訟法理論と「時間」的価値』（成文堂，2009）
『民事訴訟法 Visual Materials』（有斐閣，2010，共著）
『プリメール民事訴訟法』（法律文化社，2010，共著）

読解 民事訴訟法
Die übersichtliche Einführung in das Zivilprozessrecht

2015年2月20日　初版第1刷発行
2023年5月20日　初版第7刷発行

著　者　　勅使川原　和彦
発行者　　江　草　貞　治
発行所　　株式会社　有　斐　閣
　　　　　郵便番号 101-0051
　　　　　東京都千代田区神田神保町2-17
　　　　　https://www.yuhikaku.co.jp/

印刷・株式会社精興社／製本・牧製本印刷株式会社
© 2015, Kazuhiko Teshigahara.
Printed in Japan
落丁・乱丁本はお取替えいたします。
★定価はカバーに表示してあります。

ISBN 978-4-641-13689-2

|JCOPY| 本書の無断複写（コピー）は，著作権法上での例外を除き，禁じられています。複写される場合は，そのつど事前に，（一社）出版者著作権管理機構（電話03-5244-5088, FAX03-5244-5089, e-mail：info@jcopy.or.jp）の許諾を得てください。

本書のコピー，スキャン，デジタル化等の無断複製は著作権法上での例外を除き禁じられています。本書を代行業者等の第三者に依頼してスキャンやデジタル化することは，たとえ個人や家庭内での利用でも著作権法違反です。